직원채용 및 정부지원 및 근로소득세, 퇴직금 원천징수

임금 · 퇴직연금 · 근로기준법 · 인사노무 4대보험 · 급여 세금 경리업무 실무서

이진규 지음

➡ 채용, 임금, 법정수당, 휴가
➡ 퇴직, 퇴직금, 퇴직연금
➡ 4대보험 실무
➡ 인건비 관련 세무실무

"근로자 관리를 위한 지침서."

■ 저자 이진규 (약력)
(현)삼일인포마인 세무상담위원
(현)비즈폼, 이지분개 세무상담위원
　　20여년간 세무상담
(현)경영정보사 도서 집필 및 발간
(전)국세청 세무조사관

■ 저자 저서
법인관리 및 법인세무 컨설팅
법인기업의 세무회계실무
세법의 가산세 및 세무회계실무
부가가치세 및 원천세 실무
세금개요 및 절세

임금 · 퇴직연금 · 근로기준법 · 인사노무
4대보험 · 급여 세금 경리업무 실무서

2022. 01. 01. 초판 발행
저　　자 : 이 진 규
발 행 인 : 강 현 자
발 행 처 : 경영정보사
신고번호 : 제2021 - 00026호

주　　소 : 대구시 동구 동촌로 255
　　　　　태왕 아너스 101동 401호
전　　화 : 080 - 250 - 5771
홈페이지 : www.ruddud.co.kr
E-Mail　 : lee24171@naver.com

정　　가　　18,000원

머리말

이 책은 중소기업의 경리담당자를 위한 실무서로 근로자 관리를 위한 근로기준법 규정과 4대보험 실무 및 세무회계사무소에 장부기장을 맡기고 있는 기업의 세금계산서 등 증빙관리 등에 대한 구체적인 방법을 제시하고 있습니다.

노동 관련 법령의 경우 근로기준법 등에서 규정하고 있으나 그 내용이 매우 포괄적이고, 용어의 적용 등에 있어 법리판단을 요하는 내용이 많아 실무처리를 함에 있어 여러 가지 어려움이 있을 수 있습니다. 따라서 특정 사안이 발생하는 경우 법령만을 보고 적용할 수 없는 내용들이 많다 보니 주로 고용노동부의 행정해석 사례, 판례 등을 참고하여 업무처리를 하고 있는 실정입니다. 이와 같은 사유로 이 책은 중소기업의 인사 및 노무업무 담당 직원을 위한 기본적인 내용 및 중요 실무 사례를 수록하였습니다.

예를 들어 월급제 근로자의 시급 계산, 월 중 입사자 및 퇴사자의 임금, 결근시 일당 공제액, 연장·야간·휴일근로수당의 계산방법, 통상임금과 평균임금의 구체적 적용 사례, 연차유급휴가 일수 계산, 퇴직금 계산방법 등에 대한 내용 등입니다.

끝으로 중소기업의 경리관련 업무에 종사하시는 분들에게 본 서가 업무에 유익한 도서가 되기를 바랍니다.

2022년 1월
저자 이 진 규

임금 · 퇴직연금 · 근로기준법 · 인사노무 4대보험 및 급여 세금 경리업무 실무서

[제1부] 채용, 임금, 퇴직금 및 퇴직연금제도

채용 관련 업무, 취업규칙 작성, 근로시간, 통상임금 및 평균임금 계산방법, 식대 및 차량유지비의 통상임금 및 평균임금 산입여부, 주휴수당, 연차일수 및 연차수당, 연장·야간·휴일근로수당 계산, 결근·조퇴시 임금계산방법, 최저임금제도, 근로자 해고시 유의할 사항, 퇴직금제도, 퇴직금 계산, 확정기여형 퇴직연금 및 확정급여형퇴직연금제도 비교 및 회계처리 등 노무관리 전반에 대한 실무내용을 수록하였으며, 개정 근로기준법 내용을 반영하였습니다.

[제2부] 4대보험 핵심 실무

신규입사자 4대보험 신고 및 퇴사자의 4대보험 정산, 4대보험료 정산 및 회계처리, 임금 인상과 관련한 4대보험 처리방법, 4대보험 관련 실무 유의사항, 사업주 4대보험 가입, 4대보험료 납부에 대한 혜택, 의료비 본인부담금 환급제도 등 핵심 실무내용을 수록하였습니다.

[제3부] 고용창출 지원제도, 저소득자 지원제도

기업의 고용창출과 관련하여 국가가 지원하는 지원금인 청년 추가 고용 지원금, 청년 및 재직자 내일채움공제제도, 두루누리, 일자리 안정자금 및 고용증대세액공제, 사회보험료 세액공제 등 세금혜택에 대한 내용과 저소득자에 대한 정부지원제도인 근로장려금제도에 대하여 수록하였습니다.

[제4부] 근로소득세 등 원천세 신고

급여·임금·상여금 및 퇴직금 지급과 관련한 세무신고, 일용근로자의 임금 지급에 대한 노무 및 세무실무, 고용관계가 없는 자에게 인건비 등을 지급하는 경우 노무 및 세무실무, 기타 원천징수대상 소득 지급(이자지급, 법인의 배당금 지급)에 대한 세무실무 등에 대한 내용을 수록하였으며, 원천세(소득을 지급하는 자가 세금을 징수하여 납부하여야 하는 것) 신고 실무와 관련한 내용을 수록하고 있으며, 국세청 세무신고사이트인 「홈택스」에서 직접 세무신고를 할 수 있도록 구체적인 신고방법을 제시하였습니다.

목 차

**임금 · 퇴직연금 · 근로기준법 · 인사노무
4대보험 · 급여 세금 경리업무 실무서**

CONTENTS ·····

임금, 법정수당, 퇴직연금

section 01 직원 채용과 근로계약 체결

① **근로계약 체결**	3
② **근로계약기간**	5
계약기간을 정하지 않은 근로계약(정규직)	5
기간의 정함이 있는 근로계약(계약직)	5
일정한 사업완료에 필요한 기간을 정한 근로계약	6

③ **채용내정, 시용기간, 수습기간** 　　　　　　　　　8
수습기간 　　　　　　　　　　　　　　　　　　　　　9
인턴사원 　　　　　　　　　　　　　　　　　　　　　10

④ **근로계약서 작성 및 근로조건 명시** 　　　　　　　10
근로계약시 서면으로 근로자에게 교부하여야 하는 내용 　12
근로조건 명시의무 위반과 구제 　　　　　　　　　　12
표준 근로계약서 　　　　　　　　　　　　　　　　　13

⑤ **근로계약 체결시 사용자 금지사항 등** 　　　　　15
강제 근로, 중간착취의 배제 등 　　　　　　　　　　15
임금 등 금전과 관련한 금지 사항 　　　　　　　　　16

⑥ **직원채용시 처리하여야 할 업무 등** 　　　　　　19
채용 관련 구비서류 　　　　　　　　　　　　　　　19
급여 지급과 관련한 업무 　　　　　　　　　　　　　19
4대보험 자격 취득신고 　　　　　　　　　　　　　　20

section 02 근로기준법의 임금 휴가, 연차, 법정수당

① **근로계약 및 임금** 　　　　　　　　　　　　　　22
임금 지급 및 임금대장 작성 　　　　　　　　　　　　23
상여금 지급과 근로기준법 　　　　　　　　　　　　24
임금 지급시 임금명세서 교부 의무 　　　　　　　　　26

② **근로시간** 　　　　　　　　　　　　　　　　　　28
법정근로시간, 연장근로 　　　　　　　　　　　　　　28
탄력적 근로시간제 　　　　　　　　　　　　　　　　29
탄력적 근로시간제 개정 근로기준법 주요 내용 　　　　32
주52시간 근로제도 　　　　　　　　　　　　　　　　35

③ **휴일 및 휴가** 　　　　　　　　　　　　　　　　38
법정휴일 및 법정외 휴일 　　　　　　　　　　　　　38
연차 유급휴가 　　　　　　　　　　　　　　　　　　39

④ 법정수당 ... 45
연장근로수당 ... 45
시급 계산 ... 46
야간근로수당 ... 46
주휴수당 ... 47
일용직 근로자의 주휴수당 ... 48
휴일근로수당 ... 50
휴업수당 ... 50

⑤ 결근·조퇴·지각시 임금공제 ... 51
결근시 임금 공제액 계산 사례 ... 51

⑥ 평균임금 및 통상임금 ... 52
차량유지비의 평균임금 포함 여부 ... 52
식대의 평균임금 포함 여부 ... 53
평균임금 산정상의 상여금 취급요령 ... 53
평균임금 산정방법 ... 56
식대의 통상임금 포함 여부 ... 56
차량유지비의 통상임금 포함 여부 ... 56
통상임금 산정방법 (시간급 산정) ... 57
통상임금 계산 사례 ... 57
통상임금 및 평균임금 등의 판단기준 예시 ... 58

⑦ 최저임금 ... 61

⑧ 근로자 해고 ... 64

⑨ 수습기간 근로기준법 ... 65
수습기간 연차휴가 ... 66

⑩ 근로자 4인 이하 사업장의 근로기준법 ... 67
근로기준법 적용 인원 기준 ... 67
4인 이하 사업장 근로기준법 예외 내용 등 ... 67

■ 급여 압류 제한 ... 70
압류금지 최저금액(월급여 185만원) ... 70

■ **근로기준법 및 고용노동부 홈페이지 자료**   72
근로기준법 및 시행령, 시행규칙   72
10인 이상 사업장 취업규칙 작성 비치 의무   73
표준 취업규칙   73
취업규칙에 관한 근로기준법 규정   74
근로기준법 관련 고용노동부 자료   76
[질의회시집] → 근로자퇴직급여보장법 질의회시집   77
고용노동부의 사업주 및 근로자 지원제도   78

section 03 법정 퇴직금 및 실직 근로자 지원제도

① **퇴직금 계산**   80
법정 퇴직금   80
계속 근로연수에 포함하여야 하는 기간   81
입사기준일과 퇴사기준일   81
평균임금 계산   82
평균임금에 포함하는 임금 및 제외하여야 하는 것   82
퇴직금 계산 사례   83
퇴직자 연차수당 및 퇴직금 계산시 포함하는 연차수당   84
법정외 퇴직금   86
퇴직금 지급대상자   86
외국인 근로자 퇴직금 지급 여부   86
퇴직금 지급기한 및 지연이자   87

② **근로자 4인 이하 사업장 퇴직금**   88
상시근로자 4인 이하 사업장 기준   88
4인 이하 사업장 퇴직급여 적용 및 적용시기   89

③ **실직근로자 지원제도**   90
실업급여 개요   90
구직급여 (실업급여)   91
실업급여 가입기간별·연령별 지급일수   91
실업급여 인상   91

section 04 퇴직금, 확정기여, 확정급여형 퇴직연금

① **퇴직연금 도입 배경 및 개요**	93
근로자 수에 따른 퇴직연금 의무가입 연도	96
퇴직연금 시행전 근무기간의 퇴직금 지급	96
② **퇴직급여제도의 설정**	97
퇴직급여제도를 설정하지 않아도 되는 근로자	97
퇴직급여제도 요약표	98
③ **퇴직금제도 종류**	99
기존의 퇴직금제도 설정	99
퇴직연금제도 미설정에 따른 처리	99
확정기여형퇴직연금제도(DC)	99
확정기여형퇴직연금의 가입기간	100
확정급여형 퇴직연금제도(DB)	101
퇴직금제도과 퇴직연금제도 비교	103
확정급여형퇴직연금과 확정기여형퇴직연금 비교	104
개인형 퇴직연금제도(IRP)	105
두 종류 이상 퇴직연금제도 설정	106
④ **퇴직금 지급**	107
기존의 퇴직금 제도를 운용하는 회사	107
확정급여형퇴직연금제도를 운용하는 회사	108
확정기여형퇴직연금제도를 운용하는 회사	108

section 05 퇴직연금 세무회계, 퇴직소득세 과세이연

① **퇴직연금 비용처리 및 원천징수 개요**	109
퇴직연금부담금의 비용처리	109
퇴직금 중간정산	113
퇴직금 중간정산을 할 수 있는 사유	113

② 확정기여형 퇴직연금제도(DC) ... 116
- 퇴직연금 및 수수료 납부 회계처리 ... 115
- 퇴직금제도에서 퇴직연금제도로 변경시 회계처리 ... 116
- 퇴직급여충당부채 및 퇴직급여충당금 ... 119
- 퇴직시 퇴직연금의 개인형퇴직연금 이전 ... 119
- 퇴직금 추가 지급액에 대한 원천징수 및 회계처리 ... 121

③ 확정급여형퇴직연금제도(DB) ... 122
- 당해 연도 퇴직금 발생액의 비용계상 ... 122
- 확정급여형퇴직연금의 손금(필요경비)산입 ... 122
- 확정급여형퇴직연금 손금(필요경비)산입 방법 ... 125
- 결산조정에 의한 손금산입 ... 125
- 신고조정에 의한 손금산입 ... 125
- 퇴직연금적립금의 운용수익에 대한 회계처리 ... 127

④ 임원 퇴직금 ... 128
- 임원의 퇴직소득 중 근로소득에 해당하는 금액 계산 ... 129
- 임원의 퇴직금 중간정산 ... 129
- 법인 임원에게 퇴직금중간정산을 할 수 있는 경우 ... 129

⑤ 퇴직소득세 신고 및 납부 ... 130
- 퇴직연금제도를 시행하고 있지 않는 회사 ... 130
- 확정기여형 퇴직연금의 퇴직소득세 징수 ... 131
- 확정급여형 퇴직연금의 퇴직소득세 징수 ... 133
- 퇴직소득세 계산 ... 134
- 개정 규정에 의한 퇴직소득세 계산 방법 ... 136
- 퇴직소득세 자동계산 프로그램 ... 139
- 퇴직소득세 신고 및 납부 ... 139
- 퇴직소득 지급명세서 작성 및 제출 ... 139
- 퇴직소득세 과세이연 및 지급명세서 제출 ... 141
- 퇴직연금제도를 도입하지 않는 사업자 ... 142

⑥ 퇴사자 4대보험 정산 등 ... 143
- 퇴사자 4대보험 자격상실신고 ... 143
- 퇴사자 건강보험료 및 고용보험료 정산 ... 143
- 퇴사자 근로소득세 및 4대보험료 정산 회계처리 ... 144

4대 사회보험료 핵심 실무

section 01 4대보험료 고지 및 징수·납부·정산

① **4대보험 가입대상 사업장 및 가입신고**	149
② **4대보험 가입신고 및 절차**	151
③ **4대보험 가입대상 근로자 및 가입신고**	152
국민연금 가입대상 근로자 및 제외 근로자	152
외국인 4대보험 가입	155
④ **4대보험료 고지 및 정산 [근로자]**	158
4대보험료 요율 [종업원 및 사업주 부담금 비율]	158
국민연금 고지 및 정산	158
건강보험료 고지 및 정산	159
고용보험료 및 산재보험료 고지 및 정산	160
건설업 고용보험료 및 산재보험료 고지와 정산	161
4대보험료 고지 기준금액 (과세대상소득)	162
4대보험료 부과기준이 되는 임금 범위	162
⑤ **4대보험 관련 기타 실무 유의사항**	163
연도 중 급여가 인상된 경우	163
직원이 1명인 경우 4대보험 가입 및 보험료 절약	163
4대보험 가입제외 근로자	163
휴직자(무급) 4대보험 납부	164
■ **직장가입자 건강보험료**	165
근로소득 외 소득이 있을 시 건강보험료 납부	165
부양가족 중 소득이 있는 경우 건강보험료 납부	166
실업자, 퇴직자에 대한 건강보험료 납부 특례	169

section 02 개인기업 사업주 4대보험가입 및 보험료

1 개인기업 사업주의 4대보험료	170
2 자영업자의 지역 건강보험료 부과기준	174
지역가입자 건강보험료 부과체계 개편	180
3 자영업자 본인 고용보험 가입 및 실업급여	183
자영업자 본인 고용보험료 산정 및 부과 등	184
자영업자 고용보험료 부담액 및 실업급여 지원액	184
4 자영업자 본인 산재보험 가입	185
자영업자 산재보험 가입대상 및 요건	185
종업원 50명 미만 자영업자 본인 산재보험 가입	185

section 03 4대보험료 납부에 따른 혜택 등

1 국민연금 불입에 따른 혜택	187
연령별 국민연금 수급연도	188
조기노령연금	189
연령별 조기노령연금수령비율	190
부부가 모두 국민연금에 가입한 경우 유족연금	193
2 고용보험료 납부에 따른 혜택	194
근로자 수강 지원금 지원	194
실업급여	194
실업급여 수급기간(소정급여일수)	196
고용유지 지원금	197
정년연장 지원금	198
60세 이상 고령자고용 지원금	199
3 의료비 본인부담금 환급제도	200

고용창출 및 저소득근로자 지원제도

section 01 (청년)고용창출 정부지원 및 세금 감면

① **청년채용특별장려금(청년추가고용장려금)** 207

② **청년내일채움공제 지원제도** 210
청년 신규 채용자 내일채움공제 210
청년 재직 채용자 내일채움공제 216
재직 근로자 대상 내일채움공제 220

③ **고용촉진과 관련한 지원금 등** 224
고용촉진장려금 224
고령자 계속고용장려금 225
신중년 적합직무 고용지원 226

section 02 두루누리 및 일자리안정자금

① **두루누리 사회보험** 229

② **일자리안정자금 지원제도** 231

section 03 (청년) 고용창출 관련 세금 감면

① **고용증대 세액공제** 232

② 고용증가 인원에 대한 사회보험료 세액공제	**238**
③ 경력단절 여성 재고용 세액공제 등	**243**
④ 근로소득을 증대시킨 기업의 세액공제 등	**245**
⑤ 정규직 근로자로의 전환에 따른 세액공제	**249**
⑥ 고용유지 중소기업에 대한 소득공제	**250**
⑦ 청년 등 취업자에 대한 소득세 감면	**251**
중소기업 청년 등 취업자에 대한 소득세 감면	251
감면대상 청년 근로자 등	253
감면대상 업종	254

section 04 근로장려금 지원제도

① 근로장려금 신청 자격	**256**
소득금액 기준	256
소득종류별 소득금액 계산 방법	257
직계존비속으로부터 받는 급여	257
사업소득의 업종별 조정률	258
부양가족 기준	259
재산 기준	259
② 근로장려금 지원금액 및 신청과 환급	**261**
근로장려금 지원금액	261
단독가구	261
홑벌이 가족가구	261
맞벌이 가족가구	261
근로장려금 신청 및 환급	262
③ 자녀장려금	**264**

원천징수제도 및 인건비 지출증빙

section 01 원천징수제도 및 원천세 신고 및 납부

1 **원천징수제도**	**269**
지급명세서 제출	271
근로소득 간이지급명세서 제출	272

2 **근로소득세 등 징수 및 신고·납부**	**273**
간이세액표에 의한 근로소득세 징수	273
인적공제대상자의 소득금액과 공제 대상 여부	277
원천징수이행상황신고서 신고 및 세금납부	278
중도퇴사자 연말정산 및 유의사항	281
주민세 종업원분 신고 및 납부	282
4대보험료 징수 및 납부	284

3 **상여금 지급과 원천징수**	**286**

4 **원천세 수정신고 및 관련 가산세**	**288**
원천세 수정신고 및 수정신고서 작성방법	288
원천세 가산세	289
원천세(특별징수분) 지방소득세 미납부가산세	290

5 **반기(6개월)별 근로소득세 신고 및 납부**	**291**
반기별 신고·납부 승인 신청	292
반기별 신고·납부자 연말정산	293

6 **연말정산**	**295**
중도퇴직자 연말정산	296
연말정산에 의한 환급금 발생시 회계처리	297

| 7 | 이자소득세 원천징수 | **301** |

| 8 | [법인] 배당소득세 원천징수 | **303** |
배당소득세 원천징수 303
배당소득 분리과세 및 종합과세 305
금융소득이 2천만원 이상인 경우 종합소득 합산금액 307

| 9 | 기타소득세 원천징수 | **308** |
근로소득, 기타소득, 사업소득 구분 308
기타소득세 원천징수 대상소득 310
기타소득자의 종합소득세 신고 313

| 10 | 원천징수대상 사업소득 | **314** |
원천징수대상 사업소득자의 사업자등록 315
사업소득을 지급받는 자의 종합소득세 신고 316

| 11 | 세금 납부서 작성 | **317** |

section 02 일용근로자 원천징수 및 세무와 4대보험

| 1 | 일용직근로자 및 법정수당 등 | **319** |
일용직근로자의 법정수당 및 퇴직금 320
일용직근로자의 연장·야간·휴일근로 가산수당 321
일용직근로자 퇴직금 321

| 2 | 일용직근로자 4대보험 가입 및 신고 | **322** |
일용직 근로자 고용보험 및 산재보험 가입 요약표 323
건설업 일용직 근로자 4대보험 가입 324
일용직 근로자의 '근로내용확인신고서' 제출 325

| 3 | 일용직근로자 세무실무 | **327** |
일용근로자와 일반근로자의 세무신고 327
일용직근로자 세무신고 및 증빙 329

<경영정보사 홈페이지>
2022년도 시행 개정 세법 등

[1] 도서 내용 중 수정 사항 및 개정세법 등은 경영정보사 홈페이지를 통하여(공지사항 및 최신 개정세법) 확인할 수 있으며,

홈페이지에 수정 내용 등을 수록하여 두었음에도 이를 확인하지 아니하는 경우 중대한 세무적 문제가 발생할 수도 있으므로 경영정보사 홈페이지 내용을 확인하여 주시기를 간곡히 당부드립니다.

[2] 세법은 정부의 정책에 따라 수시로 개정이 됩니다. 따라서 이러한 개정내용을 경영정보사 홈페이지에 게재하여 두었으며, 또한 지면 관계상 책에 수록하지 못한 내용은 홈페이지에 올려 두었습니다.

[3] 경영정보사에서 발간한 도서를 구입하신 분은 경영정보사 홈페이지의 다양한 자료를 무료로 사용할 수 있습니다.

▶ 경영정보사 홈페이지 이용방법
(네이버 검색창) 경영정보사 또는 www.ruddud.co.kr 입력
별도의 회원등록없이 홈페이지를 무료로 사용할 수 있습니다.

CHAPTER 1

직원채용과 근로계약

임금, 근로시간, 휴가

퇴직금, 퇴직연금제도

SECTION 01

직원채용과 근로계약 체결 및 근로계약서 작성시 유의할 사항

1 근로계약 체결

Q 근로계약

근로계약은 근로자가 사용자에게 근로를 제공하고 사용자는 이에 대하여 임금을 지급함을 목적으로 체결된 계약을 말합니다. 즉, 근로자가 회사(사용자)의 지시에 따라 일을 하고 이에 대한 대가로 회사가 임금을 지급하기로 한 계약을 말합니다.

Q 근로계약의 체결형식

근로계약서 작성, 합의, 교부의무는 구두합의로 체결할 수 있지만 단시간, 파견근로자의 경우에는 반드시 서면으로 작성·교부하여야 합니다. 대부분의 회사는 이에 따른 분쟁을 예방하기 위해 일정한 서면형식으로 체결하고 있습니다. 근로계약서를 교부하지 않을 경우 500만원 이하의 벌금에 처하게 됩니다만, 이 조항은 단속규정으로 근로계약 자체가 무효화 되는 것은 아닙니다.

Q 미성년자의 근로계약체결 방법

미성년자는 스스로가 친권자나 후견인의 동의를 얻어 근로계약을 체결하여야 하며 친권자 등의 대리행위는 인정되지 않습니다. 미성년자의 근로계약 해제권자는 미성년자 자신이 되나 근로기준법은 미성년자의 판단능력을 감안하여 근로계약이 미성년자에게 불리하다고 인정하는 경우에는 친권자, 후견인, 노동부장관에게 그 해지권을 인정하고 있습니다. (근로기준법 제67조)

다만, 15세미만인 자는 근로계약을 체결할 수 없으나 노동부장관의 인허증을 받은 경우에는 취업할 수 있습니다.

Q 근로기준법을 위반한 근로계약(제15조)

① 근로기준법에서 정하는 기준에 미치지 못하는 근로조건을 정한 근로계약은 그 부분에 한하여 무효로 합니다.
② 제1항에 따라 무효로 된 부분은 근로기준법에서 정한 기준에 따릅니다.

2 근로계약기간

Q 개요

근로자가 사용자에게 노동을 제공하고 사용자는 이에 대하여 임금을 지급함을 목적으로 체결되는 근로계약이 존속하는 기간을 근로계약 기간이라고 합니다. 「근로기준법」에서는 근로계약 기간에 대해 별도의 규정을 두지 있지 않습니다.

다만, 「기간제 및 단시간근로자 보호 등에 관한 법률」은 당사자가 근로계약기간을 어떻게 정하든 간에 계속근로기간이 2년을 초과하면 그 계약을 '기간의 정함이 없는 근로계약'으로 봅니다.

Q 계약기간을 정하지 않은 근로계약(정규직)

[1] 정규직 근로자의 근로계약
근로계약기간을 근로자와 사용자 사이에 약정하지 않은 경우를 말하는데, 이 경우 근로자는 언제든지 근로계약을 해지할 수 있으나 사용자는 근로기준법 제30조에 의거 정당한 이유없이 근로계약을 해지할 수 없습니다. 따라서 통상 기간을 정하지 않은 근로계약은 정년제 근로계약으로 해당합니다.

[2] 계약의 효력
사용자는 근로기준법 제23조에 의하여 정당한 이유없이 근로자를 해고하지 못하며, 따라서 사용자의 근로계약 해지권은 제한됩니다.

[3] 계약의 해지

근로자에게는 언제든지 근로관계를 종료시킬 수 있는 계약해지권이 있으며, 사용자가 사표를 수리하지 않거나 수리를 지연할 경우 민법에 의거 사표를 제출한 날부터 1월이 경과하면 근로계약 해지의 효력이 발생하고, 기간으로 보수를 정한 때에는 민법에 의하여 계약해지 통고를 한 후 당기후의 1기를 경과함으로써 해지의 효력이 생깁니다. (민법 제660조)

▶ **연봉제와 근로계약기간**

연봉제는 임금결정 및 지급형태이며 근로계약기간을 정한 것은 아니기 때문에 따로 근로계약 기간을 정하지 아니하는 경우 근로계약은 계속됩니다.

기간의 정함이 있는 근로계약(계약직)

근로계약 기간을 정하는 근로 계약으로서 계약직이라고 합니다. 근로계약기간을 정한 경우에 있어 당사자 사이의 근로관계는 특별한 사정이 없는 한 그 기간이 만료함에 따라 사용자의 해고 등 별도의 조처를 기다릴 것 없이 당연히 종료됩니다. 한편, 대법원은 노동자는 1년이 지난 후에 언제든지 근로계약을 해지할 수 있는 퇴직의 자유가 보장된다고 판시하였습니다. (1996.8.29, 대법 95다 5783)

일정한 사업완료에 필요한 기간을 정한 근로계약

일정한 사업완료에 필요한 기간을 정하여 근로계약을 체결할 수 있습니다. 이 경우 사업이 완료되면 해고예고 등 별도의 조치없이 자동적으로 근로관계가 종료됩니다. 다만, 그 기간 중에 행한 사용자의 일방적 계약해지는 근로기준법의 부당해고가 됩니다.

Q 근로계약의 반복갱신

[1] 근로계약의 반복갱신의 의미
① 묵시의 계약 갱신 : 근로계약기간 만료 후에 노무를 계속 제공하고 사용자가 상당기간 이의를 제기하지 않으면 근로계약이 동일조건으로 갱신된 것입니다. (2000.12.21, 서울고법 2000누8846)
② 합의에 의한 갱신 : 1년 이하의 근로계약기간이 종료되는 경우, 연장계약을 새로이 체결하거나, 미리 자동갱신계약을 체결해 놓은 경우에는 그 계약은 유효합니다.

[2] 계약기간 반복갱신의 효과
단기의 근로계약이 장기간에 걸쳐서 반복하여 갱신됨으로써 그 정한 기간이 단지 형식에 불과하게 된 예외적인 경우에 한하여 비록 기간을 정하여 채용된 근로자일지라도 사실상 기간의 정함이 없는 근로자와 다를 바가 없게 됩니다.(대판 1998.1.23, 97다 42489)

[3] 계약기간 갱신의 거절
1년 초과계약기간 금지는 근로자에게 근로조건을 1년마다 재검토할 수 있는 기회를 보장함으로써 장기근로계약으로 인한 피해를 방지하려는데 그 근본취지가 있는 것이므로 계약기간 갱신에 있어서 사용자는 사업의 만료 등 정당한 이유가 있어야 갱신거절이 가능하고 근로자는 언제나 갱신거절이 가능합니다.

③ 채용내정, 시용기간, 수습기간

Q 채용내정

[1] 개요

채용내정이란 회사가 정한 전형절차에 의해 합격이 결정되어 정식으로 입사하기 전의 상태를 말합니다. 회사가 필요로 하는 노동력을 미리 확보하기 위해 학교졸업예정자에 대하여 일정한 기간이 경과한 후 `졸업`이라는 일정한 요건이 충족되면 채용할 것을 약정하는 것과 같은 불확정적인 고용계약입니다.

[2] 채용내정과 임금청구권

채용내정은 정식 입사하기 전의 상태로서 노무제공이 이루어지고 있지 않는 상태이기 때문에 임금을 지급할 의무가 있는 것은 아닙니다. 그러나 채용내정에서 해제조건으로 규정한 일자가 도래한 이후에는 종업원의 지위를 취득하기 때문에 임금청구권을 가집니다.

[3] 채용내정의 취소

채용내정의 취소는 해고에 해당하고 객관적으로 합리적이라고 인정할 만한 사회통념상 상당성이 있는 경우에 한하여 정당성을 인정받을 수 있습니다.

Q 시용기간

시용기간이란 본채용 또는 확정적 근로계약을 체결하기 전에, 일정기간을 설정하여 그 기간내의 근무상황 등을 고려하여 근로자의 직업적성과 업무능력 등을 판단하려는 일정한 기간을 말하며, 시용기간제도는 당사자가 근로계약에서 이를 명시적으로 약정한 경우에만 인정됩니다. 판례는 시용기간부 근로관계에 대하여 시용기간 만료시 본계약의 체결을 거부하는 것은 사용자에게 유보된 해약권의 행사로 보아 근로기준법 제30조의 정당한 이유를 보통의 해고보다 넓게 인정하고 있습니다.

▶ **시용기간과 채용내정의 차이**

확정적인 근로계약을 체결하기 전의 고용관계라는 점에서는 채용내정과 같으나 시용기간 중에는 현실적으로 사용종속관계 아래서 근로가 이루어진다는 점에서 채용내정과 차이가 있습니다.

Q 수습기간

[1] 개요

수습기간이라 함은 근로계약 체결 후에 근로자의 직업능력이나 사업장에서의 적응능력을 키우기 위하여 직업능력 등의 양성 또는 교육을 목적으로 일정기간을 수습케 하는 것을 말합니다.

[2] 수습기간과 시용기간의 근로기준법 적용

수습 또는 시용기간 중의 근로자라 할지라도 정식근로자와 마찬가지로 수습 또는 시용기간을 근속연수에 포함하는 등 법상의 근로조건에 관한 규정이 그대로 적용됩니다. 다만, 3개월 이내의 수습 또는 시용근로자는 근로기준법상 해고예고 관련규정(1개월 전에 해고예고를 하는 것)이 적용되지 않으며, 동 기간 중의 임금은 근로계약이나 취업규칙에 의해 최저임금의 90%를 적용할 수 있습니다.

수습 또는 시용기간 중에도 연장근로수당, 야간근로수당, 휴일근로수당, 생리휴가, 산재보험 등의 제반 근로조건은 정식근로자와 동일하게 적용이 됩니다.

▶ **시용기간과 수습기간의 차이**

수습기간은 **정식채용 후**에 근로자의 직무교육을 목적으로 하는 것이므로 시용기간과는 구별됩니다. 따라서 수습기간 중의 근로관계에는 근로기준법 제30조의 해고의 제한이 적용됩니다.

▣ 인턴사원

정식 직원이 아닌, 일정기간 일을 시켜보고 그 사람의 업무능력을 평가하여 채용 여부를 결정하는 방식으로서 근로기준법상 1년 미만의 기간을 정한 계약직 근로자에 해당합니다. 단, '인턴'이라는 표현은 근로기준법 등에서 따로 정해진 용어는 아닙니다.

④ 근로계약서 작성 및 근로조건 명시

◘ 개요

사용자는 근로계약을 체결할 때에는 근로자에게 임금, 소정근로시간, 휴일, 연차유급휴가, 그 밖에 근로조건을 명시하여야 합니다. 이 경우 임금의 구성항목, 계산방법 및 지불방법, 소정근로시간, 휴일, 연차유급휴가에 관한 사항에 대하여는 서면으로 명시하여야 합니다. (근로기준법 제17조, 시행령 제8조) 이는 사용자가 근로자를 모집할 때 유리한 조건을 제시하고 실제로는 불리한 조건으로 근로를 시키는 폐단을 방지하기 위하여 근로기준법에서는 근로조건 명시에 대한 의무규정을 두고 있는 것입니다.

◘ 근로조건 명시

[1] 근로계약시 명시할 내용

근로조건의 명시	비 고
1. 임금	
2. 소정근로시간	
3. 휴일	
4. 연차유급휴가	
5. 취업장소와 종사업무	
6. 취업규칙의 필요적 기재사항	
7. 기숙사규칙에 관한 사항	사업자의 부속기숙사에 근로자를 기숙하게 하는 경우

▶ **근로계약시 서면으로 근로자에게 교부하여야 하는 내용**

임금의 구성항목·계산방법·지급방법 및 소정근로시간, 휴일, 연차유급휴가등에 관한 내용은 근로자에게 서면으로 하여야 합니다. 다만, 단체협약 또는 취업규칙 등이 변경되는 경우 근로자 요구가 있으면 그 근로자에게 교부하여야 합니다.

[2] 근로조건 명시 방법

근로조건의 명시는 구두로 하여도 무방하지만, 서면으로 하는 것이 분쟁을 줄일 수 있습니다. 일반적으로 미리 작성되어 있는 취업규칙을 제시하고 특별한 사항에 대하여는 계약서에 명시하는 방법을 택합니다. 근로조건 중 임금, 소정근로시간, 휴일, 연차유급휴가에 관한 사항은 중요사항이므로 서면으로 명시하여야 합니다.

[3] 근로조건 명시의 효과

근로계약 체결시에 근로조건을 명시한 경우 그 내용대로 근로계약은 성립되며, 근로자가 실제로 그 내용을 몰랐더라도 근로계약의 무효를 주장할 수 없습니다.

◼ 근로조건 명시의무 위반과 구제

[1] 근로조건 위반

근로조건위반이란 근로계약의 체결시에 사용자가 명시한 근로조건이 사실과 다른 경우를 의미하는 것이므로, 사용자가 처음에 제시한 근로조건과 다른 경우를 말합니다. 어느 정도 근로관계가 계속된 이후 근로기준법이나 단체협약 또는 취업규칙에 정해진 근로조건을 사용자가 어기는 것은 채무불이행이 됩니다.

[2] 근로조건이 명시되지 아니한 경우 법률 효력
근로조건이 명시되지 아니하더라도 당해 근로자의 근로조건은 현실적으로는 단체협약 또는 취업규칙의 정하는 바에 의하여 정해지는 것이므로 근로계약 자체는 유효하게 성립됩니다.

[3] 의무위반시 구제
① 명시된 근로조건이 사실과 다를 경우에 근로자는 근로조건 위반을 이유로 손해의 배상을 청구할 수 있으며 즉시 근로계약을 해제할 수 있습니다.
② 제1항에 따라 근로자가 손해배상을 청구할 경우에는 노동위원회에 신청할 수 있으며, 근로계약이 해제되었을 경우에는 사용자는 취업을 목적으로 거주를 변경하는 근로자에게 귀향 여비를 지급하여야 합니다.

□ 근로기준법 제17조(근로조건의 명시) ① 사용자는 근로계약을 체결할 때에 근로자에게 다음 각 호의 사항을 명시하여야 한다. 근로계약 체결 후 다음 각 호의 사항을 변경하는 경우에도 또한 같다.
1. 임금
2. 소정근로시간
3. 제55조에 따른 휴일
4. 제60조에 따른 연차 유급휴가
5. 그 밖에 대통령령으로 정하는 근로조건

♣ [근로계약서 서식] 고용노동부 홈페이지 → 정보공개 → 기타정보 → 자주찾는 자료실 '근로계약서' 검색

표준 근로계약서

_____(이하 "사업주"라 함)과(와) _____(이하 "근로자"라 함)은 다음과 같이 근로계약을 체결합니다.

1. 근로계약기간 :   년   월   일부터   년   월   일까지

   ※ 근로계약기간을 정하지 않는 경우에는 "근로개시일"만 기재

2. 근 무 장 소 :

3. 업무의 내용 :

4. 소정근로시간 : ___시___분부터 ___시___분까지

   (휴게시간 : 시 분~ 시 분)

5. 근무일/휴일 : 매주 __일(또는 매일단위)근무, 주휴일 매주 __요일

6. 임 금
   - 월(일, 시간)급 : _____원
   - 상여금 : 있음 (   ) _____원, 없음 (   )
   - 기타급여(제수당 등) : 있음 (   ), 없음 (   )
     _____원, _____원
   - 임금지급일 : 매월(매주 또는 매일) _____일(휴일의 경우는 전일 지급)
   - 지급방법 : 근로자에게 직접지급(   ), 근로자 명의 예금통장에 입금(   )

7. 연차유급휴가
   - 연차유급휴가는 근로기준법에서 정하는 바에 따라 부여함

8. 근로계약서 교부
   - 사업주는 근로계약을 체결함과 동시에 본 계약서를 사본하여 근로자의 교부요구와 관계없이 근로자에게 교부함(근로기준법 제17조 이행)

9. 기 타
   - 이 계약에 정함이 없는 사항은 근로기준법령에 의함

                    년   월   일

(사업주) 사업체명 :   (전화 :   )
        주   소 :
        대 표 자 :   (서명)
(근로자) 주   소 :
        성   명 :   (서명)

5 근로계약 체결시 사용자 금지사항 등

강제 근로, 중간착취의 배제 등

[1] 강제 근로의 금지(제7조)

사용자는 폭행, 협박, 감금, 그 밖에 정신상 또는 신체상의 자유를 부당하게 구속하는 수단으로써 근로자의 자유의사에 어긋나는 근로를 강요하지 못합니다.

[2] 폭행의 금지(제8조)

사용자는 사고의 발생이나 그 밖의 어떠한 이유로도 근로자에게 폭행을 하지 못합니다.

[3] 중간착취의 배제(제9조)

누구든지 법률에 따르지 아니하고는 영리로 다른 사람의 취업에 개입하거나 중간인으로서 이익을 취득하지 못합니다.

[4] 취업 방해의 금지(제40조)

누구든지 근로자의 취업을 방해할 목적으로 비밀 기호 또는 명부를 작성·사용하거나 통신을 하여서는 아니 됩니다.

[5] 사용 금지(제65조)

① 사용자는 임신 중이거나 산후 1년이 지나지 아니한 여성(이하 "임산부"라 합니다)과 18세 미만자를 도덕상 또는 보건상 유해·위험한 사업에 사용하지 못합니다.

② 사용자는 임산부가 아닌 18세 이상의 여성을 제1항에 따른 보건상 유해·위험한 사업 중 임신 또는 출산에 관한 기능에 유해·위험한 사업에 사용하지 못합니다.
③ 제1항 및 제2항에 따른 금지 직종은 대통령령[근로기준법 시행령 [별표4] 으로 정합니다.

임금 등 금전과 관련한 금지 사항

[1] 위약금(손해배상금)예정 금지

사용자는 근로계약 불이행에 대한 위약금 또는 손해배상액을 예정하는 계약을 체결하지 못합니다.(근로기준법 제20조) 근로자가 근무도중에 사용자에게 피해를 입힐 것을 대비하여 실제 발생된 손해액과 관계없이 일정액을 미리 정하여 근로자에게 배상케 하는 근로계약을 체결하거나 동 배상액을 사용자가 일방적으로 임금 또는 퇴직금과 상계하는 것을 금지하고 있으며, 이는 근로자가 자유의사에 반하는 강제근로를 하는 것을 방지할 목적으로 한 규정입니다.

▶ 위약금의 예정

위약금은 채무불이행의 경우 채무자가 채권자에게 일정액을 지불할 것을 미리 약정하는 금액으로서 부당한 근로계약을 근로자가 해지할 수 없기 때문에 금지됩니다.

[2] 손해배상액의 예정

손해배상액의 예정은 채무불이행의 경우에 채무자가 지급해야 할 것을 손해배상의 액을 실제 손해와 관계없이 당사자 사이에서 미리 계약으로 정하는 것을 말합니다. 따라서 근로자의 불법행위 등으로 사용자에게 손해를 발생시킨 경우 실손해액의 일부를 청구할 수 있도록 노·사가 합의하여 단체협약에 정한 것은 위약예정의 금지에 위반되지 않습니다. (1993.06.04, 근기 01254-1160)

[3] 신원보증계약과 위약예정금지

① 신원보증계약은 근로자가 근무중에 고의, 과실 또는 의무불이행으로 인하여 사용자에게 손해를 발생케 할 경우에 대비하여 사용자가 신원보증인과 단독으로 또는 신원보증인과 근로자를 연대채무자로 하여 체결하는 계약입니다

② 신원보증계약은 위약예정금지 위반이 아닙니다. 근로기준법 제20조의 위약예정금지는 사용자가 근로자와의 사이에서 근로계약 불이행에 대한 위약금 또는 손해배상액을 예정하는 계약을 체결하는 것을 금지하는데 그치므로 근로자에 대한 신원보증계약 자체를 금지시키는 것은 아닙니다.(1985.12.24, 대법 84다카 1221)

[4] 전차금 등 상쇄의 금지

① 사용자는 전차금 기타 근로할 것을 조건으로 하는 전대채권과 임금을 상쇄하지 못합니다.(근로기준법 제21조) 전차금이라 함은 취업한 후에 임금에서 변제할 것을 예정하여 근로계약체결 시에 사용자가 근로자 또는 채권자에게 대부하는 금전을 말합니다. `근로할 것을 조건으로 하는 전대채권`이란 전차금 이외에 전차금에 추가해서 근로자 또는 그 친권자 등에게 지급되는 금전으로서 전차금과 동일한 목적을 가지는 것입니다.

② 전차금 등은 근로자를 사용자에게 신분적으로 장기간 구속하게 하여 근로자에게 사실상 강제근로를 강요하는 폐단을 발생시킬 수가 있으며 근로자에게 불리한 근로조건을 감수케 하는 수단으로 이용될

수 있기에, 근로기준법은 사용자는 근로자가 앞으로 받을 임금에서 갚을 것을 조건으로 사용자로부터 빌린 돈(전차금)이 있더라도, 이것을 임금에서 제한다는 계약을 체결할 수 없도록 규정하고 있습니다.

[5] 강제저축의 금지

① 사용자는 근로계약에 부수하여 강제저축 또는 저축금의 관리를 규정하는 계약을 체결하지 못합니다. 근로자의 위탁으로 저축을 관리하는 경우에도 법규정의 일정사항을 준수하여야 합니다.(근로기준법 제22조) 강제저축이란 근로자의 임금 중 일부를 근로자의 의사에 반하여 저축하도록 강요하는 것이고, 저축금의 관리란 사용자 스스로가 근로자의 저축금을 관리하거나 은행 기타 금융기관에 예금시키고 그 통장과 인감을 사용자가 보관하는 경우를 말합니다.

② 사용자가 근로자로 하여금 그의 임금의 일정액을 사업장 또는 사용자가 지시하는 은행에 강제로 저금케 하고 그 반환을 어렵게 하는 경우 근로자를 사업장에 구속시키는 결과를 가져옵니다. 또한 사용자가 저축금을 사업자금에 유용하고 사업경영이 악화될 경우에는 그 반환이 어렵게 될 우려가 있기 때문에 근로기준법은 사용자로 하여금 근로계약에 부수하여 강제저축 또는 저축금의 관리를 규정하는 계약을 체결하지 못하도록 하고 있는 것입니다.

6 직원 채용시 처리하여야 할 업무 등

Q 채용 관련 구비서류

통상 아래의 서류를 구비하여 두어야 하나 업체 실정에 따라 제외하거나 추가 서류제출을 요구할 수 있습니다.

① 이력서 및 자기소개서
② 서약서 또는 각서
③ 경력증명서 및 자격증 사본
④ 신원보증서 또는 재정보증서
⑤ 인사기록카드
⑥ 최종학교 졸업증명서 1통
⑦ 서약서, 확인서
⑧ 통장사본 : 급여 지급 등에 사용할 목적으로 받아 둠
⑨ 주민등록등본 또는 가족관계증명서 : 건강보험 피보험자 확인 및 근로소득과 관련한 부양가족 확인
⑩ 전근무지 근로소득원천징수영수증 : 입사 당해 연도에 전 근무지 근로소득이있는 경우 합산하여 연말정산을 하여야 하므로 전근무지 근로소득원천징수영수증을 받아 두어야 합니다.

Q 급여 지급과 관련한 업무

① 급여대장 등재
② 소득자별근로소득원천징수부 작성
③ 공제대상 부양가족 파악

🅠 4대보험 자격 취득신고

신규입사자가 있는 경우 사용자는 입사일로부터 14일 이내에 자격취득신고서를 작성하여 국민연금관리공단, 건강보험공단, 근로복지공단 중 1곳에만 신고서를 제출하면 됩니다.

자격취득신고서 작성시 보수월액, 소득월액, 월평균보수란에는 급여로 지급하기로 한 금액 중 소득세법상 비과세소득을 제외한 과세대상 소득을 기재하시면 됩니다.

- 보수월액 : 건강보험법에 의한 보험료 부과기준이 되는 급여의 명칭
- 소득월액 : 국민연금법에 의한 보험료 부과기준이 되는 급여의 명칭
- 월평균보수 : 고용연금법에 의한 보험료 부과기준이 되는 급여 명칭

▶ 입사 월의 국민연금 납부
가입자가 자격을 취득한 날이 그 속하는 달의 **초일**인 경우에는 반드시 국민연금보험료를 납부하여야 합니다. 다만, 2일 이후에 입사한 경우에는 가입자가 희망하거나 임의계속가입자의 자격을 취득한 경우에 한하여 입사 월의 보험료를 납부합니다.

▶ 입사 월의 건강보험료 납부
원칙적으로 건강보험료 부과시점은 매월 1일이 기준일이므로 예를 들어 7월 1일 입사한 경우 그달부터 공제를 하여야 하는 것이나 2일에 입사한 경우에는 입사 월의 보험료는 공제하지 않습니다.

▶ 입사 월의 고용보험료 납부
과세대상급여에 고용보험료율을 곱하여 공제를 하시면 됩니다.

🅠 퇴직연금가입자의 채용과 퇴직급여 통산

다른 사업장에서 퇴직연금에 가입하였던 직원을 채용하는 경우 당해 사업장이 확정급여형퇴직연금 또는 확정기여형퇴직연금에 따라 합산 가능 여부를 판단하여야 하며, 그 내용은 아래와 같습니다.

계약 이전 가능	계약 이전 불가능
확정급여형 → 확정급여형	확정급여형 → 퇴직금
확정급여형 → 확정기여형	확정기여형 → 퇴직금
확정기여형 → 확정기여형	확정기여형 → 확정급여형

질문	직장을 옮기는 경우 퇴직연금을 계속 불입하는 방법이 있나?
답변	현행 퇴직금 제도에서는 근로자가 퇴사할 경우 14일 이내에 퇴직 일시금을 근로자에게 지급하도록 하고 있습니다. 따라서 이직이 잦은 근로자나 일정 기간 실직을 한 근로자의 입장에서는 퇴직금 재원이 노후 생활 자금으로 활용되지 못하고 중간에 생활 자금 등으로 소진되고 있습니다. 개인퇴직연금제도(IRP)는 이러한 근로자의 직장 이동 시에도 퇴직급여 재원이 계속 적립되어 노후 소득 보장 기능을 할 수 있도록 통산 기능을 하는 역할을 합니다.

SECTION 02

근로기준법의 임금 휴가, 연차, 법정수당

근로자를 고용하고 있는 사업주는 임금, 근로시간, 휴가, 해고 등에 대하여 근로기준법을 준수하여야 하며, 근로자퇴직급여보장법에 의하여 1년 이상 계속 근로한 근로자에게 퇴직금을 지급하거나 퇴직연금을 불입하여야 합니다. 또한 4대보험에 가입을 하여야 합니다.

1 근로계약 및 임금

Q 근로계약 체결

① 사용자는 근로자 채용시 근로계약을 체결하여야 하며, **근로계약은 기간을 정하지 아니한 것**과 일정한 사업의 완료에 필요한 기간을 정한 것 외에는 그 기간은 1년을 초과하지 못합니다.

② 사용자는 근로계약을 체결할 때에 근로자에게 다음 각 호의 사항을 명시하여야 하며, 근로계약 체결 후 다음 각 호의 사항을 변경하는 경우에도 또한 같습니다.

1. 임금
2. 소정근로시간
3. 휴일
4. 연차 유급휴가
5. 취업의 장소와 종사하여야 할 업무에 관한 사항

Q 임금 지급 및 임금대장 작성

① 근로제공의 대가로 지급하는 금액을 급여, 급료, 봉급, 보수, 임금 등으로 명칭하며, 실무상 구분은 다음과 같습니다. 다만, 근로기준법에서는 별도의 구분없이 임금이라고 합니다. 따라서 이후 근로기준법과 관련한 내용은 임금으로 통칭합니다.

명 칭	구 분
급 여	관리직 근로자에 대한 임금
임 금	생산식 근로자에 대한 임금, 근로기준법
보 수	건강보험, 국민연금, 고용보험료의 산정기준이 되는 임금
잡 급	일용직근로자에 대한 임금

② 계약자유의 원칙에 의하여 사용자와 근로자간의 계약에 의하여 임금은 자유롭게 책정할 수 있습니다. 다만, 최저임금법에서 정하는 최저임금 이상의 금액으로 근로계약을 체결하여야 합니다.

③ 임금은 매월 1회 이상 일정한 날짜를 정하여 지급하여야 합니다. 다만, 임시로 지급하는 임금, 수당, 그 밖에 이에 준하는 것에 대하여는 그러하지 아니합니다.

보 충	신규입사자(정액 임금 근로자)의 입사 월 임금 계산
월 급여 × 입사일 이후 일수 ÷ 해당 월의 일수	

④ 사용자는 임금대장을 작성하고 임금과 가족수당 계산의 기초가 되는 사항, 임금액, 다음 각 호의 사항을 근로자 개인별로 임금을 지급할 때마다 적어야 합니다.
1. 성명
2. 주민등록번호
3. 고용 연월일
4. 종사하는 업무
5. 임금 및 가족수당의 계산기초가 되는 사항
6. 근로일수
7. 근로시간수
8. 연장근로, 야간근로 또는 휴일근로를 시킨 경우에는 그 시간수
9. 기본급, 수당, 그 밖의 임금의 내역별 금액(통화 외의 것으로 지급된 임금이 있는 경우에는 그 품명 및 수량과 평가총액)
10. 임금의 일부를 공제한 경우에는 그 금액

▶ 상여금 지급과 근로기준법

① 상여금이란 사업성과 또는 명절이나 휴가 때에 지급하는 기본급 외의 수당을 말하며, 근로기준법에서는 규정한 바가 없으므로 사용자가 근로자에게 의무적으로 지급하여야 하는 것은 아닙니다.

② 상여금이 취업규칙 기타 근로계약 등에 미리 지급조건 등이 명시되어 있거나 관례로서 계속 지급하여 온 경우에는 상여금의 지급이 법적인 의무로서 구속력을 가지게 됩니다. 예를 들어 근로자 채용시 연간 상여금으로 기본급의 400%를 지급하기로 한 경우 사용자는 근로자에게 상여금을 지급하여야 합니다.

③ 관례석으로 지급한 사례가 없고, 기업의 이윤에 따라 일시적으로 지급하는 변동 상여금은 사용자의 지급의무가 강제되는 것은 아니며, 퇴직금 임금기준이 되는 평균임금에 포함하지 않습니다.

임 금 대 장

관리번호 :

성 명	생년월일	기능 및 자격	고용 연월일	종사업무	임금계산기초사항			가족수당계산기초사항	
					기본 시간급	기본 일급	기본 월급	1인당 지급액	계산시간

구분 월별	근로 일수	근로 시간 수	연장 근로 시간 수	휴일 근로 시간 수	야간 근로 시간 수	기본급	여러 가지 수당				총액	공제액	영수액	영수인
							가족 수당	연장 근로 수당	휴일 근로 수당	야간 근로 수당				
01														
02														
03														
04														
05														
06														
07														
08														
09														
10														
11														
12														
합계														

서 식 경영정보사 홈페이지(www.ruddud.co.kr)

🅠 임금 지급시 임금명세서 교부 의무

[1] 2021.11.19.부터 사용자(5인미만 사업장 포함)는 근로자에게 임금을 지급할 때 임금명세서를 교부하여야 하며, 임금명세서에는 임금의 구성항목 및 계산방법, 법령이나 단체협약에 따른 임금의 공제 내역 등을 기재해야 합니다.

[2] 임금명세서는 서면이나 전자문서로 교부할 수 있습니다.
○ 임금명세서 교부 위반시 500만원 이하의 과태료 부과

♣ **임금명세서 양식 및 상세 내용 → 경영정보사 홈페이지**

☐ 근로기준법
제48조(임금대장 및 임금명세서) ① 사용자는 각 사업장별로 임금대장을 작성하고 임금과 가족수당 계산의 기초가 되는 사항, 임금액, 그 밖에 대통령령으로 정하는 사항을 임금을 지급할 때마다 적어야 한다. <개정 2021. 5. 18.>

☐ 근로기준법 시행령
제27조(임금대장의 기재사항) ①사용자는 법 제48조제1항에 따른 임금대장에 다음 각 호의 사항을 근로자 개인별로 적어야 한다.
<개정 2021. 10. 14., 2021. 11. 19.>
1. 성명
2. 생년월일, 사원번호 등 근로자를 특정할 수 있는 정보
3. 고용 연월일
4. 종사하는 업무
5. 임금 및 가족수당의 계산기초가 되는 사항
6. 근로일수

7. 근로시간수
8. 연장근로, 야간근로 또는 휴일근로를 시킨 경우에는 그 시간수
9. 기본급, 수당, 그 밖의 임금의 내역별 금액(통화 외의 것으로 지급된 임금이 있는 경우에는 그 품명 및 수량과 평가총액)
10. 법 제43조제1항 단서에 따라 임금의 일부를 공제한 경우에는 그 금액

②사용기간이 30일 미만인 일용근로자에 대해서는 제1항제2호 및 제5호의 사항을 적지 않을 수 있다. <개정 2021. 10. 14.>

③다음 각 호의 어느 하나에 해당하는 근로자에 대해서는 제1항제7호 및 제8호의 사항을 적지 않을 수 있다. <개정 2021. 10. 14.>
1. 법 제11조제2항에 따른 상시 4명 이하의 근로자를 사용하는 사업 또는 사업장의 근로자
2. 법 제63조 각 호의 어느 하나에 해당하는 근로자

제27조의2(임금명세서의 기재사항) 사용자는 법 제48조제2항에 따른 임금명세서에 다음 각 호의 사항을 적어야 한다.
1. 근로자의 성명, 생년월일, 사원번호 등 근로자를 특정할 수 있는 정보
2. 임금지급일
3. 임금 총액
4. 기본급, 각종 수당, 상여금, 성과금, 그 밖의 임금의 구성항목별 금액(통화 이외의 것으로 지급된 임금이 있는 경우에는 그 품명 및 수량과 평가총액을 말한다)
5. 임금의 구성항목별 금액이 출근일수·시간 등에 따라 달라지는 경우에는 임금의 구성항목별 금액의 계산방법(연장근로, 야간근로 또는 휴일근로의 경우에는 그 시간 수를 포함한다)
6. 법 제43조제1항 단서에 따라 임금의 일부를 공제한 경우에는 임금의 공제 항목별 금액과 총액 등 공제내역 [본조신설 2021. 11. 19.]

2 근로시간

Q 법정근로시간(근로기준법 제50조)

▶ 일주간의 근로시간(40시간)

1주간의 근로시간은 휴게시간을 제외하고 40시간을 초과할 수 없습니다.

▶ 1일의 근로시간

1일의 근로시간은 휴게시간을 제외하고 8시간을 초과할 수 없습니다. 1일이란 오전 00:00부터 오후 12:00까지를 말합니다.

▶ 휴게시간

사용자는 근로시간이 4시간인 경우에는 30분 이상, 8시간인 경우에는 1시간 이상의 휴게시간을 근로시간 도중에 주어야 합니다.

Q 연장근로(근로기준법 제53조)

사용자와 근로자가 간에 합의를 하는 경우 1주간에 12시간을 한도로 근로기준법 제50조의 근로시간을 연장할 수 있으며, 이 경우 사용자는 연장근로에 따른 임금외에 연장근로시간에 대하여 연장근로수당(통상임금이 50%)을 추가로 지급을 하여야 합ㄴ디.

🅠 탄력적 근로시간제

▶ 개요

탄력적 근로시간제란 어떤 근로일의 근로시간을 연장시키는 대신에 다른 근로일의 근로시간을 단축시킴으로써, 일정 기간의 평균 근로시간을 기준근로시간 내로 맞추는 변형근로시간제를 의미합니다.

근로기준법 제51조에 따라 2주 단위 또는 3개월 단위의 탄력적 근로시간제를 실시할 수 있으며, 이 경우 일정한 기간(2주 이내 또는 3월 이내)을 평균하여 1일간 또는 1주간의 근로시간이 기준근로시간을 초과하지 않으면, 특정일 또는 특정주에 기준근로시간을 초과하더라도 근로시간 위반이 아님은 물론 초과시간에 대한 할증 임금을 지급하지 않아도 됩니다. 단, 탄력적 근로시간제는 연소근로자(15세 이상 18세 미만) 및 임신 중인 여성 근로자에게는 적용할 수 없습니다.

▶ 2주 단위 탄력적 근로시간제

▶ 2주간의 근로시간 합계[80시간(40시간 × 2)]

2주 단위 탄력적 근로시간제란 2주 이내의 일정한 단위기간을 정한 후 1주 평균근로시간이 40시간을 초과하지 않는 상태에서 특정일에 8시간, 특정주에 40시간을 초과하더라도 연장근로로 보지 않는 제도를 말합니다. 이 경우 특정주의 근로시간은 **48시간**을 초과할 수 없으므로, 1주간 근로 가능한 법정최고한도는 48시간 + 연장근로최대시간 12시간(근로기준법 제53조 제2항에 따른 합의 연장근로) = 총 60시간이 됩니다.

다만, 탄력적 근로시간제의 실시에도 불구하고 연장근로 12시간에 대하여 가산임금(통상임금의 50%)은 별도로 지급하여야 합니다. 예를 들어 2주 단위의 경우 첫째 주의 근로시간이 48시간이면 둘째 주가 32시간을 초과하는 시간이 연장근로에 포함됩니다.

[사례] 2주단위 탄력적 근로시간제
1주차 32시간
2주차 48시간 → 연장근로수당 지급의무 없음
2주간 총근로시간 80시간

연장근로 12시간 → 연장근로수당 지급의무
1주 최대근로시간 60시간 : 48시간 + 연장근로 12시간

▶ **탄력적 근로시간제 취업규칙 규정**
2주 단위 탄력적 근로시간제를 실시하기 위하여는 취업규칙 또는 이에 준하는 규정으로 정하여야 합니다. 따라서 상시 10명 이상의 근로자를 사용하는 사용자는 취업규칙의 작성 및 변경을 통하여 이를 도입할 수 있습니다. 단, 취업규칙의 작성의무가 없는 상시 9명 이하의 근로자를 사용하는 사용자는 취업규칙이 없는 경우 '취업규칙에 준하는 것'으로 규정하여야 합니다. '취업규칙에 준하는 것'은 특별한 형식을 요하지는 않지만, 최소한 서면으로 작성하여 동 제도의 도입을 해당 근로자에게 주지시켜야 합니다.

▶ **3개월 단위내 탄력적 근로시간제**

3월 단위 탄력적 근로시간제란 3월 이내의 일정한 단위기간을 정한 후 1주 평균근로시간이 40시간을 초과하지 않는 상태에서 특정일에

8시간, 특정주에 40시간을 초과하더라도 연장근로로 보지 않는 제도를 말합니다. 3월 단위 탄력적 근로시간제는 근로자 대표와의 서면합의에 따라 실시하여야 하며, 이 경우에도 특정한 주의 근로시간은 **52시간**, 특정한 날의 근로시간은 12시간을 초과할 수 없습니다.

따라서 1주간 근로 가능한 법정최고한도는 52시간 + 연장 12시간 = 총 64시간이 됩니다.

[사례] 3개월 단위 탄력적 근로시간제
주 근로시간 40시간 준수
특정 주 최대 52시간 근로 가능
특정 주 → 연장근로수당 지급의무 없음

◆ 연장근로시 1주 최대근로시간 64시간
52시간 + 연장근로 12시간(연장근로수당 지급의무)

▶ **3개월 단위내 탄력적 근로시간제 서면 합의**
3월 단위 탄력적 근로시간제는 근로자 대표(근로자의 과반수로 조직된 노동조합, 과반노조가 없는 경우에는 근로자 과반수를 대표하는 자)와의 서면합의에 따라 도입해야 합니다.

◆ **개별적 서면 동의만을 받는 경우에는 실시할 수 없음**
3월 단위 탄력적 근로 시간제를 도입하면서 근로자 대표와의 서면합의가 아닌 근로자 과반수의 개별적 서면 동의만을 받는 경우에는 이를 실시할 수 없음을 유의해야 합니다.(근로조건 지도과-1167, 2008.4.29.)

▶ **서면합의할 내용**
① 대상근로자의 범위
② 단위기간
③ 단위 기간 근로일
④ 근로일별 근로시간
⑤ 서면합의의 유효기간

▶ **대상근로자의 범위 및 단위기간**
대상근로자의 범위는 반드시 전체 근로자일 필요는 없고, 일정 사업부문·직종 등에 따라서 그에 종사하는 일부 근로자에 한하여 적용할 수 있습니다. 단위기간은 3개월 단위, 2개월 단위, 1개월 단위, 3주 단위 등 일정한 단위기간으로 실시가 가능하며, 노사가 합의하는 서면합의 유효기간의 길이에 대해서는 특별한 제한이 없습니다.

■ **개정 근로기준법 주요 내용 (2021.1.5. 공포 → 4.6. 시행)**

[1] 탄력적 근로시간제
[단위기간] 단위기간이 3개월을 초과하고 6개월 이내인 별도의 탄력적 근로시간제도 신설

[도입·운영 요건] 근로자대표와의 서면 합의로 도입
(근로시간 사전 확정) 3개월 초과 탄력근로제 도입 시 단위기간의 근로시간은 서면 합의로 주별 근로시간을 사전에 확정하되, 근로일별 근로시간은 각 주의 개시 2주 전까지 근로자에게 통보
(근로시간 중도 변경) 서면 합의 당시 예측하지 못한 천재지변, 기계고장, 업무량 급증 등의 불가피한 사유 발생시, 근로자대표협의를 거쳐 주별 근로시간 변경이 가능하며, 이 경우 변경된 근로일별 근로시간은 근로일 개시 전에 해당 근로자에게 통보

[건강보호] 3개월 초과 탄력근로제 도입 시, 근로일 간 11시간 이상의 연속 휴식시간제 의무화
다만, 천재지변 등 대통령령으로 정하는 불가피한 경우 근로자대표와의 서면 합의가 있으면 이에 따름

[임금보전] 3개월 초과 탄력근로제 도입 시, 사용자는 임금보전 방안을 마련하여 고용노동부장관에게 신고하여야 하며, 미신고 시 과태료 부과
다만, 서면 합의에 임금보전 방안을 포함한 경우에는 신고의무 면제

[단위기간 중단시 임금산정] 탄력적 근로시간제 단위기간보다 실제 근로한 기간이 짧은 경우 단위기간 중 실제 근로한 기간을 평균하여, 1주 40시간을 초과하여 근로한 시간 전부에 대해 가산임금 지급

[2] 선택적 근로시간제
[정산기간] 신상품 또는 신기술의 연구개발 업무의 경우 현행 1개월 이내인 정산기간을 최대 3개월 이내로 확대

[건강보호) 1개월을 초과하는 정산기간을 정한 경우 근로일 간 11시간 이상의 연속휴식시간제를 의무화하되, 천재지변 등 대통령령으로 정하는 불가피한 경우 근로자대표와의 서면 합의가 있으면 이에 따름

[임금보전] 1개월을 초과하는 정산기간을 정한 경우 매 1개월마다 평균하여 1주간 근로시간이 40시간을 초과한 시간에 대해서는 가산임금 지급

[3] 특별연장근로 인가제도
[건강보호] 근로기준법 제53조제4항에 따른 특별연장근로를 하는 근로자의 건강 보호를 위해 사용자는 건강검진 실시 또는 휴식시간 부여 등 고용노동부 장관이 정하는 적절한 조치를 하여야 함

[4] 부칙 : 시행시기 및 준비행위
[시행시기] 탄력적 근로시간제 및 선택적 근로시간제는 주 최대 52시간제 시행 시기에 맞춰 단계적 적용
○ 50인 이상 및 국가·지자체 등 : 공포 후 3개월
○ 5~50인 미만: '21.7.1
- 특별연장근로 인가제도 건강보호 조치 의무는 공포 후 3개월이 경과된 날부터 시행

♣ [상세 내용] 고용노동부 홈페이지 → 정책자료 → 정책자료실
(제목) 근로기준법상 근로시간 규정 주요 내용 (등록일) 2021.03.23

□ 근로기준법 제51조(3개월 이내의 탄력적 근로시간제)
① 사용자는 취업규칙(취업규칙에 준하는 것을 포함한다)에서 정하는 바에 따라 2주 이내의 일정한 단위기간을 평균하여 1주 간의 근로시간이 제50조제1항의 근로시간을 초과하지 아니하는 범위에서 특정한 주에 제50조제1항의 근로시간을, 특정한 날에 제50조제2항의 근로시간을 초과하여 근로하게 할 수 있다. 다만, 특정한 주의 근로시간은 48시간을 초과할 수 없다.

② 사용자는 근로자대표와의 서면 합의에 따라 다음 각 호의 사항을 정하면 3개월 이내의 단위기간을 평균하여 1주 간의 근로시간이 제50조제1항의 근로시간을 초과하지 아니하는 범위에서 특정한 주에 제50조제1항의 근로시간을, 특정한 날에 제50조제2항의 근로시간을 초과하여 근로하게 할 수 있다. 다만, 특정한 주의 근로시간은 52시간을, 특정한 날의 근로시간은 12시간을 초과할 수 없다.
1. 대상 근로자의 범위
2. 단위기간(3개월 이내의 일정한 기간으로 정하여야 한다)
3. 단위기간의 근로일과 그 근로일별 근로시간
4. 그 밖에 대통령령으로 정하는 사항

③ 제1항과 제2항은 15세 이상 18세 미만의 근로자와 임신 중인 여성 근로자에 대하여는 적용하지 아니한다.
④ 사용자는 제1항 및 제2항에 따라 근로자를 근로시킬 경우에는 기존의 임금 수준이 낮아지지 아니하도록 임금보전방안(賃金補塡方案)을 강구하여야 한다.
[제목개정 2021. 1. 5.]

주52시간 근로제도

개요

개정 전 근로기준법에서도 하루 근로시간을 8시간씩 40시간으로 정하되, 연장근로를 한 주에 12시간씩 하도록 허용하고 있습니다. 따라서 명목상으로는 '주 52시간 근무'를 규정하고 있는 것입니다. 다만, 고용노동부는 행정해석을 통해 휴일을 '근로일'에서 제외함으로서 토요일 및 일요일 각각 8시간씩 총 16시간의 초과근무가 가능하여 사실상 최장 허용 근로시간은 주 68시간이었습니다.

개정 근로기준법에서는 **"1주"란 휴일을 포함한 7일을 말한다."**라고 규정함으로서 토요일 및 일요일을 포함한 주 7일을 모두 '근로일'로 정의하여 주 근로시간의 허용치를 52시간으로 정하였습니다.

☐ (개정) 근로기준법
제2조(정의) ① 이 법에서 사용하는 용어의 뜻은 다음과 같다. <개정 2018.3.20.>
7. "1주"란 휴일을 포함한 7일을 말한다.

▶ 주52시간 근로제 경과조치

개정 근로기준법으로 인한 중소기업의 충격(최대근로시간 주 68시간 → 주52시간)을 완화하기 위해 기업 규모별로 적용 시기를 차등 적용하기로 하였으며, 그 시행시기는 다음과 같습니다.

- 300명 이상 기업 : 2018년 7월 1일 이후 시행
- 50명 ~299명 기업 : 2020년 1월 1일 이후 시행
- 5명 ~ 49명 기업 : 2021년 7월 1일 이후 시행

▶ 30인 미만 기업의 근로시간 예외

30인 미만의 기업의 경우 2021년 7월 1일 이후 주52시간 근로제를 시행하되, 2021년 7월 1일 이후 2022년 12월 31일까지는 특별연장 근로시간 8시간이 추가로 허용됩니다.

▶ 주52시간제의 휴일근로수당

고용노동부의 행정해석에 따라 8시간 이하의 휴일근로에 대하여는 근로시간에 대한 임금과 휴일근로에 따른 주휴수당 50%를 지급하여야 하며, 휴일에 8시간 이상 근로를 하는 경우에 한하여 연장근로수당 50%를 추가로 지급하여야 합니다. 이는 '연장근로시간에는 휴일근로시간이 포함되지 않는다.'라고 규정하여 연장근로와 휴일근로를 별개로 보고 있기 때문입니다.

따라서 근로자가 1주일 중 근무일에 40시간을 근무한 뒤 휴일에 근로(8시간 이내)를 하는 경우 휴일근로에 따른 임금 및 휴일근로가산수당 50%만 추가로 지급을 받을 수 있는 것입니다.

▶ 주12시간 초과 연장근로를 할 수 있는 업종

1주간의 연장근로시간 최대허용시간은 12시간이나 업무 특성으로 인하여 12시간을 초과하는 근로가 불가피한 업종의 경우 근로기준법 제59조에서 예외 규정을 두고 있으며, 이러한 업종은 근로일 종료 후 다음 근로일 개시 전까지 근로자에게 연속하여 11시간 이상의 휴식 시간을 주어야 합니다.

개정 근로기준법에서는 이러한 특수업종의 범위를 대폭 축소하였으며, 시행일은 2018년 9월 1일부터입니다.

■ 연장근로 특례 대상 업종

연장근로 특례 대상 업종(현행)	개정
보관·창고업, 자동차 부품판매업, 도매 및 상품중개업, 소매업, 금융업, 보험 및 연금업, 금융 및 보험 관련 서비스업, 우편업, 교육서비스업, 연구개발업, 시장조사 및 여론조사업, 광고업, 숙박업, 음식점 및 주점업, 건물·산업설비 청소 및 방제서비스업, 미용·욕탕업 및 유사서비스업, 육상운송 및 파이프라인 운송업, 수상운송업, 항공운수업, 기타 운송 관련 서비스업, 영상·오디오 기록물 제작 및 배급업, 방송업, 전기통신업, 보건업, 하수·폐수 및 분뇨처리업, 사회복지서비스업	육상운송업(운송업의 하위업종인 노선버스업은 특례업종에서 제외) 수상운송업 항공운송업 기타운송서비스업 보건업

<시행시기> 2018년 9월 1일 이후

3 휴일 및 휴가

법정휴일 및 법정외 휴일

법정휴일

① 근로기준법에 규정한 주 1일의 휴일
② 근로자의 날(매 년 5월 1일)

▶ **법정공휴일**

그동안 근로기준법 상의 공휴일은 일주일(7일) 중 주휴일(통상 토요일 및 일요일) 및 근로자의 날로 법정공휴일(명절, 광복절, 삼일절 등 달력의 빨간 날)은 근로기준법상의 휴일이 아니었습니다. (기업이 법정공휴일을 연차 등으로 대체하지 아니하고, 휴일로 한 것은 관행 또는 사용자의 재량에 의한 것임)

그러나 2020년 1월 1일부터는 민간기업에도 공무원과 같이 동일하게 법정공휴일을 **유급 휴일**로 부여[법정 공휴일이 무급 휴일(통상 일요일)과 중복되는 경우에는 무급휴일로 함]하여야 하며, 법정공휴일을 연차로 대체하는 것은 불법행위가 됩니다. 다만, 부칙에서 기업 규모별로 시행시기를 다음과 같이 정하고 있습니다.

<시행시기>
○ 300인 이상 기업 : 2020년 1월 1일
○ 30~300인 미만 기업 : 2021년 1월 1일
○ 5~30인 미만 기업 : 2022년 1월 1일

▶ 법정외 휴일(임의휴일)

법정휴일 외에 노사간 합의에 의하여 휴무하는 날로 법정외 휴일의 경우 유급휴일로 할 것인지 무급휴일로 할 것인지는 노사간의 합의에 따라 취업규칙 등에서 정할 수 있습니다. 따라서 명절, 국경일, 여름휴가일 등은 법정공휴일이 아니므로 취업규칙에 이와 같은 임의휴일을 연차휴가로 대체한다. 라고 규정하여도 무방합니다.

연차 유급휴가

▶ 신규입사자 유급휴가 일수 및 연차수당 지급의무

▶ 입사 1년차의 유급휴가 사용기간 및 미사용수당 지급

사용자는 계속하여 근로한 기간이 1년 미만인 근로자 또는 1년간 80퍼센트 미만 출근한 근로자에게 **1개월 개근 시** 1일의 유급휴가를 주어야 하며, 1년이내의 근무기간에 대하여는 매월 1일씩 발생한 유급휴가는 각 발생월로부터 1년간 사용 가능합니다.

단, 연차유급휴가는 사용자의 귀책사유로 사용하지 못한 경우를 제외하고 1년간 행사하지 아니하면 소멸하게 됩니다..

한편, 사용차가 연차사용촉진을 하지 않은 경우로서 1년이 경과하여 연차휴가를 사용할 수 있는 기간이 종료된 경우 사용자는 사용기간이 종료된 다음날에(임금지급일) 미사용수당을 지급하여야 하며, 신규입사자의 경우에도 2020.4.1. 이후 사용촉진대상이 됩니다.
(근로기준법 제60조 제2항)

> (예시) 2021.4.1.에 1일 휴가 발생 → 2022.3.31.까지 사용가능 → 미사용 시 2022.4.1.(4월 급여)에 수당 지급

◆ **다음 각 호의 어느 하나에 해당하는 기간은 출근한 것으로 봄**
1. 근로자가 업무상의 부상 또는 질병으로 휴업한 기간
2. 임신 중의 여성이 제74조제1항부터 제3항까지의 규정에 따른 휴가로 휴업한 기간
3. 「남녀고용평등과 일·가정 양립 지원에 관한 법률」 제19조제1항에 따른 육아휴직으로 휴업한 기간

▶ **신규입사자의 유급휴가일수**

입사 후 1년간의 출근율이 80% 이상인 경우 2년 차에 쓸 수 있는 유급휴가일수는 1년 차에 1개월 개근 시 1일씩 발생한 유급휴가와 별도로 15일이 됨 → 입사일로부터 2년 동안 최대 26일의 연차유급휴가 부여 가능

☐ 근로기준법
제60조(연차 유급휴가) ① 사용자는 1년간 80퍼센트 이상 출근한 근로자에게 15일의 유급휴가를 주어야 한다. <개정 2012. 2. 1.>
② 사용자는 계속하여 근로한 기간이 1년 미만인 근로자 또는 1년간 80퍼센트 미만 출근한 근로자에게 1개월 개근 시 1일의 유급휴가를 주어야 한다. <개정 2012. 2. 1.>
⑦ 제1항·제2항 및 제4항에 따른 휴가는 1년간(계속하여 근로한 기간이 1년 미만인 근로자의 제2항에 따른 유급휴가는 최초 1년의 근로가 끝날 때까지의 기간을 말한다) 행사하지 아니하면 소멸된다. 다만, 사용자의 귀책사유로 사용하지 못한 경우에는 그러하지 아니하다. <개정 2020. 3. 31.>

▶ **근로계약기간이 1년인 기간제근로자 연차휴가 및 보상**

① 판례는 근로계약기간을 1년으로 한 기간제노동자의 1년간의 출근율이 80% 이상이면 계약기간 만료 시 15일분의 연차휴가보상청구권이 발생한다는 입장입니다.
② 법 개정에 따라 1년차 때 1개월 개근시 1일씩 발생하는 유급휴가도 별도로 인정되는 만큼, 1년 기간제노동자의 계약기간이 만료되는 경우 최대 26일분의 미사용수당을 지급하여야 합니다.

▣ **연차휴가일수 가산 및 제한(최대 25일)**

① 사용자는 3년 이상 계속하여 근로한 근로자에게는 제1항에 따른 휴가에 최초 1년을 초과하는 계속 근로연수 매 2년에 대하여 1일을 가산한 유급휴가를 주어야 합니다. 이 경우 가산휴가를 포함한 **총 휴가 일수는 25일을 한도**로 합니다.

② 사용자는 위의 규정에 따른 연차휴가를 근로자가 청구한 시기에 주어야 하고, 그 기간에 대하여는 취업규칙 등에서 정하는 통상임금 또는 평균임금을 지급하여야 합니다.

사 례	연차유급일수 계산										
구 분	1년	2년	3년	4년	5년	6년	7년	8년	9년	10년	11년	12년
주40시간	15	15	16	16	17	17	18	18	19	19	20	20

* 연차유급휴가 최대일수 → 주40시간 : 25일

▶ **신규입사자의 회계연도 기준 연차휴가일수**

회계연도 기준으로 연차휴가일수를 산정하는 경우로서 근로자가 연중에 입사한 경우, 다음해 1월 1일에 입사한 것으로 가정하여 그 때를 기준으로 연차휴가를 산정할 수 있습니다. 이 때 입사한 시점부터 그 해가 끝나는 시점까지는 일할로 연차일수를 계산하여야 합니다. 예를 들어 근로자가 2022년 5월 10일에 입사한 경우 2022년 12월 31일까지의 연차휴가일수를 일수로 계산하고, 2023년 1월 1일을 입사 기준일로 가정하여 근로기준법에 의하여 부여하되, 입사연도의 휴가일수는 회계연도 기준에 의한 연차일수(10일)를 보장하여야 합니다.

◾ 신규입사자의 2022년 1년 미만 근로에 대한 연차 발생일수 : 7일

▶ 회계연도 기준에 의한 연차일수 (입사일 2022.5.1.)
2022.5.1. ~ 2022.12.31.
- 1개월 근로 이후 매월 1개 연차발생 [7개]
2023.1.1. ~ 2023.04.30.
- 1년이 되는 날까지의 월수에 대하여 매월 1개의 연차발생 [4개]
2023.5.1. ~ 2023.12.31.
- 기본 연차일수(15일) × 1년이 경과한 이후의 일수(235일)/365일 = 9.65일 → 10일(소수점 이하 올림)

한편, 회계연도 기준으로 연차를 적용하는 경우에도 1년 미만인 근로자의 1개월 개근 시 발생하는 연차휴가에 대하여 사용촉진을 하지 않은 경우 미사용연차일수에 대하여 연차수당을 지급하여야 합니다.

▷ 사용자의 연차휴가 사용 촉진의무 및 연차수당

사용자가 연차 유급휴가의 사용을 촉진하기 위하여 **다음 각 호의 조치**를 하였음에도 불구하고 근로자가 휴가를 1년간 사용하지 아니하여 소멸된 경우에는 사용자는 **그 사용하지 아니한 휴가에 대하여 보상할 의무가 없습니다.** (근로기준법 제61조 제1항)

다만, 사용자가 근로자의 연차사용에 대하여 다음에 정하는 방법으로 사용촉진을 하지 아니하였거나, 사규 또는 취업규칙 등에서 미사용연차일수에 대하여 연차수당을 지급하기로 한 경우 미사용연차에 대하여 연차수당을 지급하여야 합니다.

1. 휴가기간(휴가발생일로부터 1년)이 끝나기 6개월 전을 기준으로 10일 이내에 사용자가 근로자별로 사용하지 아니한 휴가 일수를 알려주고, 근로자가 그 사용 시기를 정하여 사용자에게 통보하도록 서면으로 촉구할 것
2. 제1호에 따른 촉구에도 불구하고 근로자가 촉구를 받은 때부터 10일 이내에 사용하지 아니한 휴가의 전부 또는 일부의 사용 시기를 정하여 사용자에게 통보하지 아니하면 휴가기간(휴가발생일로부터 1년) 기간이 끝나기 2개월 전까지 사용자가 사용하지 아니한 휴가의 사용 시기를 정하여 근로자에게 서면으로 통보할 것

▶ **계속 근로기간 1년 미만 신규입사자의 사용촉진기간 단축**

1. 최초 1년의 근로기간이 끝나기 3개월 전을 기준으로 10일 이내에 사용자가 근로자별로 사용하지 아니한 휴가 일수를 알려주고, 근로자가 그 사용 시기를 정하여 사용자에게 통보하도록 서면으로 촉구할 것. 다만, 사용자가 서면 촉구한 후 발생한 휴가에 대해서는 최초 1년의 근로기간이 끝나기 1개월 전을 기준으로 5일 이내에 촉구하여야 합니다.
2. 제1호에 따른 촉구에도 불구하고 근로자가 촉구를 받은 때부터 10일 이내에 사용하지 아니한 휴가의 전부 또는 일부의 사용 시기를 정하여 사용자에게 통보하지 아니하면 최초 1년의 근로기간이 끝나기 1개월 전까지 사용자가 사용하지 아니한 휴가의 사용 시기를 정하여 근로자에게 서면으로 통보할 것. 다만, 제1호 단서에 따라 촉구한 휴가에 대해서는 최초 1년의 근로기간이 끝나기 10일 전까지 서면으로 통보하여야 합니다. (근로기준법 제61조 제2항)

▣ 유급휴가의 대체 및 기타 휴무

① 사용자는 근로자대표와의 서면 합의에 따라 연차 유급휴가일을 갈음하여 특정한 근로일에 근로자를 휴무시킬 수 있습니다.
② 기타 병가, 경조사휴가(결혼, 회갑, 사망), 업무공로휴가, 명절휴가, 여름휴가 등은 취업규칙에서 별도로 정합니다.

▣ 퇴사자의 연차휴가 및 연차수당

▶ 1년 미만 근무자 퇴사시 미사용 연차일수 보상의무

1년 미만 근무자의 경우 매월 1개의 연차가 발생하며, 이 경우 1년이 되기 전에 퇴사하더라도 매월 1개씩 부여된 연차휴가는 이미 발생한 연차휴가가 되며, 퇴사로 인해 사용하지 못하고 남은 잔여 연차휴가가 있을 경우 이는 수당으로 지급하여야 합니다.
예를 들어 6월 1일부터 11월 30일까지 만근하고, 퇴사하는 경우 6개의 연차가 발생하며, 2개를 사용한 경우 잔여 연차일수 4개는 금전으로 보상하여야 합니다.

▶ 1년 이상 근무자 퇴사연도 연차휴가

근무기간이 1년 이상인 근로자의 경우 1년 중 잔여월수에 대한 월단위 연차휴가는 발생하지 않으며, 1년이 지난 후부터는 1년의 근로를 마쳐야만 연차휴가 산정을 위한 조건을 채우게 되는 것으로 퇴사연도의 연차휴가는 발생하지 않습니다. 단, 퇴사일 이전에 이미 발생한 연차를 사용하지 못한 경우 미사용연차일수에 통상임금을 곱한 금액을 금전으로 보상하여야 합니다.

4 법정수당

> 계약에 의한 임금 이외에 사용자는 근로기준법에 의하여 다음의 수당을 지급하여야 합니다.

Q 연장근로수당

연장근로수당이란 근로자가 근로기준법에 의한 규정근무시간(통상 8시간)을 초과하여 근무하는 경우 지급하는 수당으로 연장근로란 규정근무시간 이후부터 22:00 이전까지의 근무를 말합니다.

예를 들어 시간 당 임금이 10,000원인 근로자가 4시간의 연장근로를 제공하는 경우, 연장근로시간에 대한 임금은 40,000원이고, 연장근로에 따른 연장근로가산수당 50%(20,000원)를 추가 지급하여야 합니다.

사례 연장근로수당 계산

정상근무시간	휴게	정상근무시간	연장근무시간
3 시간	1시간	5 시간	4 시간
9:00 ~ 12:00	12~13	13:00 ~ 18:00	18:00 ~ 22:00

- 통상임금(09:00~ 18:00)   80,000원(10,000원 × 8시간)
- 연장근로수당(18:00 ~ 22:00)   40,000원(10,000원 × 4시간)
- 연장근로가산수당(18:00 ~ 22:00) 20,000원(40,000원 × 50%)
  개정 근로기준법에 의하여 1주간의 근로시간을 40시간으로 하는 경우 주40시간근로제 시행일로부터 3년간은 연장근로수당을 가산함에 있어 최초의 4시간에 대하여는 '100분 의 50'을 '100분의 25'로 합니다.

▶ 시급 계산

연장·야간·휴일근로수당을 계산할 시에는 시간급을 계산하여야 하는데, 연장·야간·휴일근로수당 계산시 시간급 기준이 되는 월 임금은 근로기준법의 통상임금으로 "시급 = 월간 통상임금 ÷ 209"의 방식으로 계산합니다.

사 례 | 시급 계산 (주40시간 근무제 회사)

기본급 200만원, 생산수당 20만원(매 월 일정금액 지급), 차량유지비 20만원, 식대보조비 10만원인 직원의 시급 → 11,962원

시급(11,962원) = 통상임금 [기본급(200만원) + 생산수당(20만원) + 차량유지비 (20만원) + 식대보조비(10만원)] ÷ 209
- 차량유지비 및 식대 : 전직원에게 일률적으로 지급하는 금액인 경우 통상임금에 포함함

▣ 야간근로수당

야간근로란 22:00 ~ 06:00 사이의 근로를 말하며, 야간근로시에는 통상임금의 50%를 가산하여 지급하여야 합니다. 예를 들어 연장근로가 계속하여 02:00 까지 근로를 제공한 경우 연장근로에 따른 통상임금에 연장근무수당 50% 및 야간근로수당 50%를 추가 지급하여야 합니다.

- 연장근로수당(22:00~ 02:00)   40,000원(10,000원 × 4시간)
- 연장근로가산수당(22:00~ 02:00) 20,000원(40,000원 × 50%)
- 야간근로가산수당(22:00~ 02:00) 20,000원(40,000원 × 50%)

🔲 주휴수당

① 근로자가 1주 동안 소정근로일수를 근로한 경우 1일의 유급휴일을 부여하여야 하며, 1주일 중 소정근로일수가 5일(통상 월요일 ~ 금요일)인 경우 법정 유급휴일은 1일(통상 일요일)이고, 나머지 1일은 노사가 별도로 유급휴일로 정하지 않는 이상 무급휴무일이 됩니다.

소정근로일수란 1주 동안 근로자가 근로를 제공하기로 약정한 근로제공일수를 의미하며, 일반적으로 1주 소정근로일수는 월요일부터 금요일까지로 근로계약서에 명시하여야 합니다.

② 주휴수당이란 주휴일에 근로를 제공하지 않더라도 지급하여야 하는 수당을 말합니다. 즉, 근로자가 일주일 동안 규정된 근무일수를 개근하면 그 주중 하루는 일을 하지 않아도 급여를 지급하여야 한다는 뜻입니다. 주 5일 근무제 사업장의 경우에는 일주일에 5일을 근로한 경우 1일은 임금 지급 의무가 없는 무급휴일, 다른 1일은 주휴일(유급휴일)이 됩니다.

통상적으로 일요일을 주휴일(유급휴일)로 정한 기업들이 많습니다. 그러나 주휴일이 꼭 일요일일 필요는 없고 일주일 중에 한 날을 근로자와 정하면 됩니다.

▶ **주휴수당 발생요건**
1) 1주일 간 소정근로시간이 15시간 이상일 것
2) 1주일 간 소정근로일수를 개근할 것 (결근이 없어야 함)
3) 주휴수당이 발생한 주 이후에 계속 근로할 것

▶ **퇴사자의 주휴수당**

주휴수당은 근로자가 다음주에도 계속 근로를 제공할 것을 전제로 하여 지급되는 것입니다. 따라서 퇴사할 경우 마지막 주는 주휴수당이 발생하지 않으며, 퇴사일이 금요일인 경우에도 주휴수당을 지급하지 않습니다. 이는 "퇴직일은 취업규칙이나 단체협약에 특별한 정함이 없다면 근로를 제공한 다음날(예: 금요일까지 근무하고 퇴사하는 경우 토요일이 퇴사일)"이 되므로 회사는 주휴수당을 지급해야 할 의무가 없는 것입니다.

- 지각이나 조퇴는 결근이 아니므로 주휴수당을 받을 수 있습니다. 다만, 무노동 무임금의 원칙에 따라 조퇴나 지각한 시간만큼 시간급으로 계산하여 공제하는 것은 문제가 되지 않습니다.

- 법정공휴일을 해당 사업장에서 약정 휴일로 규정하고 있다면 소정근로일이 아닙니다. 이 경우 만일 주중에 법정공휴일이 끼어있다면 나머지 근로일의 개근을 기준으로 주휴수당을 지급해야 합니다.

▶ **주휴수당을 지급하지 않아도 되는 경우**

1. 주중 입사한 경우 그 주는 주휴수당이 발생하지 않습니다. 예를 들어, 소정근로일이 월~금이고 수요일에 입사를 했다면 해당 주의 주휴수당은 발생하지 않습니다.
2. 1개월의 근로시간이 60시간 미만이고, 1주의 근로시간이 15시간 미만인 초단시간 근로자는 주휴수당을 지급할 의무가 없습니다.

▶ **일용직 근로자의 주휴수당**

근로계약이 1일 단위로 체결되는 일용근로자에겐 주휴수당을 지급할 의무가 없습니다. 단, 일용근로자가 계속적 근로를 하는 경우로서 주휴수당을 임금에 포함한다는 약정이 없다면 비록 일용근로자라

해도 주휴수당을 지급해야 한다는 견해가 다수의견입니다. 한편, 일용근로자에 대해 주휴수당을 미리 임금에 포함할 수 있는지에 대해서는 1일 단위로 근로관계가 단절되어 계속고용이 보장되지 않는 순수 일용근로자의 경우에는 주휴수당을 미리 임금에 포함할 수 없을 것이나, 일정기간 사용이 예정된 경우라면 근로기간 중 사용자가 소정근로일의 근무를 전제로 지급되는 주휴수당을 미리 임금에 포함하여 지급하는 것은 가능한 만큼 사용자가 서면으로 근로계약을 통해 일급에 주휴수당을 포함하여 지급했다면 별도의 주휴수당 지급의무는 없는 것으로 판단이 됩니다.

▶ 주중 결근한 경우 주휴수당

주휴일은 근로기준법에서 정한바와 같이 주간 소정 근로일수를 개근한 자에 한하여 부여받을 수 있는 것이므로, 당해 주에 1일 이상 결근한 경우 유급 주휴일을 부여하지 않아도 됩니다.

사 례 | 휴일근로와 수당 지급 [시급 10,000원 8시간 근무]

- 무급휴무일에 근로를 제공하는 경우
  휴일근로에 대한 임금(80,000원) + 휴일근로가산수당(40,000원)
- 유급휴무일에 근로를 제공하는 경우
  주휴수당(80,000원) + 휴일근로에 대한 임금(80,000원)
  + 휴일근로가산수당(40,000원)

▶ 주중 연차 휴가가 있는 경우 주휴수당

연차유급휴가를 1주간 소정 근로일에 전부 사용한 경우에는 해당 주에는 근로제공의무가 면제되어 소정 근로일에 해당되지 않아 무급 주휴일에 해당되어 주휴수당 지급의무가 없습니다만, 1일 이상 출근한 경우에는 주휴수당을 지급하여야 합니다.

❓ 휴일근로수당

사용자가 휴일에 근로를 제공하는 경우 휴일근로시간에 대하여는 통상임금의 100분의 50 이상을 가산하여 지급하여야 합니다.

- 휴일근로시간 : 취업규칙에 정한 공휴일 근로
- 휴일근로수당 : 휴일근로수당 + 가산수당(휴일근로수당 × 50%)

사 례 | 휴일근로와 수당 지급 [시급 10,000원 8시간 근무]

- 무급휴무일에 근로를 제공하는 경우
  휴일근로에 대한 임금(80,000원) + 휴일근로가산수당(40,000원)
- 유급휴무일에 근로를 제공하는 경우
  주휴수당(80,000원) + 휴일근로에 대한 임금(80,000원) + 휴일근로가산수당(40,000원)

▶ **연장·야간·휴일근로가 각각 중복되는 경우 가산 임금 계산**

연장·야간·휴일근로가 각각 중복되는 경우 예를 들어 휴일 근로가 8시간을 초과하여 연장근로를 하거나 오후 10시 이후 야간근로가 계속되는 경우 가산임금을 각각 계산하여 지급하여야 합니다.

❓ 휴업수당

사용자의 귀책사유로 휴업하는 경우에 사용자는 휴업기간 동안 그 근로자에게 평균임금의 100분의 70 이상의 수당을 지급하여야 합니다. 다만, 평균임금의 100분의 70에 해당하는 금액이 통상임금을 초과하는 경우에는 통상임금을 휴업수당으로 지급할 수 있습니다.

5 결근·조퇴·지각시 임금공제

근로자가 결근, 조퇴, 지각 등으로 근로를 제공하지 못한 시간에 대하여 사용자는 임금지급 의무가 없으며, 결근 등으로 근로하지 못한 시간에 대한 임금공제 방법은 다음과 같습니다.

아래 예시는 월급에서 결근한 일수에 해당하는 금액을 공제하는 원칙적인 방법이며, 취업규칙 등에 따로 정할 수 있습니다.

▶ 일반적인 월급제의 시간 당 급여 계산

① 시간급 = 월급여 ÷ 1개월 근로시간 (209 시간)
② 1주일 소정근로시간 : 48시간
　　법정근로시간 (40시간) + 유급휴일 근로시간 (8시간)
　- 1주 만근(통상 월요일 ~ 금요일)시 1일 유급 주휴 수당(일요일 휴무) 지급
● 1개월 근로시간 : 209시간
　　1주일 소정근로시간(48) × 1개월 평균 주(週) 수(4.346)

사 례 　결근시 임금 공제액 계산

[예제] 임금 2,000,000원 직책수당 200,000원인 근로자가 1일 결근한 경우
● 시급 : 임금총액(2,200,000원) ÷ 1개월 근로시간(209시간) = 10,527원
● 일 급여(84,216원) = 시급(10,527원) × 8시간
● 주휴수당 1일 공제액 : 84,216원
- 주휴수당은 1주간 만근시 지급하는 수당으로 결근시에는 지급하지 않습니다.
● 공제액 계 168,432원 = 결근 공제(84,216원) + 주휴수당(84,216원)

6 평균임금 및 통상임금

근로기준법에는 법정수당, 퇴직금 계산 등의 기준이 되는 임금의 범위를 정하고 있으며, 그 기준이 되는 평균임금 및 통상임금의 적용 사례는 다음과 같습니다.

통상임금	평균임금
연장, 야간, 휴일근로수당	퇴직금 계산
산전후 휴가급여	재해보상금
해고 예고수당	감봉(감급)제한의 기준

Q 평균임금

▶ 평균임금이란?

평균임금이란 그 명칭에 불문하고 근로자에게 지급되는 모든 급여를 말하며, 연장·야간·휴일근로수당, 월 10만원 한도 내의 식대 등도 포함합니다. 단, 비정기적으로 지급하는 상여금, 실비변상정도의 차량유지비 등은 포함하지 않습니다.

▶ 차량유지비의 평균임금 포함 여부

차량유지비의 경우 그것이 차량 보유를 조건으로 지급되었거나 직원들 개인 소유의 차량을 업무용으로 사용하는 데 필요한 비용을 보조하기 위해 지급된 것이라면 실비변상적인 것으로서 근로의 대상으로 지급된 임금이라고 볼 수 없으나, 전 직원에 대하여 또는 일정한 직급을 기준으로 일률적으로 지급되었다면, 이는 근로의 대상으로 지급된 임금이라고 볼 수 있습니다. 따라서 차량유지비에 대한 규정과 달리 실제로는 일정한 직급 이상의 직원들에게 개인의 차량 보유 여부나 업무용 사용 여부와 무관하게 일정액을 일률적으로 지급한 경우에는 근로의 대가인 임금에 해당하므로, 퇴직금 산정시의 평균임금에 포함된다고 할 것입니다.
(대법원 2002. 5. 31. 선고 2000다18127 판결 참조).

▶ 식대의 평균임금 포함 여부

근로자에게 매월 고정적인 식대가 지급되고 있다면 이는 평균임금에 해당합니다. 노동부의 행정해석에서도 노조와 체결된 단체협약이나 회사가 정한 취업규칙 및 사규 또는 당사자간의 근로계약 등에 규정(지급조건, 지급방법 등)되어진 급식비(식대보조금, 잔업식사대금, 조근식사대금)로써 전 근로자에게 일률적으로 지급하는 경우에는 평균임금에 포함되도록 정하고 있습니다.

그러나 단순히 후생적으로 지급되는 '현물급식'은 그것을 따로 돈으로 환가할 장치가 마련되지 않았다면 임금으로 보지 않아 평균임금에 시킬 수 없습니다.

☐ 근기 01254-13715, 1987.08.25.
모든 근로자에게 정규적·일률적으로 지급되는 급식비는 단체협약, 취업규칙 또는 근로계약 등에 정하여 있지 않더라도 관례적으로 지급한 것이 사실이라면 이는 평균임금 산정기초에 포함되어야 하는 것임.

▶ 평균임금 산정상의 상여금 취급요령

(노동부예규 제39호,1981.6.5.)
① 상여금이 단체협약, 취업규칙, 기타 근로계약에 미리 지급조건 등이 명시되어 있거나 관례로서 계속 지급하여온 사실이 인정되는

경우에는 그 상여금의 지급이 법적인 의무로서 구속력을 가지게 되어 이때에는 근로의 대상성이 확정되는 것이므로 이는 임금으로 취급하여야 할 것입니다. 그러므로 지급되는 상여금은 지급횟수(연 1회 또는 4회 등)를 불문하고 평균임금 산정기초에 산입하여야 합니다.
② 상여금은 이를 지급받았을 때(월)만의 임금으로 취급하여 일시에 전액을 평균임금에 산입할 것이 아니고 평균임금을 산정하여야 할 사유가 발생한 때(퇴직한 때) 이전 12개월 중에 지급받은 상여금 전액을 그 기간동안의 근로월수(3개월)로 분할 계산하여 평균임금산정에 산입하여야 합니다.

▶ 평균임금 계산

① 평균임금은 이를 산정하여야 할 사유가 발생한 날 이전 3개월 동안에 그 근로자에게 **지급된 임금의 총액**을 그 기간의 총일수로 나눈 1일의 평균임금을 말합니다.
② 근로자가 취업한 후 3개월 미만인 경우도 이에 준합니다.
③ **평균임금 계산시 사유가 발생한 날은 산입하지 않습니다.**
④ 평균임금 산정기간 중에 다음의 하나에 해당하는 기간이 있는 경우에는 그 기간과 그 기간 중에 지불된 임금은 평균임금 산정기준이 되는 기간과 임금의 총액에서 각각 공제합니다.
1. 수습사용중의 기간
2. 사용자의 귀책사유로 인하여 휴업한 기간
3. 산전후휴가기간 및 육아휴직기간
4. 업무수행으로 인한 부상 또는 질병의 요양을 위하여 휴업한 기간
5. 쟁의행위기간
6. 업무외 부상·질병 기타의 사유로 인하여 사용자의 승인을 얻어 휴업한 기간

▶ 평균임금 산정방법

① 3개월간의 임금에는 산정기준일 직전 1년간 지급한 상여금 합계액에 12분의 3을 곱한 금액을 합산합니다.

② 평균임금의 계산방법에 따라 산출된 금액이 그 근로자의 통상임금보다 적으면 그 통상임금액을 평균임금으로 합니다. 이는 3개월간의 임금총액은 근로일수가 아니라 그 기간의 총일수 나누어 계신하기 때문에 당해 3개월간에 결근일수가 많은 경우 평균임금이 통상임금보다 적은 금액이 될 수 있으므로 근로기준법은 이와 같은 경우 통상임금으로 대신하도록 규정하고 있습니다.

③ 퇴직의 경우 기산일은 퇴직일로 하며, 근로자가 사직서를 제출하여 퇴직하는 경우에는 사표 수리를 한 날 퇴직일로 합니다. 단, 근로자의 퇴직의사 표시에 대하여 사용자가 이를 승낙하지 않는 경우 근로자로부터 퇴직 의사표시를 통고받은 날로부터 1월이 경과한 날 퇴직의 효력이 발생합니다.

◖ 통상임금

▶ 통상임금이란?

① 통상임금이란 근로자에게 정기적.일률적으로 소정근로 또는 총근로에 대하여 **지급하기로 정하여진** 시간급금액.일급금액.주급금액.월급금액 또는 도급금액을 말합니다. 즉, 정기적으로 지급되는 **'정기성'**, 사전에 금액이 확정되어야 한다는 **'고정성'**, 모든 근로자에게 지급되는 **'일률성'** 등 3가지 성격을 모두 충족하여야 통상임금에 해당하는 것입니다.

② 매월 정기적으로 지급되는 기본급, 직무수당, 직책수당 등은 통상임금에 포함하나 연장근로.휴일근로.야간근로수당, 월차수당, 연차수당, 상여금등은 통상임금에 포함하지 아니합니다. 다만, 재직자에 한하여 지급하던 상여금을 매월 정기적으로 지급하되 퇴직자에게 일할 계산하여 지급한다면 통상임금에 포함하여야 합니다.

▶ **식대의 통상임금 포함 여부**

일정액의 식대를 전 근로자에게 일률적으로 지급하는 경우에는 행정해석, 판례 모두 통상임금으로 인정하고 있습니다. 즉, 복리후생적으로 지급하는 임금이라고 하더라도 다른 조건 없이 정기적, 일률적으로 지급되고 있다면 통상임금의 범위에 산입하는 것이 적절할 것으로 판단됩니다. (대법 2016.2.18. 2012다62899)

▶ **차량유지비의 통상임금 포함 여부**

차량유지비의 경우 자기 소유의 차량을 업무수행에 제공함으로써 소요되는 경비를 변상하기 위하여 지급되는 실비변상적 성격의 차량유지비는 임금자체에 해당하지 않기 때문에 통상임금에서 제외됩니다. 그러나 전 직원에 대하여 또는 일정한 직급을 기준으로 일률적으로 지급되었다면 근로의 대상으로 지급된 것으로 볼 수 있으며 통상임금에 포함하여야 할 것입니다.
(대법99다10806, 2000.12.22)

▶ 통상임금 산정원칙

① 통상임금의 지급기준은 되는 연장근로.휴일근로.야간근로수당은 시급으로 계상하므로 통상임금은 시급으로 계산합니다.
② 통상임금산정기준시간을 정함에 있어 주급이나 월급의 경우 소정근로시간과 유급휴일 근로시간을 포함한 시간으로 합니다.

③ 법정기준근로시간을 초과하는 총 근로시간을 전제로 일급금액, 주급금액, 월급금액으로 정하여진 경우에는 초과근로에 대한 법정수당분을 제외한 금액으로 계산합니다.

▶ 통상임금 산정방법 (시간급 산정)

① 시간급금액으로 정하여진 임금 ~ 그 금액
② 일급금액으로 정하여진 임금 ~ 그 금액을 1일 소정근로시간수(통상 8시간)로 나눈 금액
③ 주급금액으로 정하여진 임금 ~ 그 금액을 주의 통상임금 산정 기준시간수(주의 소정근로시간과 유급 처리되는 시간을 합산한 시간)로 나눈 금액
④ 월급금액으로 정하여진 임금 ~ 그 금액을 월의 통상임금 산정 기준시간수로 나눈 금액 (주의 통상임금 산정 기준시간에 1년간의 평균 주수를 곱한 시간을 12로 나눈 시간)

평균임금은 지급된 임금을 기준으로 계상하나 통상임금은 정하여진 임금을 기준으로 산정합니다.

| 사 례 | 통상임금 계산 |

[예제] 기본급 1,500,000원, 직책수당 200,000원 차량유지비 200,000원 식대100,000원
(차량유지비 및 식대는 전 직원에게 조건없이 일률적으로 지급함)
통상임금 계산 대상 임금 : 2,000,000원
(기본급 + 직책수당 + 차량유지비 + 식대)
• 시급(9,570원) = 2,000,000 ÷ 209
• 일급(76,560원) = 시급(9,570원) × 8시간
[풀이] 전직원에게 조건없이 지급하는 차량유지비 및 식대는 통상임금에 포함하여야 합니다.

■ 통상임금 및 평균임금 등의 판단기준 예시

판 단 기 준 예 시	통상 임금	평균 임금
1. 소정근로시간 또는 법정근로시간에 대하여 지급하기로 정하여진 기본급 임금	○	○
2. 일·주·월 기타 1임금산정기간내의 소정근로시간 또는 법정근로시간에 대하여 일급·주급·월급 등의 형태로 정기적·일률적으로 지급하기로 정하여진 고정급임금		
① 담당업무나 직책의 경중 등에 따라 미리 정하여진 지급조건에 의해 지급하는 수당 • 직무수당(금융, 출납수당),직책수당(반장,소장수당)등	○	○
② 물가변동이나 직급간의 임금격차 등을 조정하기 위하여 지급하는 수당 • 물가수당, 조정수당 등	○	○
③ 기술이나 자격·면허증소지자, 특수작업종사자 등에게 지급하는 수당 • 기술수당, 자격수당, 면허수당, 특수작업수당, 위험수당 등	○	○
④ 특수지역에 근무하는 근로자에게 정기적·일률적으로 지급하는 수당 • 벽지수당, 한냉지근무수당 등	○	○
⑤ 버스, 택시, 화물자동차, 선박, 항공기 등에 승무하여 운행· 조종·항해·항공 등의 업무에 종사하는 자에게 근무일수와 관계없이 일정한 금액을 일률적으로 지급하는 수당 • 승무수당, 운항수당, 항해수당 등	○	○
⑥ 생산기술과 능률을 향상시킬 목적으로 근무성적에 관계없이 매월 일정한 금액을 일률적으로 지급하는 수당 • 생산장려수당, 능률수당 등	○	○
⑦ 그 밖에 제①부터 제⑥까지에 준하는 임금 또는 수당	○	○

3. 실제 근로여부에 따라 지급금액이 변동되는 금품과 1임금 산정기간 이외에 지급되는 금품		
① 「근로기준법」과 「근로자의 날 제정에 관한법률」 등에 의하여 지급되는 연장근로수당, 야간근로수당, 휴일근로수당, 월차유급휴가근로수당, 연차유급휴가근로수당, 생리휴가보전수당 및 취업규칙 등에 의하여 정하여진 휴일에 근로한 대가로 지급되는 휴일근로수당 등		○
② 근무일에 따라 일정금액을 지급하는 수당 • 승무수당, 운항수당, 항해수당, 입갱수당 등		○
③ 생산기술과 능률을 향상시킬 목적으로 근무성적 등에 따라 정기적으로 지급하는 수당 • 생산장려수당, 능률수당 등		○
④ 장기근속자의 우대 또는 개근을 촉진하기 위한 수당 • 개근수당, 근속수당, 정근수당 등		○
⑤ 취업규칙 등에 미리 지급금액을 정하여 지급하는 일·숙직수당		○
⑥ 상여금		
가. 취업규칙 등에 지급조건, 금액, 지급시기가 정해져 있거나 전 근로자에게 관례적으로 지급하여 사회통념상 근로자가 당연히 지급 받을 수 있다는 기대를 갖게 되는 경우 • 정기상여금, 체력단련비 등	○	○
나. 관례적으로 지급한 사례가 없고, 기업이윤에 따라 일시적· 불확정적으로 사용자의 재량이나 호의에 의해 지급하는 것 • 경영성과 배분금, 격려금, 생산장려금, 포상금, 인센티브 등		
⑦ 봉사료(팁)로서 사용자가 일괄관리 배분하는 경우		○

4. 근로시간과 관계없이 근로자에게 생활보조적·복리후생적으로 지급되는 금품	
① 통근수당, 차량유지비	
가. 전 근로자에게 정기적·일률적으로 지급하는 경우	○
나. 출근일수에 따라 변동적으로 지급하거나 일부 근로자에게 지급하는 경우	
② 사택수당, 월동연료수당, 김장수당	
가. 전 근로자에게 정기적·일률적으로 지급하는 경우	○
나. 일시적으로 지급하거나 일부 근로자에게 지급하는 경우	
③ 가족수당, 교육수당	
가. 전 근로자에게 일률적으로 지급하는 경우	○
나. 가족 수에 따라 차등 지급되거나 일부 근로자에게만 지급하는 학자보조금, 교육비 지원 등의 명칭으로 지급	
④ 급식 및 급식비	
가. 근로계약, 취업규칙 등에 규정된 급식비로써 근무일수에 관계없이 전 근로자에게 일률적으로 지급하는 경우	○
나. 출근일수에 따라 차등 지급하는 경우	
5. 임금의 대상에서 제외되는 금품	
① 휴업수당, 퇴직금, 해고예고수당	
② 단순히 생활보조적, 복리후생적으로 보조하거나 혜택을 부여하는 금품	
• 결혼축의금, 조의금, 의료비, 재해위로금, 교육관·체육시설이용비, 피복비, 통근차·기숙사·주택제공 등	
③ 사회보장성 및 손해보험성 보험료부담금	
• 고용보험료, 의료보험료, 국민연금, 운전자보험 등	
④ 실비변상으로 지급되는 금품	
• 출장비, 정보활동비, 업무추진비, 작업용품 구입비 등	
⑤ 돌발적인 사유에 따라 지급되거나 지급조건이 규정되어 있어도 사유 발생이 불확정으로 나타나는 금품	
• 결혼수당 등	
⑥ 기업의 시설이나 그 보수비 : 기구손실금 등	

7 최저임금

Q 최저임금 적용 [최저임금법]

① 근로자에 대하여 임금의 최저수준을 보장하여 근로자의 생활안정을 꾀하기 위하여 최저임금액보다 적은 임금을 지급하거나 최저임금을 이유로 종전의 임금을 낮춘 자는 3년 이하의 징역 또는 2천만원 이하의 벌금에 처한다. 라고 규정하고 있는바 사용자는 반드시 최저임금 이상의 금액을 지급하여야 하며, 근로자 4인 이하 사업장의 경우에도 최저임금은 지급을 하여야 합니다.
② 최저임금은 근로자를 사용하는 모든 사업 또는 사업장에 적용하며, 최저임금은 정규직 직원뿐만 아니라 임시직, 계약직, 일용직, 아르바이트 등 고용형태에 관계없이 근로를 제공하는 모든 근로자에게 적용하여야 합니다.

■ 최저임금 → 2022년 9,160원 [2021년 시급 8,720원]

Q 최저임금 계산

▶ 일 또는 월단위 임금의 최저임금
① 일(日) 단위로 정해진 임금 ~ 그 금액을 1일의 소정근로시간 수(일에 따라 소정근로시간 수가 다른 경우에는 1주간의 1일 평균 소정근로시간 수)로 나눈 금액으로 합니다.
② 월(月) 단위로 정해진 임금 ~ 그 금액을 1개월의 소정근로시간 수(월에 따라 소정근로시간 수가 다른 경우에는 1년간의 1개월 평균 소정근로시간 수)로 나눈 금액으로 계산합니다.

◼ 월급제의 최저임금

연도	시간급 × 월근로시간	월급	비고
2022년	9,160원 × 209	1,914,440원	유급 휴일
2021년	8,720원 × 209	1,822,480원	근로시간 포함

• 월근로시간 (주40시간) : 209시간
[40시간 + 8시간(유급휴일근로시간)] × 월평균주수 4.345(365 ÷ 7 ÷ 12)

<2022년> 주휴 유급 근로시간을 포함하는 경우
9,160원 × 209시간 = 1,914,440원

▶ 수습 중에 있는 근로자에 대한 최저임금액

1년 이상의 기간을 정하여 근로계약을 체결하고 수습 중에 있는 근로자로서 수습을 시작한 날부터 3개월 이내인 사람에 대해서는 시간급 최저임금액(최저임금으로 정한 금액)에서 100분의 10을 뺀 금액을 그 근로자의 시간급 최저임금액으로 합니다.

▶ 최저임금에 산입되는 임금

매월 1회 이상 정기적·일률적으로 지급하는 임금(기본급, 직무수당, 직책수당, 기술수당, 면허수당,특수작업수당, 벽지수당, 승무수당, 항공수당, 항해수당, 생산장려수당 등)

▶ 최저임금에 산입되지 않는 임금

① 매월 1회 이상 정기적으로 지급하는 임금외의 임금(1개월을 초과하는 기간에 걸친 사유에 따라 지급하는 상여금, 정근수당, 근속수당, 결혼수당 등)
② 연차휴가 근로수당, 유급휴가 근로수당, 유급휴일 근로수당, 연장시간근로·휴일근로에 대한 임금 및 가산임금, 야간근로 가산임금, 일·숙직 수당, 가족수당, 급식수당, 주택수당, 통근수당 등

[개정] 아래 임금은 최저임금에 산입하지 않음 (2019.1.1 시행)
① 상여금, 그 밖에 이에 준하는 것으로서 1개월을 초과하는 기간에 걸친 해당 사유에 따라 산정하는 상여금, 장려가급, 능률수당 또는 근속수당의 월 지급액 중 해당연도 시간급 최저임금액을 기준으로 산정된 월 환산액의 25%(정기 상여금 연300%)에 해당하는 부분 단, 상여금을 매월 단위로 지급하는 경우 최저임금에 포함함
② **식비**, 숙박비, 교통비 등 근로자의 생활보조 또는 복리후생을 위한 성질의 임금으로서 다음 중 어느 하나에 해당하는 것
1. 통화 이외의 것(현물)으로 지급하는 임금
2. 통화로 지급하는 임금의 월 지급액 중 해당연도 시간급 최저임금액을 기준으로 산정된 월 환산액의 7%에 해당하는 부분

이에 따라, 매월 1회 이상 정기적으로 지급하는 상여금과 현금으로 지급하는 복리후생비의 경우 해당 연도 시간급 최저임금액을 기준으로 산정된 월 환산액의 25%(정기상여금 연 300%)와 7%를 초과하는 부분은 최저임금에 산입

◼ **정기상여금, 현금성 복리후생비의 최저임금 미산입 비율**
▸ 해당 연도 시간급 최저임금액을 월 단위로 환산한 금액의 아래 비율

구 분	2019	2020	2021	022년	2023	2024
정기상여금	25%	20%	15%	10%	5%	0%
현금성 복리후생비	7%	5%	3%	2%	1%	0%

사용자가 개정법에 따라 산입되는 임금을 포함시키기 위해 1개월을 초과하는 주기로 지급하는 임금을 총액의 변동 없이 매월 지급하는 것으로 취업규칙을 변경할 경우에는, 근로기준법 제94조제1항에도 불구하고 과반수 노동조합 또는 과반수 근로자의 의견을 들어야 한다는 취업규칙 변경절차의 특례를 규정(취업규칙 변경 시에 의견을 듣지 않으면 500만원 이하의 벌금)

8 근로자 해고

Q 해고 등의 제한 (근로기준법 제23조)

사용자는 근로자가 업무상 부상 또는 질병의 요양을 위하여 휴업한 기간과 그 후 30일 동안 또는 산전(산전)·산후(산후)의 여성이 휴업한 기간과 그 후 30일 동안은 해고하지 못합니다.

Q 해고의 예고 및 서면통지 (근로기준법 제26조)

사용자는 근로자를 해고(경영상 이유에 의한 해고 포함)하려면 적어도 30일 전에 해고예고를 하여야 하고, 이 경우 해고사유와 해고시기를 서면으로 통지하여야 효력이 있습니다. 단, 30일 전에 해고예고를 하지 아니하였을 때에는 30일분 이상의 통상임금을 지급하여야 하며, 이와 관련한 수당은 퇴직금으로 처리하여야 합니다. 한편, 해고 예고를 하지 아니하고, 해고를 한 경우 근로자가 고용노동부에 민원을 제기하여 고용노동부의 명령에 의하여 해고예고수당을 지급하여야 하는 경우가 종종 발생하므로 유의를 하여야 합니다.

□ 근로기준법 제26조(해고의 예고) 사용자는 근로자를 해고(경영상 이유에 의한 해고를 포함한다)하려면 적어도 30일 전에 예고를 하여야 하고, 30일 전에 예고를 하지 아니하였을 때에는 30일분 이상의 통상임금을 지급하여야 한다. 다만, 다음 각 호의 어느 하나에 해당하는 경우에는 그러하지 아니하다. <개정 2010. 6. 4., 2019. 1. 15.>
1. 근로자가 계속 근로한 기간이 3개월 미만인 경우
2. 천재·사변, 그 밖의 부득이한 사유로 사업을 계속하는 것이 불가능한 경우
3. 근로자가 고의로 사업에 막대한 지장을 초래하거나 재산상 손해를 끼친 경우로서 고용노동부령으로 정하는 사유에 해당하는 경우

9 수습기간 근로기준법

Q 수습기간 및 최저임금

수습기간은 근로기준법 등 노동관계법령상 달리 정한 바가 없으므로 근로계약시 당사자간이 결정할 수 있는 사항이나, 최저임금법 제5조 제2항에 의거, 수습사용 3개월 이내인 자는 최저임금의 90%를 적용할 수 있습니다. 다만 1년 미만의 기간을 정하여 근로계약을 체결한 근로자 또는 단순노무직은 제외됩니다.

Q 수습기간 연장

수습기간 연장은 가능하지만, 회사가 '임의로' 혹은 '일방적으로' 통보하는 경우 근로조건 위반에 해당합니다. 이는 근로기준법 제4조에 따르면 '근로조건은 근로자와 사용자가 동등한 지위에서 자유의사에 따라 결정하여야 한다'고 되어 있으므로, 사전 동의가 있어야 연장이 가능합니다.

Q 수습기간 실업급여

근무 기간이 3개월 이내 권고사직이나 해고된 경우로서 고용보험가입기간이 180일 이상(종전 근무기간이 있고 종전 근무기간 중 고용보험에 가입한 경우)인 경우 실업급여 수급이 가능합니다. 즉, 수습기간을 포함하여 180일 이상 되는 경우에 한하여 실업급여를 수급할 수 있는 것입니다.

Q 수습기간내 해고

근로자를 해고할 때는 최소 30일전에 서면(5인 미만 사업장의 경우에는 서면 통보를 요하지 않음)으로 해고예고를 하여야 하나 수습기간 3개월 이내의 근로자를 해고할 때는 해고 예고 의무가 없으며, 해고 예고를 하지 아니한 경우에도 30일분 이상의 해고예고수당을 지급할 의무가 없습니다. [근로기준법 제26조 및 제27조]

Q 수습기간 연차휴가

상시 근로자 5인 이상 사업장인 경우 수습기간과 관계없이 근로기준법 제60조제2항에 따라 근무한 기간이 1년 미만인 근로자에게도 1개월 개근 시 1일의 유급휴가를 주어야 합니다. 따라서 수습기간이 3개월이고 만근한 경우 총 3일의 휴가가 발생하게 됩니다. 한편, 입사 1년 미만자의 연차유급휴가 사용기간은 입사일로부터 1년 내에 (최초 1년의 근로가 끝날 때까지의 기간) 사용하여야 합니다.

□ 근로기준법 제60조(연차 유급휴가)
② 사용자는 계속하여 근로한 기간이 1년 미만인 근로자 또는 1년간 80퍼센트 미만 출근한 근로자에게 1개월 개근 시 1일의 유급휴가를 주어야 한다. <개정 2012. 2. 1.>
⑦ 제1항·제2항 및 제4항에 따른 휴가는 1년간(계속하여 근로한 기간이 1년 미만인 근로자의 제2항에 따른 유급휴가는 최초 1년의 근로가 끝날 때까지의 기간을 말한다) 행사하지 아니하면 소멸된다. 다만, 사용자의 귀책사유로 사용하지 못한 경우에는 그러하지 아니하다.
<개정 2020. 3. 31.>

10 근로자 4인 이하 사업장의 근로기준법

Q 개요

근로자 4인 이하 사업장의 경우 연장·야간·휴일근로에 대한 가산임금, 연차휴가 등은 적용하지 않습니다. 단, 최저임금은 보장하여야 하며, 1주 만근 근무시 주휴수당을 지급하여야 합니다. [근로기준법 제11조, 근로기준법 시행령 제7조 및 별표1]

Q 근로기준법 적용 인원 기준

상시근로자수 5인 미만 사업장의 경우 근로기준법의 일부 규정들은 적용되지 아니하며, 근로자 연인원수에는 임시직, 일용직, 아르바이트, 외국인 등을 모두 포함한 인원입니다. 단, 사용주(대표자), 파견근로자, 용역근로자는 제외합니다.

$$\text{상시근로자수} = \frac{\text{사유발생일 전 1개월 내 사용한 근로자의 연인원수}}{\text{사유발생일 전 1개월 내 사업장 가동 일수}}$$

Q 5인 미만 기업의 근로기준법 적용 제외 규정

▶ 근로시간

5인미만 사업장은 근로시간을 제한하는 근로기준법 조항의 적용을 받지 않기 때문에 근로시간에 제한이 없습니다.

▶ **가산임금**

근로기준법 제56조의 연장, 야간 및 휴일근로에 대한 규정이 적용되지 않습니다. 따라서 5인 미만 사업장의 경우 근로자가 연장근로, 야간근로, 휴일근로를 하는 경우 그 시간에 상응하는 통상임금을 지급할 의무는 있으나 통상임금의 50%를 가산하여 임금을 지급하지 않아도 됩니다.

▶ **연차휴가**

근로기준법 제60조의 연차유급휴가 규정은 적용되지 않습니다. 단, 근로기준법은 최저기준을 정하는 법규이기 때문에 이를 상회하는 경조휴가나 특별휴가 등을 부여하는 것은 사용자의 재량입니다.

▶ **퇴직금**

퇴직금은 5인 미만 기업에 적용 제외되었으나 근로기준법 개정으로 평균 15시간 이상, 1년 이상 근무한 경우 5인 미만 기업이라도 2010년 12월 1일 ~ 2012년 12월 31일는 50%가 적용되고, 2013년 1월 1일부터는 100%가 적용하게 됩니다.

▶ **해고**

근로기준법 제23조에는 "사용자는 근로자를 정당한 이유없이 해고할 수 없다" 라고 규정하고 있으며, 정당한 사유없이 근로자를 일방적으로 해고시켰을 경우에는 근로기준법에 따라 해당 근로자에게 1~3개월 분의 월급을 보상해야 합니다.

단, 5인미만 사업장에는 근로기준법 제23조가 적용되지 않기 때문에 5인미만 사업장은 근로자를 정당한 사유가 없어도 해고할 수 있습니다. 또한 정당한 사유없이 해고를 했다고 하더라도 근로자에게 보상금을 지급하지 않아도 문제가 되지 않습니다.

▶ **해고 30일전 통지**

사용자는 근로자를 해고(경영상 이유에 의한 해고를 포함한다)하려면 적어도 30일 전에 예고를 하여야 하고, 해고예고를 하지 않는 경우 30일분 이상의 통상임금을 지급하여야 합니다. 5인 미만 사업장의 경우에도 해고예고(근로기준법 제26조)는 적용되기 때문에 근로자를 해고하려면, 30일전에 통지를 하여야 하며, 통지를 하지 않은 경우 30일분 이상의 통상임금을 지급하여야 합니다.

■ 근로기준법 시행령 [별표 1] <개정 2018. 6. 29.>
상시 4명 이하의 근로자를 사용하는 사업 또는 사업장에 적용하는 법 규정(제7조 관련)

구분	적용법 규정
제1장 총칙	제1조부터 제13조까지의 규정
제2장 근로계약	제15조, 제17조, 제18조, 제19조제1항, 제20조부터 제22조까지의 규정, 제23조제2항, 제26조, 제35조부터 제42조까지의 규정
제3장 임금	제43조부터 제45조까지의 규정, 제47조부터 제49조까지의 규정
제4장 근로시간과 휴식	제54조, 제55조제1항, 제63조
제5장 여성과 소년	제64조, 제65조제1항·제3항(임산부와 18세 미만인 자로 한정한다), 제66조부터 제69조까지의 규정, 제70조제2항·제3항, 제71조, 제72조, 제74조
제6장 안전과 보건	제76조
제8장 재해보상	제78조부터 제92조까지의 규정
제11장 근로감독관 등	제101조부터 제106조까지의 규정
제12장 벌칙	제107조부터 제116조까지의 규정(제1장부터 제6장까지, 제8장, 제11장의 규정 중 상시 4명 이하 근로자를 사용하는 사업 또는 는 사업장에 적용되는 규정을 위반한 경우로 한정한다)

급여 압류 제한

Q 개요

근로자가 채권자로부터 금전 등을 차입하고 그 채무이행을 하지 않은 경우 채권자는 법원의 결정에 의하여 채무자의 급여를 압류할 수 있으며, 급여 압류통지서를 받은 경우 해당 근로자의 임금 지급시 압류금액을 징수하여두었다가 압류권자에게 지급하여야 합니다.
다만, 월급여가 185만원 이하인 경우 채권자가 압류를 할 수 없으므로 신용불량자 등의 경우에도 급여가 185만원 이하인 경우 급여 신고 및 4대보험 가입을 하여도 무방합니다.

▶ **신용불량자 본인 명의 예금통장 압류**
월급여가 185만원 이하인 경우 급여 자체는 압류할 수 없으나 신용불량자의 예금 통장은 예금 잔고금액에 관계없이 압류를 할 수 있으므로 본인 명의 통장으로 이체를 하지 않는 것이 안전합니다.

Q 압류 금지 급여채권

▶ **압류금지 최저금액(월급여 185만원)**
월급여가 185만원 이하인 경우에는 전액 압류할 수 없습니다.

▶ **급여채권의 2분의 1 상당액**
① 급료·연금·봉급·상여금·퇴직연금, 그 밖에 이와 비슷한 성질을 가진 급여채권의 2분의 1에 해당하는 금액은 압류하지 못합니다.

② 월급여가 185만원을 초과하는 경우로서 월급여의 2분의 1이 185만원을 초과하는 경우 2분의 1을 압류할 수 있습니다. 예를 들어 월급여가 500만원인 경우 250만원을 압류할 수 있습니다.

구 분	압류 금액
185만원 이하	압류 금지
185만원 초과 370만원 이하	급여 - 185만원
370만원 초과 600만원 이하	급여의 1/2
600만원 초과	월 300만원 + [{(월급여채권액×1/2) - 월 300만원}×1/2]

▶ 국세 및 지방세

국세 및 지방세의 경우에도 위 내용과 같은 정도의 급여채권 등에 대하여 압류를 금지하고 있습니다.

○ 국세징수법 제33조(급여채권의 압류 제한)
○ 지방세징수법 제42조(급여채권의 압류 제한)

▶ 퇴직금 등 압류제한금액

퇴직금 그 밖에 이와 비슷한 성질을 가진 급여채권의 2분의 1에 해당하는 금액은 압류가 금지됩니다.
예를 들어 퇴직위로금 또는 명예퇴직수당은 그 재직 중 직무집행의 대가로 지급하는 것이므로 퇴직금과 유사하다고 볼 수 있으므로 그 금액의 2분의 1에 해당하는 금액은 압류가 금지됩니다.

▶ 전액 압류금지

건설업자가 도급받은 건설공사의 도급금액 중 당해 공사의 근로자에게 지급하여야 할 노임에 상당하는 금액에 대하여는 이를 압류할 수 없습니다.

근로기준법 및 고용노동부 홈페이지 자료

Q 고용노동부 상담센터

☎ 국번없이 1350

Q 근로기준법 및 시행령, 시행규칙

[1] 법제처 홈페이지 접속 (http://www.moleg.go.kr)

[2] 법령명('근로기준법') 입력 후 검색 클릭

[3] 저장 버튼 클릭 후 저장

[4] 내용 검색

❶ 편집 → 찾아바꾸기 [단축키 : Ctrl + F2]
❷ 찾을 내용 (예 : 취업규칙) 입력 → 다음찾기 클릭

[5] 법령자료 이용시 주의할 사항

해당 법령의 '부칙'에서 반드시 시행일을 확인하여야 합니다.

🇶 10인 이상 사업장 취업규칙 작성 비치 의무

➡ 표준 취업규칙

고용노동부 홈페이지 → 정보공개 → 기타정보

◼ 자주 찾는 자료실

제 목
근로기준법 질의회시집 게시(2013.1-2015.12)
표준취업규칙(안) 게시
직장내 성희롱 예방교육 표준 가이드라인 매뉴얼 동영상
장애인 고용계획 및 실시상황 보고서
직장 내 성희롱 및 성차별 없는 행복한 직장
상반기 장애인 고용계획 실시상황 보고서
직장 내 성희롱 예방교육 지정 기관
표준취업규칙안_음식점업
표준취업규칙안_숙박업
표준취업규칙안
표준근로계약서(모음)
퇴직연금규약신고서

🇶 고용노동 관련 법령 및 예규, 고시 등

고용노동부 홈페이지 → 정보공개 → 법령정보
고용노동 관련 법령 및 고시 내용 등을 확인할 수 있습니다.

취업규칙에 관한 근로기준법 규정

□ 근로기준법 제93조(취업규칙의 작성·신고) 상시 10명 이상의 근로자를 사용하는 사용자는 다음 각 호의 사항에 관한 취업규칙을 작성하여 고용노동부장관에게 신고하여야 한다. 이를 변경하는 경우에도 또한 같다. <개정 2010. 6. 4., 2012. 2. 1., 2019. 1. 15.>
1. 업무의 시작과 종료 시각, 휴게시간, 휴일, 휴가 및 교대 근로에 관한 사항
2. 임금의 결정·계산·지급 방법, 임금의 산정기간·지급시기 및 승급(昇給)에 관한 사항
3. 가족수당의 계산·지급 방법에 관한 사항
4. 퇴직에 관한 사항
5. 「근로자퇴직급여 보장법」 제4조에 따라 설정된 퇴직급여, 상여 및 최저임금에 관한 사항
6. 근로자의 식비, 작업 용품 등의 부담에 관한 사항
7. 근로자를 위한 교육시설에 관한 사항
8. 출산전후휴가·육아휴직 등 근로자의 모성 보호 및 일·가정 양립 지원에 관한 사항
9. 안전과 보건에 관한 사항
9의2. 근로자의 성별·연령 또는 신체적 조건 등의 특성에 따른 사업장 환경의 개선에 관한 사항
10. 업무상과 업무 외의 재해부조(災害扶助)에 관한 사항
11. 직장 내 괴롭힘의 예방 및 발생 시 조치 등에 관한 사항
12. 표창과 제재에 관한 사항
13. 그 밖에 해당 사업 또는 사업장의 근로자 전체에 적용될 사항

제94조(규칙의 작성, 변경 절차) ① 사용자는 취업규칙의 작성 또는 변경에 관하여 해당 사업 또는 사업장에 근로자의 과반수로 조직된 노동조합이 있

는 경우에는 그 노동조합, 근로자의 과반수로 조직된 노동조합이 없는 경우에는 근로자의 과반수의 의견을 들어야 한다. 다만, 취업규칙을 근로자에게 불리하게 변경하는 경우에는 그 동의를 받아야 한다.
② 사용자는 제93조에 따라 취업규칙을 신고할 때에는 제1항의 의견을 적은 서면을 첨부하여야 한다.

제95조(제재 규정의 제한) 취업규칙에서 근로자에 대하여 감급(減給)의 제재를 정할 경우에 그 감액은 1회의 금액이 평균임금의 1일분의 2분의 1을, 총액이 1임금지급기의 임금 총액의 10분의 1을 초과하지 못한다.

> **참 고** 취업규칙을 작성하지 아니한 경우 무슨 문제가 있나요?
> 근로기준법 제116조의 규정에 의하여 500만원 이하의 과태료가 부과될 수 있습니다.

☐ 근로기준법 제116조(과태료) ① 사용자(사용자의「민법」제767조에 따른 친족 중 대통령령으로 정하는 사람이 해당 사업 또는 사업장의 근로자인 경우를 포함한다)가 제76조의2를 위반하여 직장 내 괴롭힘을 한 경우에는 1천만원 이하의 과태료를 부과한다. <신설 2021. 4. 13.>
② 다음 각 호의 어느 하나에 해당하는 자에게는 500만원 이하의 과태료를 부과한다. <개정 2021. 1. 5., 2021. 4. 13., 2021. 5. 18.>
1. 제13조에 따른 고용노동부장관, 노동위원회 또는 근로감독관의 요구가 있는 경우에 보고 또는 출석을 하지 아니하거나 거짓된 보고를 한 자
2. 제14조, 제39조, 제41조, 제42조, 제48조, 제66조, 제74조제7항·제9항, 제76조의3제2항·제4항·제5항·제7항, 제91조, **제93조**, 제98조제2항 및 제99조를 위반한 자
3. 제51조의2제5항에 따른 임금보전방안을 신고하지 아니한 자

■ 과태료 부과기준 자료 찾기
법제처 홈페이지 → 근로기준법시행령 → [별표7] 과태료 부과기준

◽ 근로기준법 관련 고용노동부 자료

▶ 고용노동부 홈페이지 → 정보공개 → 공공데이터 개방 주요 발간자료

[질의회시집] → 근로기준법 질의회시집

> 근로기준법과 관련한 고용노동부의 모든 해석 사례를 찾아 볼 수 있는 매우 유용한 자료이므로 다운로드 받아 실무에서 참고하시기 바랍니다.
> ○ 근로계약, 임금, 근로시간과 휴식
> ○ 여성과 소년, 재해보상, 취업규칙, 근로감독관

번호	제목	담당부서	등록일	첨부파일	조회
59	근로기준법 질의회시집 게시(2013.1~2015.12)	근로기준정책과	2017.10.30	📎	25541
58	고용보험 질의회시집(피보험자)	고용지원실업급여과	2015.04.27	📎	84849
57	2013년판 노사협의회 질의회시 모음집	노사관계법제과	2014.12.19	📎	88193
56	기간제법 질의회시집	고용차별개선과	2014.10.07	📎	102329
55	근로기준법 질의회시집(2011.1~2012.12)	근로개선정책과	2014.03.13	📎	109579
54	노동조합 및 노동관계조정법 질의회시 모음집	노사관계법제과	2013.07.23	📎	110590
53	복수노조 및 근로시간면제제도 질의회시 모음집	노사관계법제과	2013.07.22	📎	107496
52	건설업 기초안전보건교육에 관해 자주하는 질문과 답변	건설산재예방과	2013.07.02	📎	103888
51	복수노조제도 시행 이후 노사협의회 운영관련 질의회시(참고)	노사협력정책과	2013.05.22	📎	100225
50	산업안전보건법 질의회시집(2013.2)	산재예방정책과	2013.04.23	📎	117002

[질의회시집] → 근로자퇴직급여보장법 질의회시집

퇴직금 및 퇴직연금제도에 대한 고용노동부의 모든 해석 사례를 찾아 볼 수 있는 매우 유용한 자료이므로 다운로드 받아 실무에서 참고하시기 바랍니다.

정보공개 → 공공데이터 개방 → 주요발간자료 → 질의회시집

제 목
노사협의회 질의회시100문100답
건설업 산업안전보건관리비 해설집
4인 이하 사업장 퇴직급여제도 문답풀이
근로자퇴직급여 보장법 질의회시집
근로기준법 질의회시집(2007.1월~2010.12월)
기간제.단시간.파견근로자를 위한「차별시정제도」
2010년도 기간제법 및 파견법 질의회시집
근로시간면제제도 질의회시집
2009 직업능력개발사업 질의회시집
우리사주 질의회시('02~'09년)
비정규직법 질의회시집
2009년도판 노동조합 및 노동관계조정법 질의회시 모음집
직업안정법 질의회신모음집(2008.12발간)
비정규직법 질의회시집[e-book]
직업능력개발사업 질의회시 모음집_2008년판
공무원 교원 노동조합 관련 질의회시집
사내근로복지기금법 질의회시집
비정규직법령 문답풀이집 Ⅱ
비정규직법령 문답풀이집 Ⅰ
노동조합 및 노동관계조정법 질의회시집_2
임금채권보장법 행정해석모음집
근로자퇴직급여보장법 행정해석모음집 발간

제 목
고용평등 및 모성보호 질의회시집_2007년
근로기준법 질의회십
퇴직연금 질의회시(2006.8~11)
연차유급휴가청구권·수당·미사용수당과 관련된 지침
퇴직연금 질의회시집(2006년7월)
퇴직금 질의회시집(2006년7월)
퇴직연금제 질의회시집(05.11~06.6)
개정근로기준법 해설과 주요질의회시주40시간제 강의자료(1)
산업안전보건법 질의회시집_2006년판
근로자퇴직급여보장법 질의회시집
고용보험법 질의회시집(1995-2005)

고용노동부의 사업주 및 근로자 지원제도

고용보험 인터넷사이트에서 고용노동부에서 고용보험료를 재원으로 사업주 및 근로자에게 지원하는 모든 제도를 확인할 수 있습니다.

검색 : "고용보험" http://www.ei.go.kr

■ 고용유지 지원금

매출액 감소 등으로 고용조정이 불가피하게 된 사업주가 고용유지 조치(휴업, 훈련, 휴직, 인력재배치 등)를 취하여 당 해 피보험자를 계속 고용하는 경우

▶ 지원내용

고용유지를 한 조치기간동안 사업주가 근로자에게 지급한 휴업, 휴직수당 또는 임금액의 일부를 지원

■ 고용창출장려금

근로자를 신규로 고용한 사업주를 지원하는 제도

▶ 지원대상

- 장시간 근로자를 개선하여 빈 일자리에 신규로 근로자를 고용한 경우
- 시간선택제 근로자를 신규로 고용한 경우
- 성장유망업종, 지역특화산업, 국내복귀기업(제조업)에 해당하는 기업이 근로자를 신규로 고용한 경우
- 석,박사 등 전문인력을 신규로 고용한 경우

- 취업이 어려운 중증장애인, 여성가장, 취업지원 프로그램 이수자 등을 신규로 고용한 경우

▣ 고용안정장려금
재직 근로자의 일자리 질을 높인 사업주를 지원하는 제도

▶ 지원대상
- 비정규직 근로자를 정규직으로 전환한 경우
- 전일제 근로자를 시간선택제 근로자로 전환한 경우
- 시차출퇴근제, 재택근무제 등 유연근무제를 도입하여 활용한 경우
- 출산육아기 근로자의 고용 안정을 위한 조치를 하여 기존근로자의 고용을 안정시킨 경우

▣ 직장어린이집 지원금(인건비)
사업주가 단독 또는 공동으로 근로자를 위하여 어린이집(보육시설)을 설치/운영하는 보육교사등의 인건비를 지원

▶ 지원내용
- 보육교사, 보육시설의 장 및 취사부에 대해 1인당 월 80만원 지원(조건을 만족하는 시간제근로자 포함)
- 우선지원대상기업이 운영하는 직장보육시설에 대하여 운영비 일부를 보육아동 수에 따라 차등지원(아래 내용 참조)

▣ 직장어린이집 지원금(운영비)
우선지원대상기업이 운영하는 직장보육시설에 대해 기존의 보육교사등 인건비 지원이외에 운영비 일부를 추가로 지원

SECTION 03
근로자퇴직급여보장법에 의한 법정 퇴직금 및 실직 근로자 지원제도

직원이 퇴사하는 경우 퇴직금을 지급(1년 이상 근로한 자) 하여야 하며, 퇴직금 지급시 퇴직금에 대한 퇴직소득세 및 지방소득세를 계상하여 징수 및 납부하여야 하고, 4대보험료를 정산하여야 합니다.

1 퇴직금 계산

Q 법정 퇴직금

① 근로자퇴직급여보장법에 의하여 상시근로자수 5인 이상을 고용하고 있는 사업주는 근로자가 1년 이상 계속 근로하고 퇴사하는 경우 1년에 **30일분 이상의 평균임금**을 지급하여야 합니다.

단, 4인 이하 사업장의 경우 2010년 12월 1일부터 2012년 12월 31일까지는 법정퇴직금의 2분의 1을, 2013년 이후에는 법정퇴직금 전액을 지급하여야 합니다.

법정퇴직금 = 계속근로기간(재직일수/365) × 30일분의 평균임금

② 계속근로기간이란 입사일부터 퇴사 전일까지의 일수를 말합니다. 근로자의 퇴직은 근로계약의 종료를 의미하는 것으로 퇴사일은 계속 근로기간에 포함하지 않습니다.

보 충 계속 근로연수에 포함하여야 하는 기간

1. 근로자가 재직 중 사적(私的)사유로 인한 휴직기간이 있는 경우 그 기간도 퇴직금 산정을 위한 계속 근로연수에 포함합니다.
2. 육아휴직기간도 계속 근로연수에 포함합니다.
3. 근로자가 재직 중 병가 기간이 있는 경우에도 근로관계가 종료된 경우가 아닌 한 계속 근로연수에 포함하여야 합니다.
4. 근로자가 업무와 관련하여 해외유학을 간 경우 그 기간도 계속 근로연수에 포함합니다.
5. 본사에서 계열사로의 전출, 계열사에서 본사로의 전출은 근로관계가 단절된 것이 아니므로 계속 근로연수에 포함합니다.

보 충 입사기준일과 퇴사기준일

① 계속근로기간의 기산일은 입사일로 하되, 퇴사일은 포함하지 않습니다.
② 근로자가 퇴직의 의사표시(사표 제출)를 행하여 사용자가 이를 수리한 경우에는 수리한 때를 퇴직일로 봅니다.
③ 근로자가 사직서를 제출하였으나 사용자가 이를 수락하지 아니한 경우 1임금 지급기(그 다음 달로 통상 1개월)가 경과한 날을 퇴직일로 봅니다.

▶ 임금을 삭감한 경우 퇴직금 산정

임금 삭감분은 근로자의 임금채권에 해당하지 않으므로, 퇴직금 산정을 위한 평균임금 산정 시 임금총액에 포함되지 않습니다. 다만, 삭감전 임금으로 평균임금을 산정하기로 사용자와 근로자간 별도의 약정이 있는 경우 삭감전 금액으로 퇴직금을 산정하여야 합니다.

▶ 평균임금 계산

① 평균임금이라 함은 퇴직한 날 이전 3개월간에 퇴직근로자에 대하여 지급한 임금의 총액을 그 기간의 총일수로 나눈 금액을 말합니다.

② 평균임금은 퇴직금계산 기준이 되는 임금으로 평균임금은 근로자가 일한 대가로 지급받는 일체의 금품으로 근로자에게 계속적, 정기적으로 지급되는 것은 그 명칭이 어떠하든 모두 포함됩니다. 따라서 전 직원을 대상으로 회사의 내부방침으로 일정기준에 의하여 매 월 또는 매 년 정기적. 계속적으로 지급하는 식대, 차량유지비, 전직원에게 일률적으로 지급하는 가족수당등은 평균임금에 포함됩니다.

▶ 평균임금에 포함하는 임금 및 제외하여야 하는 것

① 상여금은 퇴직한 연도의 직전연도 1년간 정기 상여금총액을 계산한 다음 3개월분에 해당하는 금액을 평균임금에 산입합니다. 다만, 비정기적인 상여금 및 특별상여금 등은 포함하지 않습니다.

② 차량의 소유여부에 관계없이 전직원에 대하여 일률적으로 지급하는 차량유지비는 평균임금에 포함하여야 하나 차량을 소유한 직원에게만 지급하는 실비정도의 차량유지비는 평균임금 산정시 포함하지 않습니다.

③ 평균임금 계산시 소숫점 이하는 올림합니다.

▶ 퇴직금 계산 사례

사 례 퇴직금 계산 [주40시간 근무제 회사]

- 근무기간 20×1. 10. 10 ~ 20×8. 3. 5 (근무연수 6년 146일)
- 최근 3개월 임금지급내역 (차량유지비는 차량을 소유한 직원에게만 지급)

구 분	20×7년 11월	20×7년 12월	20×8년 1월	20×8년 2월
기 본 급	1,500,000	1,500,000	1,700,000	1,700,000
직 책 수 당	300,000	300,000	300,000	300,000
연장근로수당	250,000	400,000	180,000	330,000
차 량 유 지 비	200,000	200,000	200,000	200,000

- 20×7. 3. 5 ~ 20×8. 3. 4 기간 상여금 지급액 : 6,000,000원
- 20×7. 3. 5 ~ 20×8. 3. 4 기간 연장근로수당 : 53,090원
- 평균임금 산정기간 : 20×7. 12. 5 ~ 20×8. 3. 4 (90일)
- 3개월 간 평균임금의 계산 기간 (퇴직한 날 이전 3개월 간)
  20×8. 03. 01 ~ 20×8. 03. 04 / 20×8. 02. 01 ~ 20×8. 02. 28
  20×8. 01. 01 ~ 20×8. 01. 31 / 20×7. 12. 05 ~ 20×7. 12. 31

임금산정 기 간	20×7.12. 5 20×7.12.31	20×8.1. 1 20×8.1.31	20×8.2. 1 20×8.2.28	20×8.3. 1 20×8.3. 4	합 계
① 일 수	27	31	28	4	90
② 기 본 급	1,306,450	1,700,000	1,700,000	219,350	4,925,800
③ 직책수당	261,290	300,000	300,000	38,710	900,000
④ 연장근로수당	250,000	400,000	300,000	50,000	1,000,000

[연차수당 및 상여금 계산]

⑤ 상 여 금	6,000,000원(퇴직전 1년간 상여금총액) × 3/12	1,500,000
⑥ 합 계	② + ③ + ④ + ⑤	8,325,800
⑦ 평균임금	⑥합계(8,325,800) ÷ ① 일수(90) = 93,881	92,509

- 평균임금계산시 소숫점 이하는 올림합니다.

- 퇴직금 계산금액(㉮ + ㉯) 17,761,728원
  ㉮평균임금(92,509) × 근속연수(6년) × 30일 = 16,651,620
  ㉯평균임금(92,509) × 1년 미만 일수(146/365) × 30일 = 1,110,108

▣ 퇴직자에 대한 연차수당 및 퇴직금 계산시 포함하여야 하는 연차수당

근로자가 퇴직하는 경우 미사용연차에 대하여 연차수당을 지급하여야 하며, 퇴직전 1년이내에 지급한 연차수당은 평균임금에 포함되어 퇴직금을 계산할 때 반영하여 주어야 합니다.

▶ 고용노동부 지침 ; 연차유급휴가청구권 · 수당 · 미사용수당과 관련된 지침(임금근로시간정책팀-3295, 2007.11.5)

(1) 퇴직하기 전 이미 발생한 연차유급휴가 미사용수당
퇴직 전전년도 출근율에 의하여 퇴직 전년도에 발생한 연차유급휴가 중 미사용하고 근로한 일수에 대한 연차유급휴가미사용 수당액의 3/12을 퇴직금 산정을 위한 평균임금 산정 기준 임금에 포함.

(2) 퇴직으로 인해 비로소 지급사유가 발생한 연차유급미사용수당
퇴직전년도 출근율에 의하여 퇴직년도에 발생한 연차유급휴가를 미사용하고 퇴직함으로써 비로소 지급사유가 발생한 연차유급휴가미사용수당은 평균임금의 정의상 산정사유 발생일 이전에 그 근로자에 대하여 지급된 임금이 아니므로 퇴직금 산정을 위한 평균임금 산정 기준임금에 포함되지 아니함.

[사례] 20×4년 4월 1일 입사자가 20×7년 11월 30일자 퇴직을 할 경우 퇴직금 계산시 반영해야할 연차미사용수당은?
(1) 퇴직 시 평균임금으로 반영해주어야 할 연차미사용수당과 금액
① 20×5.4.1. ~ 20×6.3.31까지 80퍼센트 이상 근무를 한 경우 발생 연차 휴가일수는 15일입니다.

② 발생한 15일의 연차휴가를 20×6.4.1. ~ 20×7.3.31까지 5일의 연차휴가를 사용한 경우 미사용한 연차휴가 10일에 대해서는 휴가청구권이 소멸되는 마지막 월의 통상임금을 기준으로 익월에 미사용수당으로 지급하여야 하며, 통상 급여지급일에 지급합니다. 따라서 20×7년 4월 급여지급일에 10일의 연차수당을 지급하여야 하며, 이때 지급한 10일의 연차수당은 근로자가 20×7.11.30일 퇴직시 퇴직금산정을 위한 평균임금에 해당되어 반영해주어야 합니다. 즉, 10일의 연차미사용수당금액/12개월×3개월분의 연차수당금액은 평균임금으로 퇴직금계산시 반영을 하여야 합니다.

(2) 퇴직 시 평균임금으로 반영이 안 되는 연차미사용수당과 금액

① 해당 근로자는 20×6.4.1~20×7.3.31.까지 80퍼센트 이상 근무한 경우 15일의 연차가 발생합니다.
② 15일의 연차는 20×7.4.1~20×8.3.31.까지 사용할 수 있으나 근로자가 20×7.11.30. 퇴직을 하게 되어 20×7.4.1~20×7.11.30.까지 사용한 연차를 공제한 후 잔여 미사용연차에 대해서는 퇴직일로부터 14일 이내에 지급해야 합니다.

예를 들어 20×7.4.1~20×7.11.30.까지 사용한 연차가 2일이면 13일의 미사용한 연차가 발생하게 되므로 13일에 해당하는 연차미사용수당을 퇴직일로부터 14일 이내에 지급하여야 합니다.
이때 지급하는 연차수당은 단지 지급의무가 발생할 뿐 해당 수당금액을 퇴직금 산정을 위한 평균임금에는 포함하지 않습니다.
한편, 연차미사용수당의 경우 평균임금 산정하여야 할 사유가 발생한 때로부터 이전 12개월 내에 지급한 금액(퇴직 전전년도 출근율에 의하여 퇴직 전년도에 발생한 연차유급휴가 중 미사용하고 근로한 일수에 대해 지급한 연차유급미사용수당액)의 3/12을 평균임금 산정기준 임금에 포함시켜야 합니다.

Q 법정외 퇴직금

회사는 별도의 퇴직금 지급규정을 둘 수 있으며, 퇴직금으로 지급할 금액은 근로자퇴직급여보장법에 의하여 지급하여야 할 금액 이상이어야 하며, 미만인 경우의 근로계약은 무효가 됩니다.

Q 퇴직금 지급대상자

① 1년 이상 근로를 제공한 정규직 근로자 및 비정규직, 일용직, 임시직 및 외국인근로자 등 단, 4주간을 평균하여 1주간의 소정근로시간이 15시간 미만인 근로자에 대하여는 퇴직금을 지급할 의무가 없습니다.

② 1년 미만 근로한 근로자의 경우 퇴직금 지급의무는 없으나 회사의 퇴직금지급규정으로 지급할 수 있습니다.

③ 일용근로자의 경우에도 근로기간이 1년 이상인 경우 퇴직급여를 지급하여야 합니다.

보 충 외국인 근로자 퇴직금 지급 여부

외국인취업자도 근로기준법상 임금을 목적으로 근로를 제공하는 근로자로 판단하는 것이 대법원 판례의 입장이고 이는 외국인근로자나 불법체류외국인를 불문하므로 사용자는 퇴직금 지급의 의무가 발생할 수 있으나 외국인 산업연수생의 경우에는 계약기간 동안 퇴직금지급의무가 없다는 것이 중소기업협동중앙회의 견해입니다.

Q 퇴직금 지급기한 및 지연이자

① 사용자는 근로자가 퇴직한 경우 그 지급사유가 발생한 날부터 14일 이내에 퇴직금을 지급하여야 합니다. 다만, 그 다음 날부터 지급하는 날까지의 지연일수에 대하여 근로기준법 제37조의 규정에 의하여 연리 100분의 20의 지연이자를 지급하여야 합니다.

② 확정기여형퇴직연금에 가입한 경우로서 직원에게 지급할 퇴직금이 전액 퇴직연금으로 불입된 경우 퇴직금을 지급할 의무가 없으나 퇴직연금불입기관에 퇴사사실을 통보하여야 합니다.

③ 확정급여형퇴직연금에 가입한 경우 퇴직금을 지급할 사유가 발생한 날부터 14일 이내에 사용자는 퇴직연금사업자로 하여금 적립금의 범위에서 지급의무가 있는 급여 전액을 지급하도록 하여야 합니다. 단, 퇴직연금사업자가 지급한 급여수준이 퇴직금으로 지급하여야 할 금액에 미치지 못할 때에는 급여를 지급할 사유가 발생한 날부터 14일 이내에 그 부족한 금액을 해당 근로자에게 지급하여야 하며, 급여의 지급은 가입자가 지정한 개인형퇴직연금제도의 계정으로 이전하는 방법으로 합니다.

보충 10인 미만 사업장 퇴직금 개인퇴직계좌 설정

근로자퇴직급여보장법 제26조(10인 미만 사업에 대한 특례) ① 상시 근로자 10인 미만을 사용하는 사업의 경우 사용자가 근로자 대표의 동의를 얻어 근로자 전원으로 하여금 제25조의 규정에 의한 개인퇴직계좌를 설정하게 한 경우에는 퇴직급여제도를 설정한 것으로 본다.

2 근로자 4인 이하 사업장 퇴직금

상시근로자수가 4인 이하인 사업장의 경우 퇴직금 지급의무가 없었으나 2010년 12월 1일 이후부터 퇴직금을 지급하여야 하며, 그 내용은 다음과 같습니다.

Q 상시근로자 4인 이하 사업장 기준

① 상시 근로자수는 일정한 사업기간내의 근로자 연인원수를 동 기간의 사업장 가동 일수로 나누어 산정합니다.
근로자수가 때때로 4인 이하가 되더라도 상태적으로 보아 5인 이상이 되면 상시 5인 이상으로 판단합니다.

② 상시근로자수가 5인 이상, 미만을 반복하는 사업장에 있어 퇴직금 규정 관련 해석은 다음의 기준에 의합니다.
1. 퇴직금의 지급청구권의 발생, 평균임금의 산정, 지급청구권의 소멸시효의 기산은 모두 근로자가 퇴직하는 날
   (즉 사례의 "G")을 기준으로 합니다.
2. 계속근로년수는 전체 재직기간중에서 상시근로자수가 5인 미만인 기간, 기타 병역법에 의한 군복무기간 등을 제외한 기간(사례의 ①, ③, ⑤을 합산한 기간)으로 합니다.

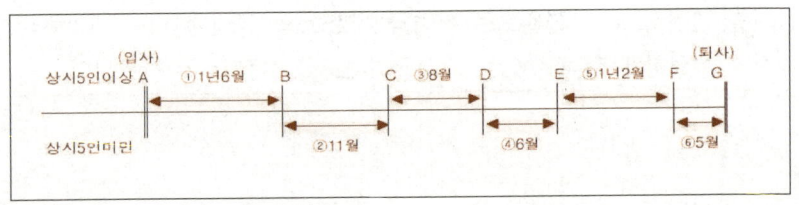

🅠 4인 이하 사업장 퇴직급여 적용 및 적용시기

① 2010년 12월 1일 이후부터 시행합니다. 단, 현재 고용 중인 계속근로자의 경우 2010년 12월 1일 이후부터 퇴직급여 산정을 위한 계속근로기간, 1년 이상 근로여부를 판단합니다.

2010년 12월 1일 부터 2012년 12월 31일 기간에 대하여는 퇴직금상당액의 100분의 50을 적용하되,
2013년 1월 1일 이후부터는 100분의 100을 적용합니다.

기 간	퇴직금으로 지급하여야 하는 금액	비고
2010.11.30 이전	퇴직금 지급의무 없음	
2010.12.01 ~ 2012.12.31	퇴직금상당액의 50%	
2013.01.01 이후	퇴직금상당액 전액	

▶ 근로자퇴직급여보장법에 의한 퇴직금상당액이란 1년 이상 계속 근로하고 퇴사하는 경우 1년에 30일분의 평균임금을 말합니다.

② 2010년 12월 1일부터 4인 이하 사업장에서 근로한 종사자가 2013년 12월 1일 퇴직할 경우 2010년 12월 1일부터 2012년 12월 31일 기간에 대하여는 퇴직금상당액의 100분의 50을, 2013년 1월 1일 이후 기간에 대하여는 100분의 100 적용합니다.

③ 실직근로자 지원제도

Q 실업급여 개요

① 실업급여는 실직 전 18개월 중 180일 이상 고용보험에 가입한 근로자가 회사의 폐업.도산, 경영상 해고, 권고사직, 계약만료, 정년퇴직 등을 당하거나 기타 부득이한 사유로 이직한 경우에는 실업급여가 지급됩니다.

② 직장을 정당한 사유 없이 전직, 자영업 등을 위하여 스스로 그만두었거나 중대한 잘못으로 형법이나, 직무관련 법규위반 등으로 금고이상의 형을 받아 해고된 경우 등에는 실업급여를 받을 수 없습니다.

③ 실업급여는 이직한 다음날로부터 12개월이 지나면 지급되지 아니하므로 실직 시에는 지체 없이 거주지 관할 고용지원센터를 방문하여 수급자격인정 신청 및 구직등록을 하여야 합니다.

④ 실업급여는 수급자격자가 지정된 실업인정일에 고용지원센터에 출석하여 실업상태에서 적극적인 재취업노력 사실을 신고하여 실업인정을 받을 경우 지급됩니다.

다만, 지정된 실업인정 일에 정당한 이유 없이 출석하지 않을 경우에는 받을 수 있는 소정급여일수(90 ~ 240일)에서 자동적으로 소멸되므로 반드시 지정된 실업인정일에 출석하여야 합니다.

구직급여 (실업급여)

[개정] 실업급여(구직급여) 수급기간(소정급여일수)

연령 \ 피보험기간	6개월이상 1년 미만	1~3년	3~5년	5~10년	10년 이상
50세미만	120일	150일	180일	210일	240일
50세이상 및 장애인	120일	180일	210일	240일	270일

[개정] 소정급여일수
(종전) 퇴직 전 평균임금의 50% × 소정급여일수
(개정) 퇴직 전 평균임금의 60% × 소정급여일수

[개정] 실업급여 인상 (2019.10.1. 이후)
구직급여 지급액 = 퇴직전 평균임금의 60% × 소정급여일수
- 상한액 : 이직일 2019년 1월 이후 1일 상한액 66,000원
- 하한액 : 이직일 2019년 1월 이후 1일 하한액 60,120원

♣ 상세 내용 : 고용보험 홈페이지 (네이버에서 '고용보험' 검색)
고용보험제도 → 개인혜택 → 실업급여안내

SECTION 04

퇴직금 및 퇴직연금제도
확정기여형 퇴직연금(DB)
확정급여형 퇴직연금(DC)

퇴직연금제도는 회사가 근로자의 퇴직급여를 퇴직연금사업자인 금융기관등에 위탁하여 운용한 뒤 근로자가 퇴직할 때, 연금이나 일시금으로 주는 제도로 2005년부터 사업장에 도입하도록 하였습니다. 단, 현재 퇴직연금제도는 2012년 7월 26일 이후 신설사업장을 제외하고는 임의가입제도로 기존의 퇴직금제도를(퇴직연금 불입 없이 퇴직시 계속근무연수에 30일분의 평균임금을 곱하여 계상한 금액을 퇴직금으로 지급하는 제도) 유지하여도 법적으로 문제될 점은 없습니다.

2012년 7월 26일 이후 새로 성립(합병·분할 제외)된 사업의 사용자는 근로자대표의 의견을 들어 사업의 성립 후 1년 이내에 확정급여형퇴직연금제도나 확정기여형퇴직연금제도를 설정하여야 합니다. 다만, 새로 성립한 사업장이 퇴직연금제도를 설정하지 않아도 법적 제재는 없습니다.

1 퇴직연금 도입 배경 및 개요

사업에 성공하여 재산이 많은 사람이나 공무원연금, 군인연금, 교직원연금 등의 안정적인 연금을 받을 수 있는 사람을 제외한 대다수의 서민은 근로를 할 수 없는 노후에 노후생활을 위한 충분한 자금이 없는 관계로 생계문제, 각종 질병으로 인한 병원비 부담, 주거비 부담 등의 돈 문제로 심각한 위기에 직면하게 될 것입니다. 따라서 국가는 국민들이 노후에 경제적 곤란을 겪지 않도록 제도적 장치를 마련하기 위하여 많은 노력을 기울여 왔습니다.

그 대표적인 예로 1988년 국민연금제도를 시행하여 근로자가 근로의 대가로 받는 임금에서 일정 금액을 국민연금으로 불입하도록 하고 일정 연령에 달하였을 때부터 연금형태로 받는 제도를 만든 것입니다. 지금에 와서 생각하여 보면 참으로 천만다행한 일이 아닐 수 없습니다. 국민연금제도라도 없다고 가정하면 대다수 근로자의 노후생활은 더더욱 막막할 것입니다.

다른 한편으로는 과거 근로기준법에서 규정한 퇴직금은 근로자가 직장을 그만두거나 정년퇴직을 할 때 지급하여야 하는 일종의 노후생활자금임에도 근로기준법에서 중간정산제도라는 것을 제정함으로 인하여 생활이 넉넉하지 못한 근로자가 생계비 등에 충당하기 위하여 근로기준법의 규정에 의하여 퇴직금 중간정산을 요구하게 되었고, 사업주는 퇴직금에 상당하는 금액을 미리 정산하여 주게 되면, 퇴직 시 퇴직금으로 지급하여야 하는 금액 부담이 줄어들게 되어 대부분 회사의 경우 중간정산을 실시하여 근로자에게 지급을 함으로서 근로자가 퇴직을 하더라도 퇴직금을 받을 수 있는 금액이 얼마되지 않아 노후자금을 마련하는데 상당한 문제가 발생한 것입니다. 물론 중간정산을 받아 주택을 마련하거나 중간정산 자금으로 투자를 잘 하여 자금을 증식한 경우 또는 회사가 부도가 나거나 폐업하여 중간정산을 받지 않았더라면 그나마 퇴직금까지 받을 수도 없었던 예외적인 경우를 제외하고는 퇴직금중간정산제도의 제정은 참으로 잘못된 법이 아닐 수 없습니다.

이제 베이비 붐 시대(전후에 태어난 사람을 뜻하며, 나라에 따라 연령대가 다르나 우리나라의 경우 55년에서 64년 사이에 태어난 약 900만명이 해당됨)에 출생한 많은 사람들이 직장을 은퇴하는 시점이 되다보니 정부는 많은 고민을 하게 된 것입니다. 이러한 이유로 근로자의 퇴직금상당액을 연금제도로 전환하기 위하여 제정한 법이 「근로자퇴직급여보장법」입니다.

이 법의 제정이 많이 늦은 감이 있으나 그래도 국민들의 노후생활 보장을 위하여 제도적 장치를 마련한 점은 다행한 일입니다. 국민연금만으로는 노후생활자금으로 충분하지 않으므로 근로자 여러분은 사용자로 하여금 사업장이 퇴직연금에 가입하도록 요구하여야 할 것입니다.

질문	퇴직연금제도 도입으로 인하여 근로자에게 실질적인 도움이 되는 점은 무엇인가요?
답변	중소사업장에서 빈번하게 직장을 옮기는 근로자에게는 사업주가 퇴직금상당액을 퇴직연금으로 불입함으로 이러한 근로자에게는 그 도입 효과가 크게 나타날 것으로 예상됩니다. 다만, 사업주의 퇴직금 지급 능력이 충분한 대기업, 공기업에서 장기 근속하는 근로자의 경우에는 비교적 효과가 크지 않을 수도 있습니다.

질문	퇴직연금제도가 기존의 퇴직금제도보다 근로자나 사업주에게 좋은 점은 무엇인지요?
답변	퇴직연금제도는 기존의 퇴직금제도와 비교해 많은 장점을 가지고 있습니다. 첫째, 퇴직연금사업자와의 자산관리 계약을 통해 적립금을 사외에 불입함으로서 퇴직금이 보장됩니다. 둘째, 근로자 입장에서 이직, 퇴직, 중간정산 등으로 지급받은 퇴직금을 생활비, 자녀 교육비, 부채 상환 등으로 소진하는 경우가 많았습니다만, 개인퇴직연금으로 적립하여 두는 경우 노후 생활 자금으로 활용할 수 있습니다. 셋째, 부담금의 적립단계, 운용단계, 퇴직급여의 지급단계 중 지급단계에서만 세금이 부담(연금소득으로 과세)되기 때문에 노후 생활 자금을 마련하는데 유리하며, 사용자가 퇴직연금으로 부담 또는 불입하는 금액이외에 근로자 본인이 노후에 보다 더 많은 연금을 지급받기 위하여 추가적으로 개인형퇴직연금(연간 한도액 1800만원)에 가입하여 불입할 수 있으며, 이 경우 다른 연금저축과 합산하여 연간 400만원까지 소득공제를 받을 수 있습니다. 결론적으로 퇴직연금제가 도입되면 근로자 측면에서는 퇴직금 확보 및 노후 소득보장이 되는 것이며, 사업주 측면에서는 근로자가 퇴직시 퇴직금을 일시에 지급하여야 하는 부담이 감소됩니다.

질문	퇴직연금제도가 도입되면 현행 퇴직금제도는 없어지나요?
답변	퇴직연금제도가 도입되더라도 퇴직금 제도가 없어지는 것은 아닙니다. 현행 퇴직금제도를 그대로 두고, 퇴직연금제도를 도입하여 둘 중 하나를 선택하도록 하고 사업장별로 실시 여부를 사업장별로 노사가 합의해서 결정할 수 있습니다. 노조가 있는 경우에는 노조의 동의, 노조가 없는 경우에는 근로자 과반수의 동의가 필요합니다. 따라서 퇴직금제도는 계속 존속하는 것이며, 노사가 합의하는 경우에만 퇴직금제도 대신에 퇴직연금제도를 시행할 수 있는 것입니다.

질문	퇴직보험제도와 퇴직연금제도의 차이점은 무엇인가요?
답변	근로자퇴직급여보장법 시행 이전에는 퇴직금의 사외적립(퇴직금에 상당하는 금액의 자금 확보를 위하여 예금 또는 보험으로 적립하는 것)은 퇴직보험 또는 퇴직신탁제도에 의하여 적립을 하였습니다만, 퇴직금의 연금화를 위하여 근로자퇴직급여보장법을 제정하였으며, 2005년 이후 퇴직연금에의 가입을 제도화하고 있습니다.

질문	퇴직연금 시행전 근무기간의 퇴직금은 어떻게 지급하여야 하나요?
답변	퇴직연금제도 시행 이전에 근무한 기간에 대해서는 노사가 사업장 실정에 맞추어 규약에 자율적으로 정할 수 있습니다. 첫째, 과거 근무기간도 퇴직연금 제도에서 근속연수로 인정하여 소급 적용하는 방안이 있습니다. 이 경우 퇴직급여제도가 퇴직연금제도로 일원화되고, 근로자의 퇴직급여에 대한 수급권이 확보된다는 장점이 있으나, 사용자에게는 퇴직연금 시행전 발생한퇴직금의 일시 불입에 따른 자금부담 문제가 있을 수 있습니다. 둘째, 퇴직연금제도 도입 이후의 근속연수만을 인정하며 근로자 퇴직시에 퇴직연금과 퇴직금을 이원화하여 지급하는 방안이 있습니다. 이 경우 퇴직급여를 퇴직연금제도시행시 일시에 불입하여야 하는 부담을 줄이는 효과가 있는 반면에, 퇴직연금제도와 퇴직금제도의 이원화된 퇴직급여제도를 유지해야 하는 부담 및 퇴직연금제 시행전의 퇴직금 상당액이 100% 보장되지 않는다는 단점이 있습니다. 셋째, 과거 근무 기간에 대한 퇴직급여는 중간 정산 등의 방법으로 일시금으로 지급하고 새롭게 퇴직연금 제도를 실시하는 방법입니다.

▶ **근로자 수에 따른 퇴직연금 의무가입 연도**
- 2016년 근로자 300인 이상 사업장
- 2017년 근로자 300~100인 사업장
- 2018년 근로자 100~30인 사업장
- 2019년 근로자 30~10인 사업장
- 2022년 근로자 10인 미만 사업장

② 퇴직급여제도의 설정

사용자는 퇴직하는 근로자에게 급여를 지급하기 위하여 다음의 **퇴직급여제도** 중 하나 이상의 제도를 설정하여야 하며, 퇴직급여제도를 설정하는 경우에 하나의 사업에서 급여 및 부담금 산정방법의 적용 등에 관하여 차등을 두어서는 안됩니다.

- 확정급여형퇴직연금제도
- 확정기여형퇴직연금제도
- 개인형퇴직연금제도(근로자 10인 이하 사업장의 경우 선택 가입)
- 기존의 퇴직금제도(근로자 퇴직시 퇴직금 지급)

▶ **퇴직급여제도를 설정하지 않아도 되는 근로자**

1. 계속근로기간이 1년 미만인 근로자
2. 1주간의 소정근로시간이 15시간 미만인 근로자

질문	직장을 옮기는 경우 퇴직연금을 계속 불입하는 방법이 있나요?
답변	현행 퇴직금 제도에서는 근로자가 퇴사할 경우 14일 이내에 퇴직일시금을 근로자에게 지급하도록 하고 있습니다. 따라서 이직이 잦은 근로자나 일정 기간 실직을 한 근로자의 입장에서는 퇴직금 재원이 노후 생활 자금으로 활용되지 못하고 중간에 생활자금 등으로 소진되고 있습니다. 개인퇴직연금제도(IRP)는 이러한 근로자의 직장 이동시에도 퇴직급여 재원이 계속 적립되어 노후 소득 보장 기능을 할 수 있도록 통산 기능을 하는 역할을 합니다.

■ 퇴직급여제도 요약표

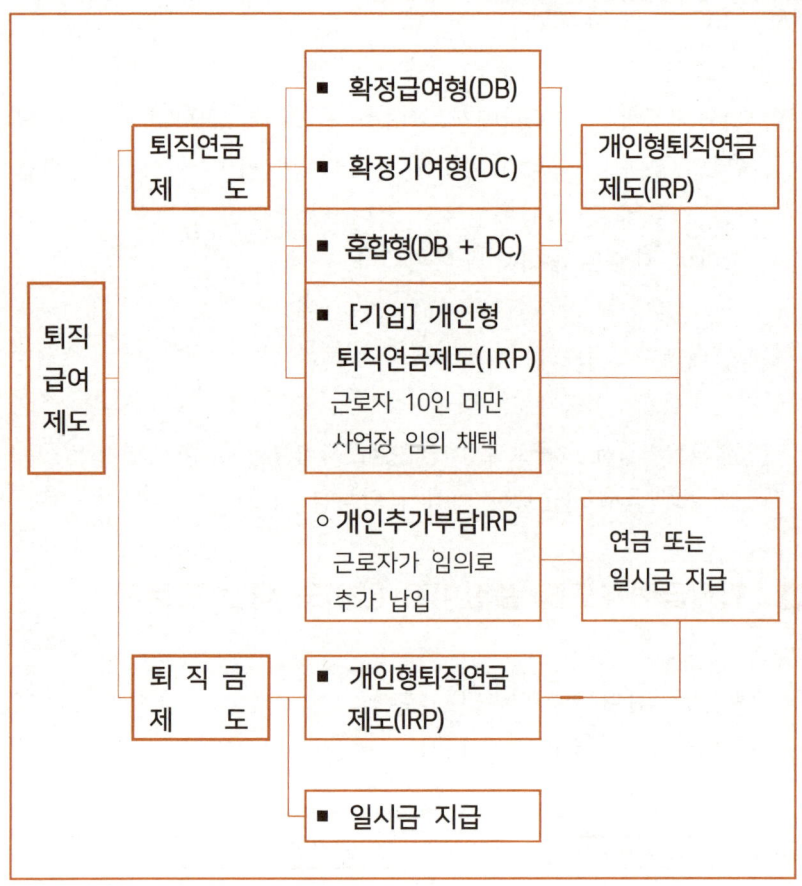

▶ 퇴직금제도 : 기존의 퇴직금 지급제도를 말하며, 근로자가 퇴사시 본인의 선택에 따라 퇴직금을 일시불로 지급하거나 개인형퇴직연금으로 이전할 수 있습니다. 개인형퇴직연금으로 이전한 경우 퇴직소득세는 징수 및 납부하지 않습니다.

▶ 퇴직금 이전 : 퇴직연금제도를 실시하고 있는 회사는 직원이 퇴사하는 경우 사용자는 퇴직금상당액을 개인형퇴직연금으로 이전하여야 하며, 퇴사한 근로자는 연금으로 지급받거나 일시금으로 수령할 수 있습니다.

③ 퇴직금제도 종류

◎ 기존의 퇴직금제도 설정(법 제8조 ①)

퇴직연금에 가입하지 아니한 사용자는 계속근로기간 1년에 대하여 30일분 이상의 평균임금을 퇴직금으로 퇴직 근로자에게 지급할 수 있는 제도를 설정하여야 합니다.

▶ 퇴직연금제도 미설정에 따른 처리

사용자가 확정급여형퇴직급여제도나 확정기여형퇴직급여제도 또는 개인형퇴직연금제도를 설정하지 아니한 경우에는 기존의 퇴직금제도를 설정한 것으로 봅니다.

◎ 확정기여형퇴직연금제도(DC)

확정기여형(Defined Contribution) 퇴직연금제도는 퇴직급여의 지급을 위하여 사용자가 부담하여야 할 부담금의 수준이 사전에 결정되어 있는 퇴직연금으로 사용자는 연간 임금총액의 12분의 1에 상당하는 금액 이상을 퇴직연금사업자에게 확정기여형퇴직연금으로 불입을 하여야 합니다.

확정기여형퇴직연금제도에서는 사용자가 부담한 퇴직연금적립금에 대하여 근로자가 그 운용에 대한 책임을 지며, 근로자는 퇴직연금사업자가 제시하는 운용방법 가운데서 선택하여 운용하면서 그 결과에 대해서 전적으로 근로자 본인이 책임을 져야 합니다. 따라서 근로자 본인은 퇴직연금으로 불입되는 적립액을 잘 운용하여 수익을 높여야 퇴직 후 연금이 증가하므로 퇴직연금사업자가 제시하는 금융상품에 대하여 충분한 이해가 필요하며, 재테크에 대하여 적극적인 관심을 가져야 합니다. 확정기여형퇴직연금제도에서는 퇴직금상당액 전액이 적립금으로 적립되므로 근로자 입장에서는 기업이 도산해도 수급권이 100% 보장됩니다.

확정기여형은 사용자가 매 년 임금의 12분의 1 이상을 정산하여 연금으로 불입함으로서 사실상 중간정산(기존의 중간정산은 근로자에게 정산금을 직접 지급하나 퇴직연금제도의 경우 적립된 금액을 근로자가 퇴사하기 전에는 인출할 수 없는 것만 다름)에 해당하므로 임금이 계속 상승하는 근로자 입장에서는 확정급여형보다 불리할 수도 있으나 중간정산 형태로 지급받은 퇴직금의 투자수익이 임금상승률보다 높을 경우에는 확정기여형퇴직연금제도가 유리할 수도 있습니다.

기업 입장에서 매 년의 임금을 기준으로 퇴직금상당액을 정산하여 근로자 명의의 퇴직연금에 불입함으로서 임금이 상승하는 경우 확정급여형퇴직연금보다는 근로자에 대한 퇴직금부담이 줄어드는 결과가 됩니다.

▶ 확정기여형퇴직연금의 가입기간

확정기여형퇴직연금의 가입기간은 퇴직연금제도의 설정 이후 해당 사업에서 근로를 제공하는 기간으로 하며, 해당 퇴직연금제도의 설정 전에 해당 사업에서 제공한 근로기간에 대하여도 가입기간으로 할 수 있습니다. 단, 퇴직금을 미리 정산한 기간은 제외합니다.

▶ 퇴직급여수준

연간 임금총액의 12분의 1에 상당하는 금액 이상을 퇴직금으로 적립을 하여야 합니다. "임금"이란 사용자가 근로의 대가로 근로자에게 임금, 봉급, 그 밖에 어떠한 명칭으로든지 지급하는 일체의 금품을 말합니다. 그러나 회사의 경영성과에 따라 지급여부 및 지급액이 결정되는 소위 경영성과금은 근로자에게 직접 지급하더라도 특별한 사정이 없는 한 임금총액에는 포함하지 않습니다.

단, 정기적으로 납부해야하는 부담금 이외에 별도로 경영성과금 등을 부담금으로 추가 납부할 수 있다는 사항을 퇴직연금규약에 명시한 경우에는 임금총액에 포함하여야 합니다.

◉ 확정급여형 퇴직연금제도(DB)

확정급여형(Defined Benefit)퇴직금연금제도는 근로자가 지급받을 급여 수준이 사전에 결정(기존의 퇴직금과 같이 계속근로연수 1년에 대하여 퇴직전 평균임금의 30일분 이상 지급)되어 있는 퇴직연금을 말하며, 사용자가 퇴직급여와 관련하여 부담한 적립금의 운용을 책임지는 형태입니다. 따라서 적립금의 운용실석이 좋지 않은 경우 손실이 발생할 수 있으며, 원금 손실의 경우에도 사용자가 지급하여야 하는 퇴직금은 퇴직전 평균임금을 기준으로 지급을 하여야 합니다.

즉, 확정급여형은 사용자가 적립금의 운용에 대하여 전적으로 책임을 지므로 운용수익의 좋고 나쁨에 관계없이 퇴사하는 근로자에게 퇴직전 평균임금을 기준으로 퇴직금을 지급하게 되므로 근로자는 퇴직 후 일정한 금액을 받을 수 있어서 안정적입니다.

확정급여형연금제도에서는 사용자가 퇴직급여상당액의 60% 이상만 사외에 적립하여도 되므로 기업도산등의 사유로 사용자가 퇴직금을 지급할 수 없는 경우 외부에 적립된 60%만 퇴직연금으로 보장받을 수 있습니다.

▶ 가입기간

확정급여형퇴직연금의 가입기간은 퇴직연금제도의 설정 이후 해당 사업에서 근로를 제공하는 기간으로 하며, 해당 퇴직연금제도의 설정 전에 해당 사업에서 제공한 근로기간에 대하여도 가입기간으로 할 수 있습니다. 단, 퇴직금을 미리 정산한 기간은 제외합니다.

▶ 퇴직급여수준

확정급여형퇴직연금제도를 시행하고 있는 사용자는 근로자가 1년 이상 계속 근로하고 퇴사하는 경우 1년에 30일분 이상의 평균임금을 지급하여야 합니다. 계속근로연수란 입사일부터 퇴사일까지의 일수를 말하며, 입사일을 포함합니다. 평균임금이란 퇴사한 날 이전 3개월 동안에 그 근로자에게 지급된 임금의 총액을 그 기간의 총일수로 나눈 금액으로 정기적, 계속적, 반복적으로 지급하는 수당등을 포함합니다.

법정퇴직금 = 계속근로연수(재직일수/365) × 30일분의 평균임금

♣ 퇴직금 지급 편 참조

◾ 퇴직금제도과 퇴직연금제도 비교

구 분	퇴직금	확정급여형	확정기여형
비용부담주체	사용자	사용자	사용자
퇴직급여 형태와 수준	일시금	연금 또는 일시금 (기존의 퇴직금과 같음)	연금 또는 일시금 (퇴직연금불입금의 운용실적에 따라 기존의 퇴직금보다 많거나 적을 수 있음)
퇴직금 수준	퇴직금 확정	퇴직금 확정	적립금 운용결과에 따라 변동됨
비용부담 수준	근속기간 1년 30일분 평균임금	1년 30일분 평균임금	매년 임금 총액의 1/12
운용주체	해당 없음	사용자	근로자
수수료부담	없음	사용자	사용자
담보대출	가능(전액 가능)	50% 한도 가능	50% 한도 가능
중간정산	주택구입등 특정한 사유시 가능	할 수 없음	특정한 사유가 있는 경우 중도인출 가능
적립방식과 수급권보장	사내적립, 불안정	부분사외적립(100분의 60 이상)	전액사외 적립, 보장
개인형퇴직 연금이전	선택	의무이전	의무이전
퇴직소득 지급명세서	사용자가 제출	사용자	퇴직연금사업자
퇴직소득세 원천징수	사용자 단, IRP이전시 과세이연	IRP이전으로 과세이연	IRP이전으로 과세이연

◨ **확정급여형퇴직연금과 확정기여형퇴직연금 비교**

구 분	확정기여형(DC)	확정급여형(DB)
개 념	• 노사가 사전에 부담할 기여금을 확정 • 근로자가 일정한 연령(55세)에 달한 때에 그 운용 결과에 기초하여 퇴직연금사업자가 연금형태 지급	• 노사가 사전에 급여 수준·내용을 약정 • 근로자가 일정한 연령(55세)에 달한 때에 예치된 퇴직연금을 기초로 퇴직연금사업자가 연금형태로 급여 지급
기 여 금	확정(연간 임금총액 1/12 이상)	1년당 30일분 평균임금 이상
급 부	운영실적에 따름	퇴직금 지급액 확정
적 립 금 운 용	적립금 운용에 대한 권한과 책임이 근로자에게 있음	적립금 운용에 대한 권한과 책임이 사용자에게 있음
운 영 주 체	근로자	사업주
적 립 금 수 익 자	근로자	사업주
수 수 료 부 담 자	사업주	사업주
위 험 부 담	물가, 이자율변동 근로자 부담	물가, 이자율변동 회사 부담
지 급 보 장	운용방법 원금보장상품 60% 이상 포함 및 동 제도시행 초기에는 안정적 운영지도[주식 직접투자금지, 간접투자상품(수익증권)의 주식 등 위험자산 편입비율 40%로 제한]	책임준비금제도 건전성감독 지급보장장치 마련 등
기 업 부 담	축소 불가	수익률이 높을 경우 축소 가능
선 호 계 층	단기근속자 및 젊은 층	장기근속자
주 요 대 상 (예 상)	연봉제, 중·소기업	대기업, 기존 사외적립기업

개인형 퇴직연금제도(IRP)

개인형퇴직연금제도(IRP, Individual Retirement Pension)는 개인퇴직계좌(IRA)를 보완한 제도입니다. 과거 퇴직연금제도에서는 근로자가 퇴사하는 경우 일시불로 퇴직금을 지급하였으나, 2012년 7월 26일 이후에는 만55세 이상이거나 퇴직급여가 150만원 이하인 특정한 경우 이외에는 확정급여형퇴직연금제도에서 퇴직금을 지급하는 경우 퇴직금전액을 개인형퇴직연금계좌로 이전하여야 합니다.

개인형퇴직연금계좌(IRA: Individual Retirement Account)"란 IRP 시행전 퇴직급여제도의 일시금을 수령한 자 등이 그 수령액을 적립. 운용하기 위하여 퇴직연금사업자에게 설정한 저축계정을 말합니다. 개인퇴직계좌의 가입 여부는 임의사항이었으나 2012년 7월 26일 이후 퇴직연금가입 사업장에서 퇴직금을 지급하는 경우 퇴직금은 개인형퇴직연금(IRP)으로 이전하여야 합니다.

한편, 상시 근로자가 10명 미만인 사업장의 경우에는 퇴직연금제도를 이용하지 아니하고 개별 근로자의 동의를 받거나 근로자의 요구에 따라 개인형퇴직연금제도를 바로 설정할 수 있습니다.

근로자 본인 퇴직연금 추가 납입제도

퇴직연금의 경우 사용자가 퇴직금상당액을 퇴직연금사업자에게 불입하나 근로자가 퇴사 후 연금을 보다 많이 받고자 하는 경우 근로자 본인이 연간 1800만원 한도내에서 별도로 퇴직연금을 불입할 수 있으며, 이 경우 국민연금외의 다른 연금저축과 합하여 연간 700만원에 100분의 12를 곱한 금액을 연말정산시 세액공제 받을 수 있습니다.

🅠 두 종류 이상 퇴직연금제도 설정

사용자는 한 사업장에서 확정급여형 및 확정기여형퇴직금제도를 병행하여 설정할 수 있으며, 사용자가 가입자에 대하여 확정급여형 퇴직연금제도 및 확정기여형퇴직연금제도를 함께 설정하는 경우 확정급여형퇴직연금제도의 급여 및 확정기여형퇴직연금제도의 부담금수준은 다음 각 호에 따릅니다.

1. 확정급여형퇴직연금제도의 급여: 급여(계속근로기간 1년에 대하여 30일분의 평균임금)에 확정급여형퇴직연금규약으로 정하는 설정비율을 곱한 금액
2. 확정기여형퇴직연금제도의 부담금: 연간 임금총액의 12분의 1 이상에 확정기여형퇴직연금규약으로 정하는 설정비율을 곱한 금액

사용자는 제1항 제1호 및 제2호에 따른 각각의 설정 비율의 합이 1 이상이 되도록 퇴직연금규약을 정하여 퇴직연금제도를 설정하여야 합니다.

질문	하나의 사업장에서 기존의 퇴직금제도, 확정급여형, 확정기여형퇴직연금 등을 동시에 이용할 수 있나요?
답변	한 사업장에서 퇴직금제도와 확정기여형 및 확정급여형 퇴직연금을 동시에 실시하여 근로자(집단)별로 그 특성에 맞는 퇴직급여 행태를 선택하도록 할 수 있습니다. 다만, 이 경우에도 여러 개의 퇴직급여제도 설정 여부에 대하여 근로자 대표의 동의를 얻어야 합니다.

- 퇴직연금사업자란 은행, 보험회사, 증권회사 등으로서 재무건전성, 인적·물적 요건 등을 갖추어서 금융위원회에 등록한 자를 말합니다.

4 퇴직금 지급

Q 기존의 퇴직금 제도를 운용하는 회사

기존의 퇴직금 지급제도를 운용하는 회사는 그 지급사유가 발생한 날(퇴사일)로부터 **14일 이내**에 근로자의 선택에 따라 퇴직금을 일시불로 지급하거나 개인형퇴직연금으로 이전하여야 하며, 14일을 경과하여 퇴직금을 지급하는 경우 연리 20%의 가산이자(근로기준법 제37조)를 추가로 지급하여야 합니다.

퇴직금을 일시불로 지급하는 경우에는 사용자가 퇴직소득세 및 지방소득세를 원천징수하여 그 지급일의 다음달 10일까지 신고 및 납부를 하여야 합니다.

거주자가 퇴직으로 인하여 지급받는 퇴직급여액(명예퇴직수당과 단체퇴직보험금)을 퇴직한 날로부터 **60일 이내**에 확정기여형퇴직연금제도 또는 개인형퇴직연금제도의 계정으로 이체 또는 입금하거나 과세이연계좌를 다른 금융회사의 과세이연계좌로 이체를 통하여 이전하는 경우 퇴직소득으로 보지 않으며, 이 경우 퇴직소득세는 연금지급시 연금소득세로 과세이연되어 퇴직소득세를 징수 및 납부하지 않습니다.

단, 퇴직금 중 일부 금액만 과세이연계좌로 이체한 경우 그 금액에 상당하는 퇴직소득세(퇴직소득세 × 과세이연계좌로 이체한 퇴직소득금액/퇴직소득금액)만 과세이연됩니다. 과세이연이란 세금의납부를 연기하여 주는 것을 말합니다.

🇶 확정급여형퇴직연금제도를 운용하는 회사

확정급여형퇴직연금제도에서 직원이 퇴사하는 경우 퇴직금상당액을 가입자가 지정한 개인형퇴직연금으로 이전하여야 합니다. 개인형퇴직연금으로 이전하는 경우 퇴직소득세는 연금지급시 연금소득세로 과세이연되어 퇴직소득세를 징수 및 납부하지 않습니다.

다만, 다음에 정하는 사유가 있는 경우에는 개인형퇴직연금으로 이전하지 아니할 수 있으며, 이 경우 사용자는 퇴직소득세 및 지방소득세를 징수하여 신고 및 납부하여야 하는 것입니다.

1. 가입자가 55세 이후에 퇴직하여 급여를 받는 경우
2. 가입자가 급여를 담보로 대출받은 금액 등을 상환하기 위한 경우
3. 퇴직급여액이 150만원 이하인 경우

한편, 퇴사한 근로자는 사용자가 개인형퇴직연금으로 이전한 퇴직금을 해지하여 일시금으로 수령할 수 있습니다단, 일시금으로 수령하는 경우 과세이연된 퇴직소득세는 퇴직연금사업자가 징수.납부합니다.

🇶 확정기여형퇴직연금제도를 운용하는 회사

확정기여형퇴직연금제도에서 가입자는 퇴직할 때에 받을 급여를 갈음하여 그 운용 중인 자산을 가입자가 설정한 개인형퇴직연금제도의 계정으로 이전해 줄 것을 해당 퇴직연금사업자에게 요청할 수 있으며, 가입자의 요청이 있는 경우 퇴직연금사업자는 그 운용 중인 자산을 가입자의 개인형퇴직연금제도 계정으로 이전하여야 합니다.

SECTION 05

퇴직연금의 세무회계
퇴직소득세 과세이연

확정기여형퇴직연금에 불입하는 경우 불입하는 시점에 비용으로 처리할 수 있으며, 직원 퇴사시 퇴직소득에 관한 신고업무는 퇴직연금운용사업자가 처리하게 됩니다.
확정급여형퇴직연금에 불입하는 경우 직원 퇴사시 퇴직금상당액을 계산하여 개인형퇴직연금계좌로 이전하여야 합니다.

1 퇴직연금 비용처리 및 원천징수 개요

Q 퇴직연금부담금의 비용처리

퇴직연금에 가입하는 경우 기존의 퇴직금제도를 유지하는 경우보다 세금을 절약할 수 있는 효과가 있으며, 그 내용은 다음과 같습니다.

퇴직금의 경우 예를 들어 살펴보면, 기업은 종사직원이 퇴사할 경우 통상 1년 근속에 1개월 정도의 급여에 해당하는 금액을 퇴직금으로 지급하여야 하는데 직원이 모두 퇴직을 하지 않고 계속 근무하다가 회사의 구조조정 등으로 일정 시점에 많은 직원이 퇴사할 경우 그 해의 퇴직금 비용이 과다하게 계상되며, 이러한 경우 1년 단위로 손익을 계산하는 재무보고에서 매우 불합리한 손익계산이 될 것입니다.

따라서 당해 연도의 퇴직금 발생 상당액을 실제 지급하지는 않았으나 당해 연도의 비용으로 계상하여야 적절한 손익계산이 될 것입니다. 따라서 기업회계기준에서는 이러한 방법으로 당해 연도에 발생한 퇴직금상당액을 퇴직금으로 계상하여 반영하도록 하고 있습니다.

한편, 세법은 근로자의 퇴직금 보호라는 정책 목적으로 퇴직금상당액을 사외에 적립하는 경우에 한하여 퇴직급여로 비용처리할 수 있도록 규정하고 있으므로 기존의 퇴직금제도를 채택하는 기업으로서 퇴직연금에 가입하지 않은 경우 매 년 발생한 퇴직금 상당액에 대하여 비용처리를 할 수 없으며, 퇴직금을 실제 지급하는 연도에 손금산입(법인) 또는 필요경비(개인사업자)에 산입할 수 있습니다.

반면, 퇴직연금제도를 도입하고 퇴직연금을 불입하는 경우에는 세법의 규정에 의하여 불입액 전액을 비용처리할 수 있으므로 기존의 퇴직금제도를 채택하고 있는 기업에 비하여 법인세 또는 종합소득세(개인사업자)를 적게 낼 수 있는 것입니다.

🇶 퇴직연금 원천징수업무

▶ 확정급여형퇴직연금

확정급여형의 경우 사용자가 근로자 퇴직금 지급에 대한 퇴직소득세 원천징수 및 납부, 지급명세서등의 원천징수업무를 처리하였으나 법령개정으로 퇴직연금을 전액 개인형퇴직연금계좌로 이전하여야 하며, 퇴직금상당액을 개인형퇴직연금에 이전하는 경우 정책 목적으로 퇴직소득세 징수를 일단 보류(과세이연이라 합니다.)하고, 나중에 연금을 지급받는 시점에서 연금소득세를 징수하고 있습니다.

예를 들어 연금으로 지급받는 경우에 연금소득에 대하여 연금소득세 [지급금액의 3%, 지방소득세 0.3% 별도(2015년 이후 이연퇴직소득세 × 연금수령액 ÷ 이연퇴직소득 × 70%)]를 징수하여 납부하도록 하고 있습니다. 단, 퇴직소득세를 원천징수하지 않는 경우에도 사용자는 '퇴직소득지급명세서'를 작성하여 과세이연계좌를 취급하는 퇴직연금사업자에게 즉시 통보하고, 또한 다음연도 3월 10일까지 관할 세무서에 '퇴직소득지급명세서'를 제출하여야 합니다.

▶ 확정기여형퇴직연금

확정기여형의 경우 퇴직소득세 원천징수와 관련한 모든 업무를 퇴직연금사업자가 부담하므로 사용자는 근로자 퇴사시 별도로 처리할 업무는 없습니다. 다만, 퇴직시에 퇴직연금계좌로 추가 지급하는 퇴직금이 있는 경우에는 퇴직연금사업자에게 통보를 하여야 합니다.

▶ 퇴직금 추가 지급시 퇴직소득세 원천징수

① 확정기여형 퇴직연금(DC)을 설정한 경우로서 사용자가 직접 별도로 추가 지급하는 퇴직금이 있는 경우 그 **지급분**에 대하여는 회사가 퇴직소득세를 원천징수하고 '퇴직소득지급명세서'를 퇴직연금사업자에게 통보하고, 다음연도 3월 10일까지 관할세무서에 해당 '퇴직소득지급명세서'를 제출하여야 합니다.

한편, 퇴사자가 퇴직연금을 해지하는 경우 퇴직연금사업자는 퇴직연금으로 지급하는 퇴직금과 사용자가 지급한 퇴직금을 합산하여 퇴직소득세를 원천징수합니다.

② 근로자가 퇴사하는 때에 퇴직연금일시금을 지급한 이후 추가로 퇴직금을 직접 지급하는 경우에는 퇴직연금사업자로부터 퇴직소득원천징수영수증을 통보받아 퇴직연금일시금과 추가 지급되는 퇴직금을 합산하여 퇴직소득세를 재계산하여야 합니다.

이 경우 원천징수이행상황신고서의 지급액란에는 추가 지급 퇴직금을 기재하고, 세액란에는 퇴직소득세 재계산액을 기재하는 것이며, 퇴직소득원천징수영수증 작성시 퇴직연금사업자가 지급한 분은 종(전)근무지란에 기재하고 회사의 지급분은 주(현)근무지란에 기재합니다.

③ 확정급여형퇴직연금(DB)제도에서 퇴직연금일시금을 지급하는 경우에는 퇴직연금제도를 설정한 사용자가 소득세를 원천징수하는 것입니다. 따라서 회사가 추가 지불하는 퇴직금이 있는 경우 회사가 원천징수의무를 지는 것이며, 이 경우 퇴직소득을 합산하여 퇴직소득세를 신고 및 납부하여야 합니다.

Q 퇴직금 중간정산

근로자가 「근로자퇴직급여 보장법」 제8조 제2항에 따라 주택구입 등의 사유(근로자퇴직급여 보장법 시행령 제3조의 각 호의 어느 하나에 해당하는 사유)로 퇴직급여를 중간정산을 요구하는 경우에만 현실적인 퇴직에 해당하여 퇴직급여에 대하여 손금산입할 수 있는 것입니다.

따라서 퇴직급여를 중간정산에 해당하지 않는 사유로 중간정산하여 지급하는 경우 개인사업자의 경우 필요경비에 산입할 수 없으며, 법인은 업무무관 가지급금으로 보아 손금불산입하고, 현실적인 퇴직시점까지 인정이자를 계상하여 법인의 익금에 산입하고 근로자에 대한 상여로 처분을 하여야 합니다.

▶ 퇴직금중간정산을 할 수 있는 사유

1. 무주택자인 근로자가 본인 명의로 주택을 구입하는 경우
2. 무주택자인 근로자가 주거를 목적으로 전세금 또는 보증금을 부담하는 경우. 이 경우 근로자가 하나의 사업에 근로하는 동안 1회로 한정한다.
3. 근로자가 6개월 이상 요양을 필요로 하는 다음 각 목의 어느 하나에 해당하는 사람의 질병이나 부상에 대한 의료비를' 해당 근로자가 본인 연간 임금총액의 1천분의 125를 초과하여 부담하는 경우
   가. 근로자 본인
   나. 근로자의 배우자
   다. 근로자 또는 그 배우자의 부양가족
4. 퇴직금 중간정산을 신청하는 날부터 거꾸로 계산하여 5년 이내에 근로자가 파산선고를 받은 경우

5. 퇴직금 중간정산을 신청하는 날부터 거꾸로 계산하여 5년 이내에 근로자가「채무자 회생 및 파산에 관한 법률」에 따라 개인회생절차개시 결정을 받은 경우
6. 사용자가 기존의 정년을 연장하거나 보장하는 조건으로 단체협약 및 취업규칙 등을 통하여 일정나이, 근속시점 또는 임금액을 기준으로 임금을 줄이는 제도를 시행하는 경우
7 사용자가 근로자와의 합의에 따라 소정근로시간을 1일 1시간 또는 1주 5시간 이상 변경하여 그 변경된 소정근로시간에 따라 근로자가 3개월 이상 계속 근로하기로 한 경우
8 법률 제15513호 근로기준법 일부개정법률의 시행에 따른 근로시간의 단축으로 근로자의 퇴직금이 감소되는 경우
9. 재난으로 피해를 입은 경우로서 고용노동부장관이 정하여 고시하는 사유에 해당하는 경우

▶ **퇴직금중간정산 사유에 해당하지 아니함에도 퇴직금을 지급한 경우**

1) 법인의 경우 퇴직금을 손금산입할 수 없으며, 퇴직금을 중간정산하여 지급한 날부터 현실적인 퇴사일까지 근로자에게 회사자금을 무상으로 빌려준 것으로 보아 퇴사일까지 매년 인정이자상당액(연리 4.6%)을 세무조정으로 익금산입하고, 해당 근로자에 대한 상여로 처분을 하여야 합니다.

2) 개인사업자의 경우 퇴직금 중간정산 사유에 해당하지 아니함에도 퇴직금을 중간정산하여 지급한 경우 필요경비에 산입할 수 없으며, 이 경우 퇴직금을 중간정산하여 지급한 날부터 현실적인 퇴사일까지 근로자에게 회사자금을 무상으로 빌려준 것으로 보아야 합니다. 다만, 개인사업자의 경우 법인과 같이 인정이자를 계상하지는 않습니다.

▶ **퇴직소득에 대한 세액정산 등 (소득세법 제148조)**

① 퇴직자가 퇴직소득을 지급받을 때 이미 지급받은 다음 각 호의 퇴직소득에 대한 원천징수영수증을 원천징수의무자에게 제출하는 경우 원천징수의무자는 퇴직자에게 이미 지급된 퇴직소득과 자기가 지급할 퇴직소득을 합계한 금액에 대하여 정산한 소득세를 원천징수하여야 한다.
1. 해당 과세기간에 이미 지급받은 퇴직소득
2. 근로계약에서 이미 지급받은 퇴직소득

② 제1항에 따라 퇴직소득세를 정산하는 경우의 근속연수는 이미 지급된 퇴직소득에 대한 근속연수와 지급할 퇴직소득의 근속연수를 합산한 월수에서 중복되는 기간의 월수를 뺀 월수에 따라 계산한다.

③ 근로계약이란 근로제공을 위하여 사용자와 체결하는 계약으로서 사용자가 같은 하나의 계약을 말한다.

▶ **퇴직판정의 특례(소득세법 시행령 제43조)**

다음 각 호의 어느 하나에 해당하는 사유가 발생한 경우 퇴직금을 지급하여야 하나 퇴직급여를 실제로 받지 않은 경우는 퇴직으로 보지 않을 수 있다.
1. 종업원이 임원이 된 경우
2. 합병·분할 등 조직변경, 사업양도, 직·간접으로 출자관계에 있는 법인으로의 전출 또는 동일한 사업자가 경영하는 다른 사업장으로의 전출이 이루어진 경우
3. 법인의 상근임원이 비상근임원이 된 경우
4. 비정규직 근로자가 정규직 근로자로 전환된 경우

② 확정기여형 퇴직연금제도(DC)

Q 퇴직연금 및 수수료 납부 회계처리

확정기여형 퇴직연금제도를 설정한 경우 당해 회계기간에 대하여 회사가 납부하는 부담금을 전액 퇴직급여(비용)로 처리하고, 퇴직연금운용자산, 퇴직급여충당부채는 인식하지 않습니다.

즉, 확정기여형 퇴직연금은 퇴직금에 상당하는 금액의 100%를 퇴직연금사업자에게 불입하는 시점에 전액 비용으로 처리하는 것입니다.

또한 퇴직연금의 운용과 관련하여 사용자가 퇴직연금사업자에게 지급하는 수수료(운용관리수수료와 자산관리수수료로 구분하여 납부함)도 전액 비용으로 인정이 됩니다.

[예제] 직원의 퇴직금상당액 1천만원을 보통예금에서 퇴직연금계좌로 이체하다.

| 퇴직급여 | 10,000,000 | / | 보통예금 | 10,000,000 |

[예제] 퇴직연금 누적적립금에 대한 운용관리수수료 200,000원(0.4% 가정) 및 자산관리수수료 150,000원(0.3% 가정)를 보통예금에서 이체하여 결제하다.

| 지급수수료 | 350,000 | / | 보통예금 | 350,000 |

▶ 운용관리수수료 : 퇴직연금사업자에게 지급하는 수수료
▶ 자산관리수수료 : 퇴직연금자산을 관리하는 금융기관에 지급하는 수수료

🅠 퇴직금제도에서 퇴직연금제도로 변경시 회계처리

퇴직금제도에서 확정기여형 퇴직연금제도로 변경하는 경우 회계처리 방법은 다음과 같습니다.

[예제1] 퇴직연금제도로 변경하면서 변경전 발생한 퇴직금상당액을 퇴직연금으로 불입하는 경우로시 퇴직급여충당부채가 없는 경우

| 퇴직금 | ***** | / | 현금및현금성자산 | ***** |

[예제2] 퇴직연금제도로 변경하면서 변경전 발생한 퇴직금상당액을 퇴직연금으로 불입하는 경우로서 퇴직급여충당부채가 있는 경우

| 퇴직급여충당부채 | ***** | / | 현금및현금성자산 | ***** |

[예제3] 확정기여형퇴직연금제도가 장래근무기간에 대하여 설정되어 과거근무기간에 대하여는 기존 퇴직금제도가 유지되는 경우로서 임금수준의 변동으로 퇴직급여추계액이 증가한 경우

| 퇴직급여 | ***** | / | 퇴직급여충당부채 | ***** |

▶ 세무상 한도액을 초과하는 금액은 손금불산입 하여야 합니다.

사 례 퇴직금제도에서 확정기여형퇴직연금제도로 변경

① A회사는 2012년 12월 31일까지 퇴직금제도를 유지해왔으나 2013년 1월 1일부터 확정기여형퇴직연금제도를 도입하기로 결정하였다. 2013년 1월 1일 이후에는 연간 임금총액의 1/12에 해당하는 금액을 확정기여형퇴직연금제도의 부담금으로 납부하기로 하고, 기존 퇴직급여충당부채와 2013년에 발생한 퇴직급여(비용) 전액을 부담금으로 납부한 경우의 회계처리

| 퇴직급여충당부채 | ***** | / | 현금및현금성자산 | ***** |
| 퇴직급여 | ***** | | | |

② 퇴직금제도와 관련된 퇴직급여충당부채 상당액은 확정기여형퇴직연금으로 불입하지 않기로 결정하였으나 퇴직연금불입전 퇴직금에 대한 추계액의 증가에 따른 회계처리

| 퇴직급여 | ***** / 퇴직급여충당부채 | ***** |

보 충　　퇴직급여충당부채 및 퇴직급여충당금

퇴직급여충당금이란 용어를 기업회계기준서에서는 '퇴직급여충당부채'로 변경하였으나 세법에서는 현재 퇴직급여충당금으로 명칭하고 있으나 그 개념은 같은 의미입니다.

충당금이란 지급의무 등이 확정되지는 않았지만 당기의 수익에 대응하는 비용으로서 장래에 지출할 것이 확실하고 당기의 수익에서 차감하는 것이 합리적인 것에 대하여 적절한 기간 손익 계산을 위하여 합리적인 금액을 추정하여 비용으로 계상하는 금액을 말합니다.

예를 들어 퇴직금의 경우 기업은 종사 직원이 퇴사할 경우 통상 1년 근속에 1개월 정도의 급여에 해당하는 금액을 퇴직금으로 지급하여야 하는데 종사 직원이 모두 퇴직을 하지 않고 계속 근무하다가 회사의 구조조정 등으로 일정 시점에 많은 직원이 퇴사할 경우 그 해의 퇴직금 비용이 과다하게 계상되며, 이러한 경우 퇴사연도에 퇴직금이 과다 계상되어 불합리한 손익계산이 될 것입니다.

따라서 매 회계연도의 손익을 계산함에 있어 직원이 퇴사는 하지 않더라도 당해 회계연도에 발생한 퇴직금상당액을 산출하여 비용으로 계산하는 것이 보다 정확한 기간 손익이 될 것입니다.

즉, 당해 연도에 발생하는 퇴직금상당액을 퇴직금으로 비용 계산한 경우 실제 퇴직금을 지급하지는 않았으나 비용으로 계산한 바 그 금액은 장차 지급하여야 할 채무로서 일종의 미지급채무인 퇴직급여충당금(비용이 발생하였으나 아직 지급하지 않은 금액으로 일종의 미지급금입니다.)이란 부채계정을 설정하였다가 실제 퇴직금을 지급하는 때에 퇴직급여충당금이란 미지급금을 변제한 것으로 처리하는 것입니다.

🅠 퇴직시 퇴직연금의 개인형퇴직연금 이전

퇴직연금에 불입하여 두었던 금액으로 퇴직금을 지급하는 경우 그 지급은 가입자가 지정한 개인형퇴직연금제도의 계정으로 이전하는 방법으로 하여야 합니다. 다만, 다음에 정하는 사유가 있는 경우에는 이전하지 않아도 됩니다.

▶ **개인형퇴직연금제도 이전 예외 사유**
1. 가입자가 55세 이후에 퇴직하여 급여를 받는 경우
2. 급여를 담보로 대출받은 금액 등을 상환하기 위한 경우. 이 경우 가입자가 지정한 개인형퇴직연금제도의 계정으로 이전하지 아니하는 금액은 담보대출 채무상환 금액을 초과할 수 없다.
3. 퇴직급여액이 3백만원 이하인 경우

가입자가 개인형퇴직연금제도의 계정을 지정하지 아니하는 경우에는 해당 퇴직연금사업자가 운영하는 계정으로 이전하여야 하며, 이 경우 가입자가 해당 퇴직연금사업자에게 개인형퇴직연금제도를 설정한 것으로 봅니다.

🅠 퇴직연금외 퇴직금 추가 지급액이 있는 경우

▷ **퇴직금 추가 지급액을 퇴직연금계좌로 이전하는 경우**

퇴직금 추가 지급액을 퇴직연금계좌로 이전하는 경우 퇴직소득세는 과세이연되나 '퇴직소득지급명세서'를 작성하여 퇴직연금사업자에게 통보하여야 하며, 사용자는 다음연도 3월 10일까지 관할세무서에 해당 '퇴직소득지급명세서'를 제출하여야 합니다.

▶ 확정기여형퇴직연금외 퇴직금 추가 지급

확정기여형퇴직연금제도를 채택하고 있는 사업자의 경우 퇴직소득세 원천징수와 관련한 모든 업무를 퇴직연금사업자가 부담하므로 사용자는 근로자 퇴사기 별도로 처리할 업무는 없으나 추가 지급액이 있는 경우에는 다음과 같이 처리하여야 합니다.

▶ 퇴직금 추가 지급액을 퇴직연금계좌로 이전하는 경우

퇴직금 추가 지급액을 퇴직연금계좌로 이전하는 경우 과세이연되며, 이 경우 사용자는 퇴직소득지급명세서를 퇴직연금사업자에게 통보하여야 하며, 다음연도 3월 10일까지 관할 세무서에 퇴직소득지급명세서를 제출하여야 합니다.

▶ 퇴직금 추가 지급액을 회사가 직접 지급하는 경우

근로자 퇴사시 사용자가 추가로 퇴직금을 지급하는 경우, **회사 지급분**에 대하여 회사가 별도로 퇴직소득세 및 지방소득세를 원천징수하고 '퇴직소득지급명세서'를 퇴직연금사업자에게 통보하여야 하며, 사용자는 다음연도 3월 10일까지 관할 세무서에 '퇴직소득지급명세서'를 제출하여야 합니다.

▶ 퇴직금 지급 이후 퇴직금을 회사가 직접 지급하는 경우

퇴직금 지급 이후 추가 지급하는 퇴직금이 있는 경우에는 퇴직연금일시금과 추가 지급하는 금액을 합산하여 퇴직소득세를 정산하여 원천세 신고.납부 및 퇴직소득지급명세서를 제출하여야 합니다. 따라서 이 경우 회사가 퇴직연금사업자로부터 퇴직소득원천징수내역을 통보받아 이를 회사에서 지급한 퇴직금과 합산하여 원천징수세액을 계산해야 할 것이며, 퇴직소득원천징수영수증 작성시 퇴직연금사업자 지급분은 종(전)근무지란에 기재하고 회사 지급분은 주(현)근무지란에 기재합니다.

▶ 퇴직금 추가 지급액에 대한 원천징수방법

이미 퇴직연금사업자가 지급한 퇴직소득과 회사에서 지급하는 퇴직소득을 합한 퇴직급여액에서 퇴직소득공제를 차감한 후 퇴직소득 과세표준을 계산하고 원천징수세율을 적용하여 산출세액, 결정세액을 구한 후 이미 지급한 퇴직소득에 대하여 원천징수된 세액을 공제하여 계산합니다.

▶ 퇴직금 추가 지급에 대한 회계처리

[예제] 근로자 고둘리의 퇴직(만55세 이후 퇴직)에 따라 퇴직금 2천만원을 계상하다. 2천만원은 퇴직연금사업자가 고둘리에게 직접 지급하였으며, 퇴직금 추가 지급분 5백만원은 회사에서 지급하다. 단, 퇴직연금으로 불입한 금액은 이미 손금산입(퇴직연금충당부채를 설정하여 손금산입함)하였으며, 퇴직연금 불입액이외의 추가 퇴직금 상당액 또한 퇴직급여충당부채를 설정하여 이미 손금산입하였다.
회사의 추가 지급분에 대하여 퇴직소득세 및 지방소득세 550,000원을 원천징수하고 잔액을 지급하다.

퇴직연금충당부채	20,000,000	/	퇴직연금운용자산	20,000,000
퇴직급여충당부채	5,000,000		현금및현금성자산	4,450,000
			예수금	550,000

③ 확정급여형퇴직연금제도(DB)

Q 퇴직연금 손금산입

▶ 당해 연도 퇴직금 발생액의 비용계상

당해 연도의 수익에 대응하는 비용을 보다 정확하게 계상하기 위하여 당해 연도에 실제 퇴직금을 지급하지는 않았으나 당해 연도에 발생한 것으로 추정되는 퇴직금상당액을 비용으로 처리하기 위하여 재무상태표일 현재 퇴직급여추계액에서 기 설정한 퇴직급여충당부채를 차감한 금액을 퇴직급여충당부채로 계상할 수 있습니다.

다만, 세법에서는 퇴직연금에 불입한 금액은 전액 비용으로 인정을 하여 주나 퇴직금상당액을 사외에 불입하지 아니하고, 퇴직급여충당부채를 계상하여 비용처리한 금액은 일정 한도액 범위내의 금액만을 비용으로 인정을 하여 주고 있으므로 기업회계에 의하여 계상한 퇴직급여충당부채 중 세무상 한도액을 초과하는 금액은 세무조정에서 손금불산입하여야 하는 등 실무적으로 다소 까다로운 조정절차가 필요하기도 합니다. 따라서 외부감사대상법인이 아닌 기업의 경우 세무상 한도내의 금액만을 충당부채로 설정을 하기도 합니다.

▶ 확정급여형퇴직연금의 손금(필요경비)산입

① 사용자가 확정급여형퇴직연금제도에 가입한 경우로서 퇴직금상당액 전액을 퇴직연금으로 불입하는 경우에는 퇴직급여충당부채의 비용처리에 대한 절차없이 퇴직급여 및 퇴직연금충당부채로 계상할 수

있습니다만, 근로자퇴직급여보장법에서는 가입자별 예상 퇴직급여를 합하는 방법에 따라 산정한 금액(기준책임준비금)에 100분의 60 이상을 곱하여 산출한 금액(최소적립금) 이상을 적립금으로 적립할 수 있도록 규정하고 있습니다.

이 경우 퇴직연금으로 적립하는 금액외의 금액에 대하여는 퇴직급여충당부채를 설정하여 비용처리를 하는 것이 수익비용대응의 원칙에 부합할 것입니다. 다만, 세무상 한도액을 초과하는 금액은 세무조정에서 손금불산입하는 절차가 필요합니다.

② 확정급여형 퇴직연금의 부담금은 제1호 및 제2호의 금액 중 큰 금액에서 제3호의 금액을 뺀 금액을 한도로 손금에 산입하며, 둘 이상의 부담금이 있는 경우에는 먼저 계약이 체결된 퇴직연금등의 부담금부터 손금에 산입합니다.

1. 해당 사업연도종료일 현재 재직하는 임원 또는 사용인(확정기여형 퇴직연금이 설정된 사람 제외)의 전원이 퇴직할 경우에 퇴직급여로 지급되어야 할 금액의 추계액에서 해당 사업연도종료일 현재의 퇴직급여충당금을 공제한 금액에 상당하는 연금에 대한 부담금

2. 매 사업연도 말일 현재를 기준으로 산정한 가입자의 예상 퇴직시점까지의 가입기간에 대한 급여에 드는 비용 예상액의 현재가치에서 장래 근무기간분에 대하여 발생하는 부담금 수입 예상액의 현재가치를 뺀 금액으로서 고용노동부령으로 정하는 방법에 따라 산정한 금액에서 해당 사업연도 종료일 현재의 퇴직급여충당금을 공제한 금액에 상당하는 연금에 대한 부담금

3. 직전 사업연도종료일까지 지급한 부담금

```
┌─────────────────┐   ┌─────────────────┐   ┌─────────────────┐
│ 사업연도 종료일 │   │ 사업연도 종료일 현재│   │ 퇴직연금 손금산입│
│ 현재            │ - │ 퇴직급여충당금 잔액│ = │ 누적한도액(A)   │
│ 퇴직급여 추계액 │   │                 │   │                 │
└─────────────────┘   └─────────────────┘   └─────────────────┘

┌─────────────────┐   ┌─────────────────┐   ┌─────────────────┐
│ 사업연도 종료일 │   │ 신고조정 또는 결산조정│ │ 손금산입대상    │
│ 현재            │ - │ 에 의해 이미 손금산입한│ = │ 퇴직연금(C)   │
│ 퇴직연금 잔액   │   │ 금액(B)         │   │                 │
└─────────────────┘   └─────────────────┘   └─────────────────┘
```

┌───┐
│ 손금산입한도액 = (A-B)와 (C)중 적은 금액 │
└───┘

Q 퇴직금제도에서 퇴직연금제도로 변경시 회계처리

기존의 퇴직금제도에서 과거근무기간을 포함하여 확정급여형퇴직연금제도로 변경하는 경우, 기존의 퇴직급여충당부채에 상당하는 금액을 퇴직연금으로 불입하는 경우 사내에 충당부채로 유보한 금액을 사외에 적립하는 것이므로 별도의 추가적인 부채로 인식하지 아니하고 납부하는 시점에 퇴직연금운용자산으로 처리하시면 됩니다.

| 퇴직연금운용자산 | ***** / 현금및현금성자산 | ***** |

퇴직연금에 가입한 기업은 퇴직연금사업자에게 퇴직연금의 운용과 관련하여 운영관리수수료(적립금의 0.2% ~ 0.5%)와 자산관리수수료(0.3% 내외)가 퇴직연금적립금에서 차감되며, 이 경우 퇴직연금운용자산에서 차감하고, 비용처리합니다.

| 지급수수료 | ***** / 퇴직연금운용자산 | ***** |

🇶 확정급여형퇴직연금 손금(필요경비)산입 방법

퇴직연금운용자산으로 불입한 금액은 결산조정 또는 신고조정에 의하여 손금산입할 수 있으나 손금산입하지 않는 경우 퇴직금 지급시 퇴직금으로 손금산입하여야 합니다.

[1] 결산조정에 의한 손금산입

[예제1] 20×5년 확정급여형퇴직연금제도를 도입하고 퇴직급여추계액에 해당하는 100,000,000원을 보통예금에서 인출하여 퇴직연금으로 불입하다.

퇴직연금운용자산 100,000,000 / 보통예금 100,000,000

[예제2] 20×5년 회계기말에 확정급여형퇴직연금으로 불입한 금액에 대하여 퇴직급여로 비용계상하다.

퇴직급여 100,000,000 / 퇴직연금충당부채 100,000,000

[예제3] 20×6년 종업원 퇴직금 1천만원을 퇴직연금사업자가 종업원의 개인형퇴직연금으로 이전하다. 단, 퇴직연금으로 불입한 금액은 이미 손금산입(퇴직연금충당부채를 설정하여 손금산입함)하였다.

퇴직연금충당부채 10,000,000 / 퇴직연금운용자산 10,000,000

[2] 신고조정에 의한 손금산입

[예제1] 확정급여형퇴직연금제도를 도입하고 퇴직급여추계액에 해당하는 1억원을 보통예금에서 인출하여 퇴직연금으로 불입하다.

퇴직연금운용자산 100,000,000 / 보통예금 100,000,000

[예제2] 20×5년 회계기말에 확정급여형퇴직연금으로 불입한 금액에 대하여 세무조정으로 손금산입하다.

20×5년 세무조정
손금산입
퇴직금　　　100,000,000　(△유보)

[예제3] 20×6년 종업원 퇴직금 1천만원을 퇴직연금사업자가 종업원의 개인형퇴직연금으로 이전하다. 단, 퇴직연금으로 불입한 금액은 이미 손금산입(세무조정으로 손금산입함)하였다.

| 퇴직금 | 10,000,000 / 퇴직연금운용자산 | 10,000,000 |

20×6년 세무조정
손금불산입
퇴직금　　　10,000,000　(유보)

[3] 퇴직연금불입액에 대하여 손금산입하지 않은 경우

[예제1] 20×5년 확정급여형퇴직연금제도를 도입하고 퇴직급여추계액에 해당하는 100,000,000원을 보통예금에서 인출하여 퇴직연금으로 불입하다.

| 퇴직연금운용자산　100,000,000　/　보통예금　　　100,000,000 |

◆ 20×5년 회계기말에 별도의 비용계상을 하지 아니함

[예제2] 20×6년 종업원 퇴직금 1천만원을 퇴직연금사업자가 종업원의 개인형퇴직연금으로 이전하다. (이 경우 별도의 세무조정 없음)

| 퇴직금　　　10,000,000　/　퇴직연금운용자산　10,000,000 |

◯ 퇴직연금적립금의 운용수익에 대한 회계처리

확정급여형퇴직연금의 운용과 관련하여 수익 또는 손실이 발생할 수 있으며, 그 결과는 회계기말에 재정검증을 통하여 이를 확인할 수 있습니다. 수익이 발생한 경우 영업외수익으로 손실이 발생한 경우 영업외비용으로 처리를 하여야 합니다.

운용수익은 예금이자, 채권, 주식, 펀드상품 투자 등에 의하여 발생하며, 주식투자로 인하여 수익이 발생하는 경우에는 세금을 원천징수 하지 않습니다.

[예제1] 회계기말에 퇴직연금적립금의 운용수익을 확인한 바 1천만원의 이익이 발생하였다.

| 퇴직연금운용자산 | 10,000,000 | / | 퇴직연금운용수익 | 10,000,000 |

[예제2] 회계기말에 퇴직연금적립금의 운용수익을 확인한 바 1천만원의 손실이 발생하였다.

| 퇴직연금운용손실 | 10,000,000 | / | 퇴직연금운용자산 | 10,000,000 |

4 임원 퇴직금 [법인]

법인의 임원(법인의 회장, 사장, 부사장, 이사장, 대표이사, 전무이사 및 상무이사 등 이사회의 구성원 전원과 청산인 및 감사)으로서 근로기준법상의 근로자에 해당하지 않는 경우 근로자퇴직급여보장법에 의한 퇴직금 지급의무는 없습니다.

다만, 현실적인 퇴직을 하는 경우 퇴직금을 지급할 수 있으나 법인이 임원에게 지급한 퇴직급여 중 다음 각 호의 어느 하나에 해당하는 금액을 초과하는 금액은 손금에 산입할 수 없습니다.

1. 정관에 퇴직급여(퇴직위로금 등을 포함합니다)로 지급할 금액이 정하여진 경우에는 정관에 정하여진 금액. 단, 정관에서 위임된 퇴직급여지급규정이 따로 있는 경우에는 해당 규정에 의한 금액에 의합니다.
2. 제1호 외의 경우에는 그 임원이 퇴직하는 날부터 소급하여 1년 동안 해당 임원에게 지급한 총급여액의 10분의 1에 상당하는 금액에 근속연수(1년 미만의 기간은 월수로 계산하되, 1개월 미만의 기간은 이를 산입하지 아니합니다.)를 곱한 금액

한편, 2012년 1월 1일 이후에는 정관에 임원의 퇴직금 지급규정이 정하여져있더라도 아래 금액의 합계액을 초과하는 경우에는 그 초과하는 금액은 근로소득으로 봅니다.

1. 입사일부터 2011년 12월 31일 기간에 대하여 정관의 규정(배수 제한 없음)에 의한 퇴직소득(2011년 12월 31일에 퇴직하였다고 가정할 때 지급받을 퇴직소득)

2. 퇴직한 날부터 소급하여 3년 동안 지급받은 총급여의 연평균환산액 × 1/10 × 2012년 1월 1일 이후의 근속연수(월수로 계산, 1개월 미만 올림) × 3배(2020년 이후분 2배)

근속연수의 3배수(2020년 이후분 2배) 규정은 정관에 규정한 퇴직금이 3배(2020년 이후분 2배)를 초과하는 경우 근로소득으로 과세한다는 의미이며, 손금불산입한다는 의미는 아닙니다. 따라서 정관에서 2배를 초과하여 퇴직금 지급에 관한 규정을 둘 수 있으며, 이 경우 2배를 초과하는 금액은 근로소득으로 과세하는 것입니다.

[개정 세법] 임원 퇴직소득 한도 축소(소득세법 제22조 ③)
2020년 1월 1일 이후 적립분에 해당하는 임원의 퇴직소득에 대해서 지급배수를 급여의 연평균환산액을 기초로 산정한 기준금액의 3배에서 2배로 하향 조정하여 임원 퇴직소득 한도를 축소함

Q 임원의 퇴직금 중간정산

근로기준법에 의한 근로자가 아닌 임원의 경우 근로자퇴직급여보장법의 적용을 받는 것은 아니므로 아래 요건(법인세법 시행규칙 제22조)을 충족하는 경우 퇴직금 중간정산을 할 수 있습니다. 따라서 아래에 정하는 사유 외에 퇴직금을 중간정산하는 경우에는 손금불산입하고 상여처분하거나 가시급금으로 처리를 하여야 합니다.

▶ 법인 임원에게 퇴직금중간정산을 할 수 있는 경우
1. 중간정산일 현재 1년 이상 주택을 소유하지 아니한 세대의 세대주인 임원이 주택을 구입하려는 경우
2. 임원(임원의 배우자 및 생계를 같이 하는 부양가족 포함)이 3개월 이상의 질병 치료 또는 요양을 필요로 하는 경우

5 퇴직소득세 신고 및 납부

Q 퇴직연금제도를 시행하고 있지 않는 회사

① 직원이 퇴직하여 퇴직금을 지급하는 경우 퇴직소득세를 계산하여 퇴직소득세 및 지방소득세를 차감한 금액을 퇴직일로부터 20일이내에 지급을 하여야 합니다.

② 퇴직금 지급액 및 퇴직소득세 징수내역은 퇴직금 지급일의 다음달 10일까지 (반기 신고자의 경우 해당 반기의 다음달 10일) 「원천징수이행상황신고서」에 기재하여 신고하여야 하며, 퇴직소득세 및 지방소득세를 납부하여야 합니다.

③ 퇴직소득세로 납부할 세액이 없는 경우에도 그 지급에 관한 내용을 「원천징수이행상황신고서」에 기재하여 신고를 하여야 하며, 다음해 3월 10일까지 퇴직소득지급명세서를 제출하여야 합니다.

④ 퇴직연금제도를 시행하고 있지 않는 사업자이나 근로자가 퇴직으로 인하여 지급받는 퇴직급여액(명예퇴직수당과 단체퇴직보험금 포함)을 퇴직한 날부터 60일 이내에 개인형퇴직연금계정(IRP)으로 이전하는 경우 퇴직소득세 중 개인형퇴직연금으로의 이전비율에 상당하는 금액(퇴직소득세 × 이전한 퇴직소득금액/퇴직소득금액)은 과세이연됩니다. 이 경우 사업자는 '퇴직소득지급명세서'를 작성하여 개인형퇴직연금계좌를 취급하는 퇴직연금사업자에게 즉시 통보하여야 하며, 또한 다음연도 3월 10일까지 관할세무서에 '퇴직소득지급명세서'를 제출하여야 합니다.

🅠 확정기여형 퇴직연금의 퇴직소득세 징수

확정기여형퇴직연금제도에서 가입자는 퇴직할 때에 받을 급여를 갈음하여 그 운용 중인 자산을 가입자가 설정한 개인형퇴직연금제도의 계정으로 이전해 줄 것을 해당 퇴직연금사업자에게 요청할 수 있으며, 가입자의 요청이 있는 경우 퇴직연금사업자는 그 운용 중인 자산을 가입자의 개인형퇴직연금제도 계정으로 이전하여야 합니다.

한편, 거주자가 퇴직으로 인하여 지급받는 퇴직급여액(명예퇴직수당과 단체퇴직보험금)에 해당하는 금액[2013년 이후 비율 제한 없음] 을 퇴직한 날로부터 **60일 이내**에 개인형퇴직연금제도의 계정으로 이체 또는 입금하거나 과세이연계좌를 다른 금융회사의 과세이연계좌로 이체를 통하여 이전하는 경우 당해 퇴직급여액 중 퇴직연금계좌로 이전한 금액은 퇴직소득으로 보지 않으며, 이 경우 퇴직소득세는 연금지급시 연금소득세로 과세이연되어 퇴직소득세를 징수 및 납부하지 않습니다. (소득세법 제146조) 단, 개인형퇴직연금불입 이후 근로자는 개인형퇴직연금을 해지할 수는 있으며, 이 경우 퇴직연금사업자가 퇴직소득세를 계산하여 징수 및 납부합니다.

▶ 확정기여형퇴직연금의 원천징수의무자

확정기여형퇴직연금의 경우 원천징수의무자는 퇴직연금운용사업자이므로 회사는 별도로 원천징수이행상황신고서를 제출할 필요가 없습니다. 다만, 퇴직연금제도 시행전 퇴직금을 지급하거나 추가로 퇴직금을 직접 지급하는 경우에는 사용자가 지급하는 금액을 기준으로 퇴직소득세를 원천징수 및 납부하고, 원천징수내역을 퇴직연금사업자에게 통보하여야 하며, 다음해 3월 10일까지 지급명세서를 관할 세무서에 제출하여야 합니다.

▶ 근로자가 퇴직급여를 연금으로 받는 경우

연금수령액은 연금소득에 해당하며, 연금수령시 퇴직연금사업자가 연금소득세(이연퇴직소득세 × 연금수령액 ÷ 이연퇴직소득 × 70%)를 징수합니다.

[개정 세법] 이연퇴직소득 장기 연금수령시 원천징수세율 인하(소득법 §129)
ㅇ 연금수령시점 10년 이하 : 퇴직소득세의 70%
ㅇ 연금수령시점 10년 초과 : 퇴직소득세의 60%
<적용시기> 2020.1.1. 이후 연금수령하는 분부터 적용

연금소득은 원칙적으로 종합소득세 신고대상입니다. 다만, 연금액이 연간 1200만원 이하인 경우 당해 연금소득은 분리과세(종합소득에 합산하지 아니함)할 수 있으나 당해 소득이 있는 거주자가 종합소득 과세표준의 계산에 있어서 이를 합산하고자 하는 경우에는 합산할 수 있습니다.

▶ 퇴직연금 추가 불입금 세액공제

법정 퇴직연금외에 근로자가 본인의 노후 생활을 위하여 개인형퇴직연금을 추가로 연간 1800만원 이내의 금액을 불입할 수 있습니다.

개인형퇴직연금 불입액은 퇴직연금 이외의 연금저축불입액과 합산하여 연간 700만원을 한도로 퇴직연금불입액의 **100분의 12**[해당 과세기간에 종합소득과세표준을 계산할 때 합산하는 종합소득금액이 4천만원 이하(근로소득만 있는 경우에는 총급여액 5천 500만원 이하)인 거주자에 대해서는 100분의 15]에 해당하는 금액을 세액공제받을 수 있습니다.

확정급여형 퇴직연금의 퇴직소득세 징수

확정급여형의 경우 사용자가 근로자 퇴직금 지급에 대한 퇴직소득세 원천징수 및 납부, 지급명세서등의 원천징수업무를 처리하였으나 법개정으로 퇴직연금을 전액 개인형퇴직연금계좌로 이전하여야 하며, 퇴직금상당액을 개인형퇴직연금에 이전하는 경우 정책목적으로 퇴직소득세 납부를 일단 보류(과세이연이라 합니다.)하고, 나중에 연금을 지급받는 시점에 연금소득세를 원천징수하게 됩니다.

예를 들어 개인형퇴직연금을 해지하는 경우 해지시에 퇴직연금사업자가 퇴직소득세를 계산하여 신고 및 납부하며, 연금으로 지급받는 경우에는 연금소득에 대하여 연금소득세[2015년 이후 이연퇴직소득세 × 연금수령액 ÷ 이연퇴직소득 × 70%]를 징수하여 납부하도록 하고 있습니다.

단, 퇴직소득세를 원천징수하지 않는 경우에도 사용자는 '퇴직소득지급명세서'를 작성하여 과세이연계좌를 취급하는 퇴직연금사업자에게 즉시 통보하고, 또한 다음연도 3월 10일까지 관할세무서에 '퇴직소득지급명세서'를 제출하여야 합니다.

◆ 퇴직금 지급에 대한 '원천징수이행상황신고서' 작성방법
퇴직소득세를 개인퇴직연금계좌에 입금하여 퇴직소득세를 과세이연한 경우 원천징수이행상황신고서상 퇴직소득란의 인원과 총지급액란에 해당 퇴직소득 지급금액을 기재하고 징수세액의 소득세 등란에는 '0'원으로 기재하는 것이며, 퇴직소득 원천징수의무자가 회사인 회사지급분 및 확정급여형퇴직연금을 지급하는 경우에는 'A22'란에 기재합니다.

[원천징수이행상황신고서 일부]

소득자 소득구분		코드	원천징수명세				
			소득지급 (과세미달, 일부 비과세 포함)		징수세액		
			④인원	⑤총지급액	⑥소득세등	⑦농어촌 특별세	⑧가산세
퇴직소득	연금계좌	A21					
	그 외	A22	1	10,000,000	0		
	가감계	A20					

Q 퇴직소득세 계산

▶ 퇴직소득

퇴직소득은 거주자·비거주자 또는 법인의 종업원이 현실적으로 퇴직함으로 인하여 받는 퇴직소득으로 당해 연도에 발생한 다음 소득의 합계액을 말한다.

① 사용자 부담금을 기초로 하여 현실적인 퇴직을 원인으로 지급받는 소득
② 퇴직소득의 일부 또는 전부를 지연하여 지급하면서 지연지급에 대한 이자를 함께 지급하는 경우 해당 이자
③ 「건설근로자의 고용개선 등에 관한 법률」 제14조에 따라 지급받는 퇴직공제금
④ 기타 퇴직소득에 포함되는 것
1. 불특정다수의 퇴직자에게 적용되는 퇴직급여지급규정·취업규칙 또는 노사합의에 의하여 지급 받는 퇴직수당·퇴직위로금 기타 이와 유사한 성질의 급여

2. 퇴직급여지급규정·취업규칙의 개정 등으로 퇴직금지급제도가 변경됨에 따라 퇴직금정산액을 지급하면서 퇴직금지급제도 변경에 따른 손실보상을 위하여 지급되는 금액
3. 명예퇴직수당, 해고예고수당

▶ 퇴직소득 해당 여부

① 정리해고시 급여에 가산하여 추가로 지급하는 퇴직위로금은 퇴직소득이다.
② 명칭 여하에 관계없이 퇴직을 원인으로 받는 소득인 퇴직공로금, 퇴직위로금 기타 이와 유사한 성질의 급여는 퇴직소득에 해당한다.
③ 임원의 퇴직금으로서 2012년 이후 분 중 정관의 규정이 있더라도 3년간 평균급여의 10분의 1에 상당하는 금액의 3배(2020.1.1. 이후 2배)를 초과하는 금액은 근로소득으로 본다.
④ 법인이 임원 또는 사용인에게 지급하는 퇴직급여는 임원 또는 사용인이 현실적으로 퇴직하는 경우에 지급하는 것에 한하여 이를 손금에 산입한다.
⑤ 현실적인 퇴직이 아님에도 퇴직금을 지급한 경우 지급일부터 현실적인 퇴직시까지 해당 임직원에 대한 무상 대여금으로 보아 법인의 경우 가지급금인정이자를 계상하여 익금에 산입하고 해당 임직원에 대한 상여로 처분을 하여야 한다.

▶ 해고예고수당은 퇴직금에 해당하는 것임

[소득세법기본통칙 22-2]
사용자가 30일전에 예고를 하지 아니하고 근로자를 해고하는 경우 근로자에게 지급하는 근로기준법 제32조의 규정에 의한 해고예고수당은 퇴직소득으로 본다.

개정 규정에 의한 퇴직소득세 계산 방법

■ 2016년 이후 퇴직소득세 계산 방법 개정

종 전	개 정
☐ 퇴직소득 과세방식 (①~④순서로 계산) ① 퇴직소득 - 근속공제 - 정률공제(40%) ② (연분) ① × 5* ÷ 근속연수 * 연분연승 적용비율 ③ ②×기본세율(6~38%) ④ (연승) ③×근속연수÷5	☐ 퇴직소득 과세방식 개선 ① 퇴직소득 - 근속공제 * 정률공제(40%) 폐지 ② (연분) ① × 12 ÷ 근속연수 ③ (② - 차등공제) × 기본세율 (6~45%) {표: 환산급여별 공제액} ④ (연승) ③ × 근속연수 ÷ 12

환산급여	공제액
8백만원 이하	환산급여의 100%
8백만원 초과 7천만원 이하	8백만원+(8백만원 초과분의 60%)
7천만원 초과 1억원 이하	4천520만원+(7천만원 초과분의 55%)
1억원 초과 3억원 이하	6천170만원+(1억원 초과분의 45%)
3억원 초과	1억5천170만원+(3억원 초과분의 35%)

<적용시기> 2016.1.1. 이후 퇴직하여 지급받는 소득분부터 적용

[1] 근속연수별 소득공제

근속연수	공제금액
5년 이하	30만원 × 근속연수
5년 초과 10년 이하	150만원 + 50만원 × (근속연수 - 5년)
10년 초과 20년 이하	400만원 + 80만원 × (근속연수 - 10년)
20년 초과	1천200만원 + 120만원 × (근속연수 - 20년)

▶ **근속연수별 소득공제시 근속연수 계산**

취업한 날의 익일부터 기산하여 퇴직한 날까지의 기간을 연수에 의하여 계산하고 근속기간이 1년 미만인 때에는 1년으로 한다.

[2] 차등공제금액

환산급여	공제액
8백만원 이하	환산급여의 100%
8백만원 초과 7천만원 이하	8백만원+(8백만원 초과분의 60%)
7천만원 초과 1억원 이하	4천520만원+(7천만원 초과분의 55%)
1억원 초과 3억원 이하	6천170만원+(1억원 초과분의 45%)
3억원 초과	1억5천170만원+(3억원 초과분의 35%)

[3] 소득세 기본세율 [소득법 §55 ①)]

과세표준 구간	세율	누진공제액
1,200만원 이하	6%	
1,200만원 초과 4,600만원 이하	15%	108만원
4,600만원 초과 8,800만원 이하	24%	522만원
8,800만원 초과 1억5천만원 이하	35%	1,490만원
1억5천만원 초과 3억원 이하	38%	1,940만원
3억원 초과 5억원 이하	40%	2,540만원
5억원 초과 10억원 이하	42%	3,540만원
10억원 초과	45%	6,540만원

<적용시기> '21.1.1. 이후 발생하는 소득분부터 적용

| 사례 | 퇴직소득세 계산 |

① 퇴직급여총액 50,000,000원
   입사일 2014. 6. 20   퇴사일 2022. 6. 30
② 근속연수에 따른 공제 : 3,500,000원
   150만원 + 50만원 × (근속연수 9년- 5년)
  ○ 근속연수 9년 : 근무일수 8년 10일
   (1년 미만인 경우 1년으로 계산함)
③ 차감계(① - ②) 46,500,000원

[1] 퇴직소득공제 후 금액(1-2) : 46,500,000원
1. 퇴직소득 : 50,000,000원
2. 퇴직소득공제액 : 3,500,000원

[2] 환산급여 : [1] × 12 ÷ 근속연수(9년) = 62,000,000원
환산급여(62,000,000원) : 46,500,000원 × 12 ÷ 9

[3] 환산산출세액 ([2] - 차등공제) × 기본세율 = 2,160,000원
[62,000,000원 - 40,400,000원] × 15% - 1,080,000원

■ 차등공제

환산급여	공제액
8백만원 이하	환산급여의 100%
8백만원 초과 7천만원 이하	8백만원 + (8백만원 초과분의 60%)
7천만원 초과 1억원 이하	4천520만원 + (7천만원 초과분의 55%)
1억원 초과 3억원 이하	6천170만원 + (1억원 초과분의 45%)
3억원 초과	1억5천170만원 + (3억원 초과분의 35%)

[4] 퇴직소득 산출세액 : 1,620,000원
환산산출세액(2,160,000원) × 정산근속연수(9년)/12배

□ 퇴직소득세 자동계산 □
홈택스 → 세금종류별 서비스 → 모의계산(좌측 하단)

🇶 퇴직소득세 신고 및 납부

① 퇴직소득란(A20)에 퇴직금 총지급액 및 징수세액을 기재합니다.
② 중도퇴사자의 경우 퇴직금을 지급하는 날까지 연말정산을 실시하여 퇴사한 달의 원천징수이행상황신고서의 중도퇴사란(A02)에 연말정산내역을 기재하여 신고하여야 합니다.
③ 퇴직소득세 납부서는 별도로 작성하여 납부하여야 하며, 지방소득세는 관할 시.군.구청에 납부를 하여야 합니다.

▶ 퇴직소득 지급시기 의제

① 퇴직소득을 지급하여야 할 원천징수의무자가 1월부터 11월까지의 사이에 퇴직한 자의 퇴직급여액을 당해 연도의 12월 31일까지 지급하지 아니한 때에는 그 퇴직급여액은 12월 31일에 지급한 것으로 봅니다.
② 12월에 퇴직한 자의 퇴직급여액을 다음 연도 1월 31일까지 지급하지 아니한 때에는 2월 말일에 지급한 것으로 봅니다.

🇶 퇴직소득 지급명세서 작성 및 제출

퇴사한 연도의 다음해 3월 10일까지 제출하여야 하며, 12월 중 퇴사한 직원의 퇴직금을 다음해 지급하더라도 '지급일'을「과세기간 종료일」로 하므로 다음해 3월 10일까지 제출하여야 합니다.

①신고구분					☑ 원천징수이행상황신고서 ☐ 원천징수세액환급신청서		②귀속연월	2022년 6월
매월	반기	수정	연말	소득처분	환급신청		③지급연월	2022년 7월

원천징수 의무자	법인명(상호)		대표자 (성명)		일괄납부 여부	여, 부
					사업자단위과세여부	여, 부
	사업자등록번호		사업장 소재지		전화번호	
					전자우편주소	@

❶ 원천징수 명세 및 납부세액 (단위 : 원)

소득자 소득구분			코드	원천징수명세					⑨ 당월 조정 환급세액	납부 세액	
				소득지급 (과세 미달, 일부 비과세 포함)		징수세액				⑩ 소득세 등 (가산세 포함)	⑪ 농어촌 특별세
				④인원	⑤총지급액	⑥소득세등	⑦농어촌 특별세	⑧가산세			
개인 (거주자·비거주자)	근로소득	간이세액	A01	10	30,000,000	500,000					
		중도퇴사	A02	1	13,800,000	-300,000					
		일용근로	A03								
		연말정산	A04								
		가감계	A10	11	43,800,000	200,000					
	퇴직소득	연금계좌	A21								
		그 외	A22	1	50,000,000	1,620,000					
		가감계	A20	1	50,000,000	1,620,090					
	사업소득		A25								
	기타소득		A40								
	이자소득		A50								
	배당소득		A60								
법인	내·외국법인원천		A80								
	수정신고(세액)		A90								
	총 합 계		A99	12	93,800,000	1,820,000					

❷ 환급세액 조정 (단위 : 원)

전월 미환급 세액의 계산			당월 발생 환급세액				⑱ 조정대상 환급세액 (⑭+⑮+ ⑯+⑰)	⑲ 당월조정 환급세액계	⑳ 차월이월 환급세액 (⑱-⑲)	㉑환급 신청액
⑫ 전월미 환급세액	⑬기환급 신청세액	⑭차감잔액 (⑫-⑬)	⑮일반환급	⑯신탁 재산	⑰그밖의 환급세액					
					금융	합병				

원천징수의무자는 「소득세법 시행령」 제185조제1항에 따라 위의 내용을 제출하며, 위 내용을 충분히 검토하였고 원천징수의무자가 알고 있는 사실 그대로를 정확하게 적었음을 확인합니다.

2022년 8월 10일

신고인   (서명 또는 인)

세무대리인은 조세전문자격자로서 위 신고서를 성실하고 공정하게 작성하였음을 확인합니다.

세무대리인   (서명 또는 인)

세 무 서 장   귀하

세무대리인	
성 명	
사업자등록번호	
전화번호	

국세환급금 계좌신고 ※ 환급금액 2천만원 미만인 경우에만 적습니다.	
예입처	
예금종류	
계좌번호	

퇴직소득세 과세이연 및 지급명세서 제출

개요

2012년 7월 26일 이후 확정급여형퇴직연금제도 및 확정기여형퇴직연금제도를 운용하는 사용자의 경우 근로자에 대한 퇴직금 지급시 일단 사용자 또는 퇴직연금사업자는 개인형퇴직연금계좌(IRP)로 이전하여야 하며, 이 경우 퇴직소득세는 과세이연되어 징수하지 않습니다. 과세이연이란 세금납부를 연기하여 주는 것을 말합니다. 연기된 퇴직소득세는 나중에 연금 수령시 연금소득세를 납부하게 됩니다. 단, 퇴직금 중 일부 금액만 과세이연계좌로 이체한 경우 그 금액에 상당하는 퇴직소득세(퇴직소득세 × 과세이연계좌로 이체한 퇴직소득금액/퇴직소득금액)만 과세이연됩니다.

한편, 퇴직금을 개인형퇴직연금으로 이전한 이후 근로자는 개인형퇴직연금을 해지할 수는 있으며, 해지시 퇴직연금사업자가 퇴직소득세를 계산하여 징수 및 납부합니다.

확정급여형퇴직연금제도의 지급명세서 제출

개인형퇴직연금계좌(IRP)로 이전하여 퇴직소득세를 원천징수하지 않는 경우에도 사업자는 '퇴직소득지급명세서'를 작성하여 과세이연계좌를 취급하는 퇴직연금사업자에게 즉시 통보하여야 하며, 또한 다음연도 3월 10일까지 관할세무서에 '퇴직소득지급명세서'를 제출하여야 하며, 제출하지 않는 경우 지급명세서 미제출가산세(지급금액의 1%)가 적용됩니다.

▶ 확정기여형퇴직연금제도의 지급명세서 제출

확정기여형퇴직연금제도를 채택하고 있는 사업자의 경우 퇴직소득세 원천징수와 관련한 모든 업무를 퇴직연금사업자가 부담하므로 사용자는 근로자 퇴사시 별도로 처리할 업무는 없습니다. 다만, 추가적으로 지급하는 퇴직금이 있는 경우 그 지급금액에 대하여 퇴직소득세를 징수 및 납부하고, 퇴직연금사업자에게 통보를 하여야 하며, 다음해 3월 10일까지 관할세무서에 퇴직소득지급명세서를 제출하여야 합니다.

한편, 회사가 퇴직연금 외에 추가로 지급하는 퇴직금을 개인형퇴직연금계좌(IRP)로 이전하는 경우 퇴직소득세는 과세이연되나 퇴직소득지급명세서를 작성하여 다음해 3월 10일까지 관할 세무서에 제출하여야 합니다.

▶ 퇴직연금제도를 도입하지 않는 사업자

거주자가 퇴직으로 인하여 지급받는 퇴직급여액을 퇴직한 날로부터 **60일 이내**에 확정기여형퇴직연금제도 또는 개인형퇴직연금제도의 계정으로 이체 또는 입금하거나 과세이연계좌를 다른 금융회사의 과세이연계좌로 이체를 통하여 이전하는 경우 당해 퇴직급여액은 실제로 지급받기 전까지 퇴직소득으로 보지 않습니다. 이 경우 퇴직소득세는 연금지급시 연금소득세로 과세이연되어 퇴직소득세를 징수 및 납부하지 않습니다.

6 퇴사자 4대보험 정산 등

Q 퇴사자 4대보험 자격상실신고

퇴사자가 있는 경우 사용자는 퇴사일로부터 14일 이내에 자격상실신고서를 작성하여 국민연금관리공단, 건강보험공단, 근로복지공단 중 1곳에만 신고서를 제출하면 됩니다.

[1] 퇴사자 국민연금
직원이 중도에 퇴사한 경우 상실한 달(**상실한 달 전 날**을 기준)까지 보험료를 납부하여야 합니다. 한편, 국민연금은 전년도 급여를 기준으로 당해 연도에 고지된 금액을 납부함으로서 확정되므로 별도의 정산은 하지 않습니다.

[2] 퇴사자 건강보험료 정산
중도 퇴사한 경우 상실한 달(상실한 달 전 날을 기준)까지 보험료를 납부하여야 합니다. 당해 연도에 납부한 건강보험료는 전년도 급여를 기준으로 납부한 금액이므로 당해 연도에 실제 지급한 급여를 기준으로 정산하여 과소 징수한 금액이 있는 경우 추가로 징수하여야 하며, 과다 납부한 금액은 환급을 하여야 합니다.

[3] 퇴사자 고용보험료 정산
퇴사일까지 지급한 임금총액에 대하여 종업원 부담금을 정산하여 과다 징수한 금액은 돌려주고 과소 징수한 금액이 있는 경우에는 추가 징수하여야 합니다.

ⓠ 퇴사자 근로소득세 및 4대보험료 정산 회계처리

근로자가 퇴사하는 경우 근로소득세 연말정산, 4대보험료를 정산하여 과소 납부한 금액은 추가 납부하고, 과다 납부한 금액은 해당 근로자에게 환급을 하여야 하며, 이에 대한 회계처리는 다음과 같습니다.

① 《퇴사자 연말정산 환급세액 발생》 4. 10. 직원이 퇴사하여 1. 1. 부터 퇴사 일까지의 급여를 중도 정산한 결과 환급세액이 110,000원 (근로소득세 100,000원, 지방소득세 10,000원)이 발생하였다.

미수금(세무서)	100,000	/ 미지급금	110,000
미수금(구청)	10,000		

- 미수금 : 중도퇴사자 근로소득세 정산환급금은 근로소득세 과다납부금액으로 세무서로부터 돌려받을 금액으로 계속 근로자의 납부할 세액과 상계처리합니다.
- 미지급금 : 퇴사자의 근로소득세 과다납부금액으로 세무서에서 돌려받아 퇴사자에게 지급하여야 하는 금액입니다. 단, 계속 근로자의 납부할 금액에서 상계처리할 수 있으므로 계속 근로자로부터 징수한 금액으로 지급하거나 징수 전 회사가 미리 지급합니다.
▸ 환급세액을 계속 근로직원의 근로소득세 원천징수 전 지급하는 경우에는 가지급금으로 처리한 다음 계속 근로직원 근로소득세 납부시 가지급금을 공제한 잔액을 납부합니다.

② 《건강보험료 과다납부 금액 발생》 퇴사자에 대한 건강보험료 정산결과 건강보험료 과다납부 금액 80,000원을 건강보험공단에 대한 미수금으로 계상하고 직원부담금 40,000원을 퇴사한 직원에 대한 미지급금으로 계상하다.

미수금(공단)	80,000	/ 미지급금	40,000
		복리후생비	40,000

▸ 미수금 : 건강보험료 과다납부 금액

- 미지급금 : 건강보험료 환급금 중 종업원부담금은 종업원에게 돌려주어야 하는 채무로 미지급금으로 처리합니다.
- 복리후생비 : 과오납 금액 중 회사부담금은 당해 연도 복리후생비에서 차감합니다.

③《고용보험료 과다납부 금액 발생》퇴사자에 대한 고용보험료 정산결과 과다납부한 금액 30,000원을 근로복지공단에 대한 미수금으로 계상하고 직원부담금 12,580원을 퇴사한 직원에 대한 미지급금으로 계상하다.

미수금(공단)	30,000	/	미지급금	12,580
			복리후생비	17,420

- 미지급금 : 고용보험료 과다납부금액 중 종업원부담금은 종업원에게 돌려주어야 하는 부채로 퇴사한 직원에 대한 미지급금으로 처리합니다.
- 복리후생비 : 퇴직자 고용보험료 회사부담금은 회계처리시 복리후생비로 처리하였으므로 과다납부한 금액 중 회사부담금은 당해 연도 복리후생비에서 차감합니다.

④《퇴직금 및 근로소득세 환급금 지급》4. 30. 퇴직금 1천만원에서 퇴직소득세 210,000 및 지방소득세 21,000원을 차감한 9,769,000원 및 근로소득세 환급금 100,000원, 지방소득세 환급금 10,000원, 건강보험료 과다납부 금액 40,000원, 고용보험료 과다납부 금액 12,580원을 더한 9,931,580원을 보통예금에서 인출하여 지급하다. 단, 퇴직급여는 전액 퇴직급여충당금과 상계처리하다.

퇴직급여충당금	10,000,000	/	예수금(퇴직소득세)	210,000
미지급금	162,580		예수금(지방소득세)	21,000
			보통예금	9,931,580

- 퇴직급여충당금 : 퇴직급여충당금이 부족한 경우 퇴직금으로 처리하여 비용처리합니다.

CHAPTER 2

4대보험료 고지 및 징수

사업주의 4대보험

4대보험료 정산

4대보험료 납부혜택

SECTION 01

4대보험료 고지 및 징수
4대보험료 납부 및 정산

근로자를 1인 이상 고용하고 있는 사업주는 사업주 본인 및 근로자에 대하여 국민연금 및 건강보험을 사업장가입자로 가입하여야 하며, 근로자는 고용보험 및 산재보험에 가입을 하여야 합니다.

1 4대보험 가입대상 사업장 및 가입신고

Q 국민연금 및 건강보험 가입대상 사업장

■ 직원 유무에 따른 4대보험 가입

구 분	직원이 없는 경우	직원이 1인 이상 있는 경우	
	사업주	사업주	종업원
국민연금·건강보험	×	○	○
고용보험	×	×	○
산재보험	×	×	○

🅠 고용보험 및 산재보험 가입대상 사업장

1인 이상 종업원을 고용하는 사업자는 종업원에 대하여 고용보험 및 산재보험에 가입을 하여 주어야 합니다. 단, 다음 적용제외 사업장은 가입의무가 없습니다.

■ 고용보험 적용제외 사업자 [고용보험법 시행령 제2조]
① 농업·임업·어업 및 수렵업 중 법인이 아닌 자가 상시 4명 이하의 근로자를 사용하는 사업
② 가사서비스업
③ 「건설산업기본법」에 따른 건설업자, 「주택법」에 따른 주택건설사업자, 「전기공사업법」에 따른 공사업자, 「정보통신공사업법」에 따른 정보통신공사업자, 「소방시설공사업법」에 따른 소방시설업자 또는 「문화재수리등에 관한 법률」에 따른 문화재수리업자가 아닌 자가 시공하는 공사로 다음 각 호에 해당하는 공사
가. 「고용보험 및 산업재해보상보험의 보험료 징수 등에 관한 법률 시행령」 제2조제1항제2호에 따른 총공사 금액이 2천만원 미만인 공사
나. 연면적이 100제곱미터 이하인 건축물의 건축 또는 연면적이 200제곱미터 이하인 건축물의 대수선에 관한 공사

■ 산재보험 적용제외 사업자 [산업재해보상보험법 시행령 제2조]
1. 「선원법」, 「어선원 및 어선 재해보상보험법」 또는 「사립학교교직원 연금법」에 따라 재해보상이 되는 사업
2. 가구내 고용활동
3. 농업, 임업(벌목업은 제외한다), 어업 및 수렵업 중 법인이 아닌 자의 사업으로서 상시근로자 수가 5명 미만인 사업

② 4대보험 가입신고 및 절차

Q 4대보험 관리공단에 직접 신고

적용대상 사업장이 된 날로부터 14일 이내(국민연금은 15일)이내 사업장 적용신고서(통합신고서로 1장에 작성)를 국민연금공단, 국민건강보험공단, 근로복지공단 중 1곳에만 사업장적용신고서를 제출하시면 됩니다.

서 식	국민연금공단, 국민건강보험공단, 근로복지공단 홈페이지

Q 4대보험 전자신고

사업장 관할 4대보험 관리공단에 사업장으로 가입(사업장 적용신고서 팩스 전송)을 한 이후에 4대보험 포탈사이트에서 회원가입하여 4대보험과 관련한 모든 업무를 전자적으로 처리할 수 있습니다.

① 사업장 관할 세무서에 사업자등록
② 사업장적용신고서를 사업장 관할 건강보험공단등에 팩스 제출
③ 4대보험 포탈사이트(www.4insure.or.kr) 접속
④ 회원가입
⑤ 가입 신청내용 입력

③ 4대보험 가입대상 근로자 및 가입신고

Q 4대보험 가입대상 근로자

▶ 국민연금

[1] 국민연금 가입대상 근로자 [국민연금법 제6조, 제13조]
① 18세 이상 60세 미만인 근로자로서 1개월 이상의 근로를 제공하는 근로자
③ 다음 각 호의 어느 하나에 해당하는 자는 65세가 될 때까지 국민연금공단에 가입을 신청하면 임의계속가입자가 될 수 있다.
1. 국민연금 가입자 또는 가입자였던 자로서 60세가 된 자
2. 전체 국민연금 가입기간의 5분의 3 이상을 광업, 어선에서의 어업 직종의 근로자로 국민연금에 가입하거나 가입하였던 사람

[2] 국민연금 가입대상이 아닌 자 [국민연금법 시행령 제2조]
1. 일용근로자나 1개월 미만의 기한을 정하여 근로를 제공하는 사람. 다만, 1개월 이상 계속하여 근로를 제공하는 사람으로서 다음 각 목의 어느 하나에 해당하는 사람은 근로자에 포함된다.
　가. 건설공사의 사업장 등에서 근로를 제공하는 경우: 1개월 동안의 근로일수가 8일 이상이거나 1개월 동안의 소득)이 보건복지부장관이 정하여 고시하는 금액(200만원) 이상인 사람
　나. 가목 외의 사업장에서 근로를 제공하는 경우: 1개월 동안의 근로일수가 8일 이상 또는 1개월 동안의 근로시간이 60시간 이상이거나 1개월 동안의 소득이 보건복지부장관이 정하여 고시하는 금액(200만원) 이상인 사람

2. 법인의 이사 중 소득이 없는 사람
3. 1개월 동안의 소정근로시간이 60시간 미만인 단시간근로자. 다만, 해당 단시간근로자 중 다음 각 목의 어느 하나에 해당하는 사람은 근로자에 포함된다.
 가. 3개월 이상 계속하여 근로를 제공하는 사람으로서「고등교육법」제14조제2항에 따른 강사
 나. 3개월 이상 계속하여 근로를 제공하는 사람으로서 사용자의 동의를 받아 근로자로 적용되기를 희망하는 사람
 다. 1개월 이상 계속하여 근로를 제공하는 사람으로서 1개월 동안의 소득이 보건복지부장관이 정하여 고시하는 금액(200만원) 이상인 사람

▶ 건강보험

[1] 건강보험 가입대상 근로자

모든 사업장의 근로자 및 사용자원은 직장가입자가 된다. 다만, 고용기간이 1개월 미만인 일용근로자는 제외한다.

[2] 건강보험 가입대상이 아닌 자 [국민건강보험법 시행령 제9조]

1. 비상근 근로자 또는 1개월 동안의 소정(所定)근로시간이 60시간 미만인 단시간근로자
2. 비상근 교직원 또는 1개월 동안의 소정근로시간이 60시간 미만인 시간제공무원 및 교직원
3. 소재지가 일정하지 아니한 사업장의 근로자 및 사용자
4. 근로자가 없거나 제1호에 해당하는 근로자만을 고용하고 있는 사업장의 사업주

▶ 고용보험

[1] 고용보험 가입대상 근로자
① 1개월간 소정근로시간이 60시간 이상인 자
② 생업을 목적으로 근로를 제공하는 자 중 3개월 이상 계속하여 근로를 제공하는 자
③ 일용근로자

[2] 고용보험 가입대상이 아닌 자 [고용보험법 시행령 제3조]
① 사업주 본인
② 65세 이상인 자 단, 고용안정·직업능력개발 사업에 관하여는 고용보험에 가입하여야 합니다. (실업급여만 가입대상 아님)
③ 소정근로시간이 60시간 미만인 자

▶ 산업재해보상보험

① 모든 근로자는 산재보험에 가입하는 것을 원칙으로 합니다.
② 사업주 본인은 원칙적으로 산재보험가입대상이 아닙니다. 다만, 50인 미만의 근로자를 고용하는 사업주는 산재보험에 임의 가입할 수 있습니다.

■ 4대보험 고객센터 전화번호

구 분	주관기관	고객센터	실무 관련 책자
국민연금	국민연금공단	1355	국민연금 사업장 실무안내
건강보험	국민건강보험공단	1577-1000	건강보험 사업장 업무편람
고용보험	근로복지공단	1588-0075	산재·고용보험 실무편람
산재보험	근로복지공단	1588-0075	산재·고용보험 실무편람

◨ 외국인 4대보험 가입

▶ 국민연금(상호주의)

「국민연금법」에 따른 국민연금은 상호주의 원칙에 따라 대한민국의 국민연금에 상응하는 연금에 대해 그 외국인근로자의 본국법이 대한민국 국민에게 적용되는 경우에만 적용됩니다.

◆ 국민연금 적용 대상국
중국, 키르기즈스탄, 태국, 몽골, 우즈베키스탄, 필리핀, 스리랑카, 인도네시아

◆ 국민연금 적용 대상국이 아닌 국가
베트남, 파키스탄, 캄보디아, 방글라데시, 네팔, 미얀마

▶ 국민건강보험(당연 적용)

「출입국관리법」에 따라 외국인 등록을 한 비전문취업(E-9) 또는 방문취업(H-2) 체류자격을 가진 외국인근로자는「국민건강보험법」의 적용을 받는 직장가입자입니다.

▶ 고용보험(당연 적용)

비전문취업(E-9) 또는 방문취업(H-2) 체류자격을 가진 외국인근로자는 신청에 의해「고용보험법」에 따른 피보험자격을 취득하게 되므로, 사용자는 자신이 고용하고 있는 외국인근로자가 고용보험에 가입하려는 경우 외국인 고용보험 가입 신청을 해야 합니다.

▶ 산업재해보상보험(당연 적용)

산업재해보상보험은 내·외국인근로자를 구분하지 않고 근로자를 사용하는 모든 사업 또는 사업장에 적용되지만, 다음의 어느 하나에 해당하는 사업에는 적용되지 않습니다.

1. 가구내 고용활동
2. 농업·임업(벌목업은 제외)·어업·수렵업 중 법인이 아닌 자의 사업으로서 상시근로자수가 5명 미만인 사업

Q 4대보험 가입신고

최초로 사업장 적용신고를 할 시 4대보험 가입대상 근로자가 있는 경우 국민연금공단 또는 건강보험관리공단에 전화하여 신고서 양식을 팩스로 받아 직접 신고를 하여야 합니다.

다만, 최초 신고일 이후 근로자를 채용하거나 근로자가 퇴직하는 등 가입대상 근로자의 변동이 있는 경우 4대보험 포탈사이트를 이용하여 신규입사자는 추가로 자격취득신고를 하여야 하고, 퇴사자는 자격상실신고를 하여야 합니다.

■ 2021년도 사업종류별 산재보험료율   단위: 천분율(‰)

사 업 종 류	요율	사 업 종 류	요율
1. 광업		4. 건 설 업	36
석탄광업 및 채석업	185	5. 운수·창고·통신업	
석회석·금속·비금속·기타광업	57	철도·항공·창고·운수관련서비스업	8
2. 제조업		육상 및 수상운수업	18
식료품 제조업	16	통신업	9
섬유 및 섬유제품 제조업	11	6. 임 업	58
목재 및 종이제품 제조업	20	7. 어 업	28
출판·인쇄·제본업	10	8. 농 업	20
화학 및 고무제품 제조업	13	9. 기타의 사업	
의약품·화장품·연탄·석유제품 제조업	7	시설관리 및 사업지원 서비스업	8
기계기구·금속·비금속광물제품 제조업	13	기타의 각종사업	9
금속제련업	10	전문·보건·교육·여가관련 서비스업	6
전기기계기구·정밀기구·전자제품 제조업	6	도소매·음식·숙박업	8
선박건조 및 수리업	24	부동산 및 임대업	7
수제품 및 기타제품 제조업	12	국가 및 지방자치단체의 사업	9
3. 전기·가스·증기·수도사업	8	0. 금융 및 보험업	6
		* 해외파견자: 14/1,000	

▷ 2021년도 통상적인 경로와 방법으로 출퇴근하는 중 발생한 재해에 관한 산재보험료율: 전 업종 1.0/1,000 동일

* **2022년도 산재보험료율표** 및 사업종류의 세목과 내용예시 및 총칙을 규정한 사업종류 예시표는 고용노동부 홈페이지 → 정보공개 → 법령정보 → 훈령·예규·고시란과 근로복지공단 홈페이지 가입·납부서비스 → 사업종류 검색 → 연도별 산재보험료율표에 게재

④ 4대보험료 고지 및 정산 [근로자]

건강보험공단이 국민연금공단 및 근로복지공단으로부터 부과자료(고지확정자료)를 받아 통합하여 매 월 고지합니다.

■ 4대보험료 요율 [종업원 및 사업주 부담금 비율(2022년 기준)]

구 분		회사분	종업원분	합계	비 고
국민연금		4.50%	4.50%	9.00%	
건강보험요율(합계)		3.924%	3.924%	7.848%	2021년 7.650%
국민건강보험료		3.495%	3.495%	6.990%	2021년 6.860%
노인성장기요양보험		0.429%	0.429%	0.858%	2021년 0.790%
고용보험료	실업급여	0.90%	0.90%	1.80%	2021년 1.6%
	고용안정 직업능력 개발사업	0.25%	-	0.25%	150명 미만 사업장
		0.45%	-	0.45%	150명 이상(특정업종)
		0.65%	-	0.65%	150명 ~ 1,000명
		0.85%	-	0.85%	1000명 이상
산업재해보상보험료		회사부담	없음		업종별로 다름
임금채권보장부담금		0.06%	없음		

Q 4대보험 고지 및 정산

▶ 국민연금 고지 및 정산

① 국민연금은 전년도에 지급한 소득세법상 과세대상소득을 12로 나누어 매월 고지하며, 사업장은 고지한 국민연금을 납부함으로서 별도의 정산없이 납부의무가 종결됩니다.
② 국세청에서 소득자료를 국민연금관리공단으로 통보하므로 별도의 소득총액신고서를 제출하지 않습니다.

▶ 건강보험료 고지 및 정산

① 건강보험료는 전년도 과세대상 급여총액(건강보험료 부과기준이 되는 보수총액)에 보험요율을 곱한 금액을 12로 나누어 매 월 고지하며, 사업자는 고지된 금액을 해당 월의 다음달 10일까지 납부를 하여야 합니다.

② 건강보험료는 실제 지급한 보수총액에 건강보험료율을 곱한 금액을 납부하여야 합니다.

당해 연도에 납부한 보험료는 전년도 보수총액을 기준으로 납부한 것이므로 건강보험료의 확정 정산을 위해 **다음해 3월 10일**까지 『직장가입자보수총액통보서』작성(보수총액, 근무월수 등 기재)하여 제출하여야 합니다.

당해 연도 실제 지급한 보수총액을 기준으로 계산한 확정보험료(당해 연도 보수총액 × 보험료율)에서 1년 동안 기 납부한 건강보험료의 합계가 확정보험료보다 적은 경우 추가 납부하여야 하며, 납부한 건강보험료가 많은 경우 다음 연도에 납부할 금액에서 상계하거나 환급을 받습니다.

◆ 차가감 납부 또는 환급발생 보험료 (1 - 2)
1. 해당 연도에 실제 지급한 보수를 기준으로 계산한 보험료
2. 전년도 보수를 기준으로 매 월 납부한 보험료의 합계액

③ 정산 결과 추가 납부 또는 환급 발생한 보험료는 **4월분 고지**시 반영하여 고지합니다. 다만, 추가 납부할 보험료가 월보험료의 100분의 30을 초과하는 경우 신청에 의하여 분납할 수 있습니다.

■ 건강보험 연말정산 절차 (근로자)

구 분	기 한	연말정산 업무절차
공 단	1월 말일	○ 연말정산 안내 및 전년도『직장가입자보수총액통보서』발송
사업장	3월 10일	○『직장가입자보수총액통보서』 작성 (전년도보수총액,근무월수 기재) 제출
공 단	3월 말일	○ 전년도보수총액 및 근무월수에 의해 결정된 「정산보험료 산출내역서」 및『분할납부 안내문』발송
사업장	4월 15일	○ 정산보험료 산출내역 결과에 따른 『분할납부신청서』(분할납부 대상 사업장일 경우) 제출
공 단		○ 정산보험료 고지 : 매년 4월분 보험료

▣ 고용보험료 및 산재보험료 고지 및 정산

[1] 일반 업종(건설업종 외)

① 고용보험료, 산재보험료는 전년도 임금(신규사업자의 경우 사업개시연도의 예상임금)을 기준으로 공단에서 매 월 고지하고, 당해 연도가 경과한 후 당해 연도에 실제 지급한 임금총액을 기준으로 다시 확정 정산합니다.

② 보험료 확정을 위하여 **사업주는 전년도에 근로자에게 지급한 보수총액 등을 매년 3월 15까지 공단에 신고하여야 합니다.**

③ 공단은 전년도 보험료를 확정하여 확정보험료를 계산한 다음 전년도에 매 월 납부한 보험료 합계금액이 적은 경우 추가 고지하며, 전년도에 납부한 개산보험료가 확정보험료 보다 많은 경우 당해 연도에 납부할 보험료에서 공제한 금액을 고지합니다.

[2] 건설업 고용보험료 및 산재보험료 고지와 정산

(1) 개산보험료의 신고 및 납부

건설업의 경우 추정임금(통상 전년도 임금)에 보험료율을 곱한 금액을 해당 연도 3월 31일(보험연도 중에 보험관계가 성립한 경우 그 성립일 부터 70일 이내에)까지 신고 및 납부하여야 하며, 대략의 임금을 기준으로 보험료를 납부한다하여 개산(槪算)보험료하며, 개산보험료를 일시에 납부하는 경우에는 **보험료의 3%**를 경감받을 수 있습니다.

계속사업장 또는 6월말 이전에 성립된 사업장은 사업주의 신청(반드시 개산보험료 신고 시 신청)에 의해 분할납부가 가능하며, 분할 납부 기한은 다음과 같습니다.

■ 분할납부시 납부기한(연간 적용사업장)

기 별	납부기한	기 별	납부기한
제 1 기	3.31	제 3 기	8.15
제 2 기	5.15	제 4 기	11.15

(2) 확정보험료

확정보험료라 함은 매 보험연도의 초일부터 언도 말일 또는 보험관계가 소멸한 날의 전날까지 지급한 보수총액에 보험료율을 곱하여 산정한 금액을 말합니다.

추정 임금에 의하여 선납한 개산보험료가 확정보험료보다 적은 경우 그 차액은 추가 납부하여야 하며, 개산보험료가 확정보험료보다 많은 경우 초과금액은 반환받거나 충당 신청할 수 있습니다.

🅠 4대보험료 고지 기준금액 (과세대상소득)

4대보험료는 건강보험공단이 국민연금관리공단(국민연금), 근로복지공단(고용보험 및 산재보험)으로부터 보험료 부과자료를 통보받아 건강보험료를 포함하여 매월 통합하여 고지하며, 사업주는 해당 월의 다음달 10일까지 납부한 후 다음해에 실제 지급한 임금을 기준으로 정산하여 납부하게 됩니다.

4대보험료 부과기준이 되는 금액은 소득세법의 과세대상 임금총액을 12로 나눈 금액으로 부과기준이 되는 임금 범위는 다음과 같습니다.

▣ 4대보험료 부과기준이 되는 임금 범위

급여 항목 (소득세 과세대상총액)	부과기준 금액 포함 여부
○ 봉급, 급료, 보수, 세비 ○ 임금, 정기적·일률적 상여금 등	포 함
○ 일시적으로 지급하는 성과 상여금	포 함
○ 국외 근로소득	비과세 제외 단, 건강보험료에는 포함
○ 생산직근로자로서 전년도 임금이 3천만원 이하이고, 월액 210만원 이하자의 연장·야간·휴일근로수당 등	연240만원 한도 비과세 제외
○ 월 10만원 이하의 식대	제 외
○ 월 20만원 이하 자가운전보조금	제 외
○ 근로자 또는 그 배우자의 출산이나 6세 이하 자녀 보육과 관련하여 지급받는 월10만원 이하의 금액	제 외

⑤ 4대보험 관련 기타 실무 유의사항

Q 연도 중 급여가 인상된 경우

「직장가입자보수월액변경신청서」를 제출하여 실제 임금을 기준으로 보험료를 징수하여 납부하거나 변경신청을 하지 않는 경우 실제 지급한 임금을 기준으로 근로자가 부담하여야 할 보험료를 징수하여 두었다가 건강보험료 연말정산 후 다음해 4월 추가 고지금액을 납부하여야 합니다.

Q 직원이 1명인 경우 4대보험 가입 및 보험료 절약

직원이 1명인 경우에도 4대보험 가입을 하여야 합니다. 이 경우 최초 가입시 직원에게 지급할 급여를 책정하여 신고하여야 하며, 대표자 본인의 국민연금 및 건강보험료는 직원과 같은 금액으로 고지되므로 직원에 대한 비과세소득(식대, 차량유지비 등)을 최대한 계상하여 신고를 하시면 4대보험료를 절약할 수 있습니다.

Q 4대보험 가입제외 근로자

■ 연령 조건

구 분	가입제외 근로자	비 고
국민연금	18세 미만인자, 60세 이상인자	
건강보험	해당 없음	
고용보험	65세 이후 새로 채용한 근로자	
산재보험	해당 없음	

■ 근무 기간 및 근무 시간 조건 (일용직 근로자)

구 분	가입제외 근로자
국민연금	1개월 미만 일용직, 월 60시간 이하 근로자
건강보험	1개월 미만 일용직, 월 60시간 이하 근로자
고용보험	1개월 미만 일용직, 월 60시간 이하 근로자
산재보험	근로조건에 관계없이 가입하여야 합니다.

Q 휴직자(무급) 4대보험 납부

■ 휴직자 4대보험 면제

구 분	납부 여부
국민연금	면제
건강보험	납부 유예 복직 후 납부 단, 육아휴직의 경우 60% 감면
고용보험	면제
산재보험	면제

직장가입자 건강보험료

▶ 건강보험료율 등

건강보험료는 직장가입자와 지역가입자로 구분이 됩니다. 직장가입자는 전년도 소득세법에서 정하는 과세대상 급여총액을 12로 나눈 금액에 **7.848%(2022년)**를 곱한 금액을 매 월 건강보험료로 부과하며, 사용자와 근로자가 반반씩(회사 3.924%, 근로자 3.924%) 부담하여 납부하는 것입니다.

따라서 당해 연도에 납부한 건강보험료는 전년도 급여총액을 기준으로 납부한 것으로서 당해 연도 급여가 인상된 경우 그 차액(당해 연도 급여총액 - 전년도 급여총액)에 7.848%를 곱한 금액을 추가로 고지하며, 추가 금액은 4월분 건강보험료에 합산이 되어 고지가 되므로 급여가 전년도에 비하여 인상된 경우 4월분 보험료가 많아져서 근로자에게 많은 부담이 되는 것입니다.

▶ 근로소득 외 소득이 있을 시 건강보험료 납부

근로자인 건강보험 직장가입자가 근로소득을 제외한 다른 소득(이자소득, 배당소득, 사업소득, 연금소득)의 연간 합계액이 **3,400만원을 초과**하는 경우 건강보험료를 추가로 납부하게 됩니다.

이 경우 근로소득 이외의 **소득월액에 3.924%를 곱하여 계산한 금액**을 매 월 추가로 납부하게 됩니다. 다만, 근로자가 별도의 사업을 운영하는 사업장에 근로자가 있고, 해당 사업장의 직장가입자로 가입된 경우 사업소득에 대한 금액은 제외합니다.

근로자가 회사에 근무하면서 근로자 본인 명의로 별도의 사업자등록이 있고, 해당 사업장에 종업원이 있는 경우

현재 근무하는 회사에서 건강보험료를 납부하여야 하며, 본인 명의 사업장에 종업원이 있는 경우 사업자등록이 있는 사업장에서도 본인 및 종업원은 해당 사업장의 직장가입자로 건강보험료를 각각 납부하여야 합니다.

근로자가 회사에 근무하면서 근로자 본인 명의로 별도의 사업자등록이 있고, 해당 사업장에 종업원이 없는 경우

현재 근무하는 회사에서 건강보험료를 납부하여야 하나 종업원이 없는 사업장이 있는 경우에는 종업원이 없는 사업장에 대한 건강보험료를 신고 및 납부하지 않습니다. 따라서 근로자 본인은 직장 건강보험료만을 납부하시면 됩니다. 다만, 보수(근로소득)를 제외한 다른 소득(이자소득, 배당소득, 사업소득, 연금소득)의 연간 합계액이 3,400만원(2022년 7월 이후 2000만원)을 초과하는 경우 소득을 기준으로 계산한 건강보험료를 추가로 납부하여야 합니다.

▶ 부양가족 중 소득이 있는 경우 건강보험료 납부

▶ 배우자(맞벌이부부), 부모, 자녀가 근로소득이 있는 경우

본인, 배우자, 부모, 자녀가 각각 직장에 근무하는 경우에는 본인 및 배우자, 부모, 자녀는 직장가입자로 각각 건강보험료를 납부하여야 합니다.

▶ **근로자의 배우자, 부모, 자녀가 사업자등록이 있는 경우**

세대구성원이라 하더라도 배우자, 부모, 자녀가 사업소득이 있는 경우에는 배우자, 부모, 자녀는 근로자 본인의 피부양자가 될 수 없으며, 직장가입자(해당 사업장에 근로자가 있는 경우) 또는 지역가입자로 건강보험료를 별도로 납부하여야 합니다.

단, 소득이 없던 배우자, 부모, 자녀가 새로 사업자등록을 하였으나 종업원이 없는 경우 그 소득이 국세청의 통보에 의하여 건강보험공단에서 확인되기 전까지는 근로자 본인의 피부양자이므로 별도의 지역가입자에 해당하지 않습니다.

◆ **본인이 근로자인 경우로서 부양가족이 사업자등록이 있거나 소득이 있더라도 본인인 근로자의 피부양자(부양가족)에 해당하는 경우**
1. 사업자등록이 되어 있는 자로서 사업이 부진하여 사업소득이 없는 자
2. 사업자등록이 되어 있지 않는 자로서 사업소득(보험모집인 등), 기타소득 등의 연간 합계액이 500만원 이하인 자
* 소득금액이란 총수입금액에서 필요경비를 차감한 금액(수익 - 비용)으로 국세청의 통보에 의한 소득금액을 말합니다.
3. 이자소득과 배당소득의 연간 합계액이 2천만원 이하인 자

◆ **본인의 부양가족 중 건강보험료 피부양자가 될 수 없는 경우**
1. 부양가족이 사업자등록이 있고, 사업소득이 있는 자
2. 이자소득과 배당소득의 연간 합계액이 2천만원을 초과하는 자
3. 사업자등록이 되어 있지 않더라도 사업소득(보험모집인 등), 기타소득 등의 연간 합계액이 500만원을 초과하는 자

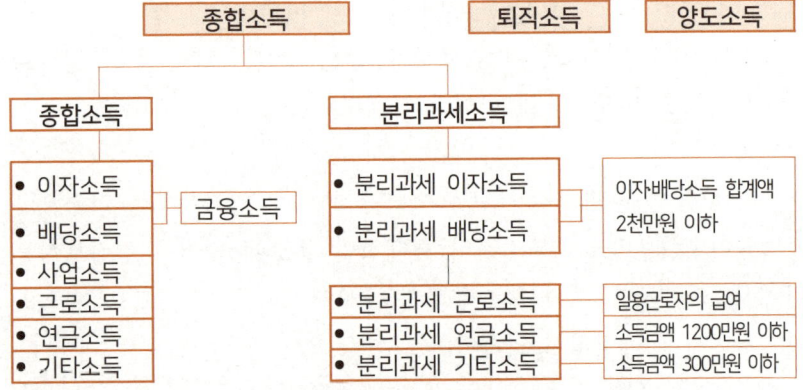

▶ 분리과세소득은 종합소득세 신고시 합산하지 않습니다.

◆ 종합소득세 신고시 합산하지 않는 소득 (분리과세)
조세 정책 목적에 의하여 일부 소득은 종합소득에 합산하지 아니하고, 소득을 지급하는 자가 소득세를 원천징수하여 납부함으로서 소득을 지급받는 자의 납세의무가 종결되는 것을 분리과세라 하며, 분리과세 대상소득의 경우 종합소득에 합산하지 않습니다.

보 충 분리과세 대상소득

- 이자소득과 배당소득의 합계액이 2,000만원 이하의 경우
- 일용근로소득
- 기타소득금액(기타소득 - 필요경비)이 300만원 이하의 기타소득
- 사적연금(금융기관 연금 등)이 1200만원 이하인 경우

◆ 공적연금 및 사적연금이 1200만원을 초과하는 경우
사적연금(금융기관 연금 등)이 1200만원을 초과하는 경우 종합소득세 신고를 하여야 합니다.

단 공적연금(국민연금, 공무원연금 등) 만이 있는 경우 근로소득과 같은 방법으로 연말정산에 의하여 납세의무가 종결되나 다른 종합소득 신고 대상소득이 있는 경우 금액에 관계없이 종합소득에 합산하여야 합니다.

▶ 실업자, 퇴직자에 대한 건강보험료 납부 특례

사용관계가 끝난 직장가입자 중 지역가입자로 자격이 변경된 사람으로서 실업 진 해당 사업장에서 1년 이상 계속하여 직장가입자의 자격을 유지한 사람은 지역가입자가 된 이후 최초로 고지받은 지역가입자 보험료의 납부기한 이내에 공단에 직장가입자로서의 자격을 유지할 것을 신청하면, 사용관계가 끝난 날의 다음 날부터 **3년이 되는 날까지의 기간 동안** 직장가입자의 자격을 유지할 수 있습니다.

공단에 신청한 가입자는 사용관계가 끝난 날이 속하는 달을 제외한 직전 3개월간 지급받은 보수의 평균액을 기준으로 보수월액을 산정하며, 공단은 보수월액을 기준으로 산정한 건강보험료의 50%를 경감하여 주므로 퇴직 전 근로자 본인이 부담한 건강보험료와 지역 보험료(고지금액 또는 공단에 문의)로 납부하여야 하는 금액을 비교하여 직장가입자로서 부담한 건강보험료가 지역보험료보다 적은 경우 공단에 신청을 하시면 건강보험료를 절약할 수 있습니다.

따라서 직장 가입자로서 부담하던 수준의 건강보험료를 납부하고자 하는 실직 또는 퇴직근로자의 경우 지역가입자가 된 이후 최초로 고지받은 지역가입자 보험료의 납부기한 이내에 국민건강보험공단 (1577-1000)에 전화하여 신청을 하시면 됩니다.

다만, 신청인이 신청 후 최초로 내야 할 보험료를 그 납부기한까지 내지 아니하면 직장가입자의 자격을 유지할 수 없습니다.

SECTION 02

개인기업 사업주의 4대보험가입 및 보험료

> 근로자를 1인 이상 고용하고 있는 사업주는 국민연금 및 건강보험료를 사업장 가입자로 납부하여야 합니다만, 단, 근로자가 없는 경우 국민연금 및 건강보험을 지역가입자로 보험료를 납부하여야 합니다.
> 사업주 본인은 고용보험 및 산재보험에 가입할 의무가 없으나 신청에 의하여 임의 가입할 수 있습니다.

1 개인기업 사업주의 4대보험료

Q 국민연금

사업자의 경우 사업 소득금액을 기준으로 국민연금을 고지하며, 별도의 정산은 필요하지 않습니다.

🇶 건강보험료

▶ 종업원이 있고, 사업장으로 가입이 되어 있는 경우

① 사업장 가입자로 보험료를 납부하여야 하며, 사업장 가입자의 경우 건강보험공단이 전년도 사업소득을 12로 나눈 금액에 보험료율을 곱한 금액을 매월 고지합니다.

② 개인 사업자가 건강보험공단의 고지에 의하여 납부한 건강보험료는 전년도 사업소득을 기준으로 납부한 금액이므로 당해 연도의 사업소득으로 확정하여 정산을 하게 됩니다.

따라서 개인 사업자 본인은 매년 5월 15일까지 공단에서 사업장으로 송부하는 '직장가입자 보수총액통보서'에 보수총액에는 사업소득(총수입금액 - 필요경비)을 기재하여 제출하여야 하며, 건강보험공단은 **6월분 고지시 6월분 보험**료 및 정산금액을 같이 고지합니다.

개인 사업자는 급여를 받는 것이 아니라 사업을 운영하여 1년간의 총수입금액(매출 등)에서 필요경비(매출을 위하여 사용소비된 경비)를 차감한 금액이 소득이 되는 것이므로 개인 사업자 본인은 당해 연도 중 사업장에서 발생한 사업소득(총수입금액 - 필요경비)을 보수총액으로 하는 것입니다.

단, 사업소득이 없거나 사업소득으로 산정한 보수월액이 당해 사업장 근로자의 최고월액보다 낮은 경우에는 당해 사업장 근로자의 최고월액에 해당하는 보수월액을 개인 사업자의 보수월액으로 합니다.

③ 사업장이 두 군데 이상인 경우 각 사업장별로 건강보험료를 납부하여야 합니다. 단, 다른 사업장에 종업원이 없는 경우 종업원이 있는 사업장에서만 건강보험료를 납부하면 됩니다.

④ 사업소득 이외에 근로소득이 있는 경우 사업소득 및 근로소득을 제공하는 사업장에서 각각 건강보험료를 납부하여야 합니다.

➡ 종업원이 없는 경우

① 사업장에 종업원이 없거나 종업원이 있어도 사업장 가입자로 신고를 하지 않는 경우 지역 건강보험료가 부과됩니다.

② **사업장에 종업원이 없는 경우 지역 건강보험료를 납부하여야 합니다만, 사업자가 다른 사업장의 근로자로서 직장가입자가 되는 경우 해당 사업장의 직장가입자가 되며, 이 경우 지역건강보험료는 납부하지 않아도 됩니다.**

③ 재산이 많아 지역건강보험료가 부담이 되는 경우로서 배우자가 사업장 업무에 종사한다면, 사업장 적용 신고를 하여 본인 및 배우자가 직장가입자로서 본인은 사업소득을 기준으로 배우자는 급여를 기준으로 건강보험료를 각각 납부할 수 있습니다.

사업장 적용을 받는 경우 국민연금도 직장가입자로 가입하여 각각 납부를 하여야 합니다만, 배우자의 급여가 210만원 이하인 경우 배우자의 국민연금불입액 중 40% ~ 90%를 국가로부터 보조를 받을 수 있습니다. (두루누리 제도 참조)

④ 지역건강보험료의 보험료는 지역가입자 건강보험료 부과기준 을 참고하시기 바랍니다.

🅠 고용보험 및 산재보험

종업원이 1인 이상인 사업장의 사업주는 건강보험 및 국민연금은 가입하여야 하나 고용보험 및 산재보험은 가입대상이 아닙니다만, 사업주가 신청하는 경우 임의 가입할 수는 있습니다.

♣ 자영업자 본인 고용보험 및 산재보험 가입 참조

▷ 배우자, 직계존비속의 직원채용과 4대보험 가입

▶ 급여 책정

배우자 또는 직계존비속을 근로자로 채용하는 경우로서 배우자 또는 직계존비속외의 다른 근로자가 없는 경우 근로기준법의 적용을 받지 아니하므로 최저임금 미만으로 급여를 책정하더라도 특별히 문제가 될 점은 없으므로 국민연금, 건강보험료 부담을 줄이고자 하는 경우 최저임금 미만으로 급여를 책정하여도 무방합니다.

▶ 국민연금 및 건강보험

가족을 직원으로 채용하는 경우 가족 개인의 소득이 발생하므로 국민연금 및 건강보험 직장가입자로 가입을 하여야 하며, '사업장적용신고서' 및 '사업장가입자 자격취득 신고서'를 국민연금공단 또는 건강보험공단에 제출을 하여야 하며, 가족의 경우에도 두루누리 혜택(국민연금 일부 국가지원제도)을 받을 수 있으므로 '사업장적용신고서'에 연금(고용)보험료 지원 신청란에 체크 표시를 하시면 됩니다.

한편, 가족만으로 구성된 회사의 경우에는 고용보험 및 산재보험은 가입할 수 없습니다.

② 자영업자의 지역 건강보험료 부과기준

> 건강보험료는 자녀의 학비지원, 의료비환급 등 국가 복지지원정책의 기준금액이 되는 기본자료 이므로 건강보험료 부과기준 금액을 알아 두시면 매우 유용합니다.

Q 개요

건강보험료 직장가입자가 아닌 경우(근로자가 없는 개인 사업자인 세대주 또는 직업이 없는 세대주 등)에는 지역가입자로 건강보험료를 납부하여야 합니다.

지역가입자의 경우 **소득, 재산 보유현황, 자동차의 종류** 등을 기준으로 건강보험료를 계산하여 건강보험공단에서 매 월 보험료를 고지합니다. 따라서 재산을 취득하거나 자동차를 구입할 시 건강보험료 추가 부담액을 미리 계산하여 본 다음 재산 취득 또는 자동차 구입을 하시는 것이 도움이 될 것입니다.

Q 건강보험료 부과기준금액

▶ 세대 단위 산정 및 부과점수

지역가입자의 월별 보험료액은 세대 단위로 산정하며, 보험료부과점수는 지역가입자가 속한 세대의 보험료 부담능력을 표시하는 점수로서 가구별 소득, 재산, 자동차에 부과하는 등급별 점수의 합계액에 보험료부과 점수당 금액[건강보험법 시행령 제44조 제2항(2022년 205.3원, 2021년 201.5원)]을 곱한 금액으로 산정합니다.

□ 국민건강보험법 시행령
제44조(보험료율 및 보험료부과점수당 금액) ① 법 제73조제1항에 따른 직장가입자의 보험료율은 1만분의 699로 한다. <개정 2021. 12. 7.>
② 법 제73조제3항에 따른 지역가입자의 보험료부과점수당 금액은 205.3원으로 한다. <개정 2020. 12. 29., 2021. 12. 7.>

[1] 소득에 부과되는 점수

소득에 부과하는 점수는 2천만원을 초과하는 금융소득(이자소득 + 배당소득), **사업소득**, 기타소득은 전액을 소득으로 하며, **근로소득 및 연금소득은 해당 소득의 100분의 30**을 소득으로 평가하여 합산한 소득금액을 등급별로 구분하여 산정합니다.

▶ **소득월액(소득세법에 따른 비과세소득은 제외)**
1. 이자소득 : 이자소득 전액
2. 배당소득 : 배당소득 전액
3. 사업소득 : 총수입금액에서 필요경비를 차감한 소득
4. 근로소득 : 근로소득 전액의 30%
근로를 제공함으로써 받는 급료·임금·상여·수당과 이와 유사한 성질의 급여(근로소득공제를 차감하지 않은 금액)
5. 연금소득 : 연금소득 전액의 30%
6. 기타소득 : 기타소득 전액

▶ **소득금액이 연 100만원 이하인 경우 부과점수 계산**
지역가입자의 월별 보험료액의 하한액(2021년 14,380원)을 보험료부과점수당(2022년 205.3원) 금액으로 나누어 얻은 값(71.4)에 재산 및 자동차에 부과하는 점수를 합하여 산정합니다.

■ 국민건강보험법 시행령 [별표 4] <개정 2021. 11. 1.>

보험료부과점수의 산정방법(제42조제1항 관련)

1. 제42조제1항에 따른 보험료부과점수는 지역가입자가 속한 세대의 보험료 부담능력을 표시하는 점수로서, 가목부터 다목까지의 규정에 따른 소득·재산 및 자동차에 부과하는 점수를 합하여 산정한다. 다만, 가목에 따른 소득금액이 연 100만원 이하인 경우에는 가목에 따른 소득에 부과하는 점수가 아닌 제32조제2호나목에 따른 지역가입자의 월별 보험료액의 하한액을 제44조제2항에 따른 보험료부과점수당 금액으로 나누어 얻은 값에 나목 및 다목의 규정에 따른 재산 및 자동차에 부과하는 점수를 합하여 산정한다.

가. 소득에 부과하는 점수는 제42조제2항에 따른 소득을 보건복지부령으로 정하는 바에 따라 평가하여 합산한 소득금액을 등급별로 구분하여 산정한다. 이 경우 소득의 등급별 점수는 제2호의 표와 같다.

나. 재산(자동차는 제외한다. 이하 이 표에서 같다)에 부과하는 점수는 다음의 금액을 합산한 금액에서 다음 표에 따른 기본공제액을 뺀 금액을 등급별로 구분하여 산정한다. 이 경우 재산의 등급별 점수는 제3호의 표와 같다.

  1) 제42조제3항제1호에 따른 토지, 건축물, 주택, 선박 및 항공기의 재산세 과세표준금액

  2) 제42조제3항제2호에 따른 임차주택에 대한 보증금 및 월세금액을 보건복지부령으로 정하는 기준에 따라 평가한 금액

1), 2)의 합산액	2,700만원 이하	2,700만원 5,000만원	5,000만원 초과

기본 공제액	1,350만원	1,000만원	다음의 구분에 따른 금액
			 가) 1)에 따른 금액만 있는 세대: 500만원
			 나) 2)에 따른 금액만 있는 세대:1,000만원
			 다) 1)과 2)에 따른 금액이 모두 있는 세대: 다음의 구분에 따른 금액. 다만, 그 금액이 1,000만원을 넘는 경우에는 1,000만원으로 한다.
			  (1) 1)에 따른 금액이 500만원 미만인 경우: 1)과 2)에 따른 금액의 합
			  (2) 1)에 따른 금액이 500만원 이상인 경우: 500만원과 2)에 따른 금액의 합

다. 자동차에 부과하는 점수는 제42조제3항제3호에 따른 자동차에 사용연수에 따른 감액률을 반영하여 자동차 종류별 배기량에 따라 등급별로 구분하여 산정한다. 이 경우 자동차의 등급별 점수는 제4호의 표와 같으며, 자동차가 2대 이상인 세대는 각각의 자동차에 대한 등급별 점수를 합산한다.

2. 소득등급별 점수

등급	소득금액(만원)	점수	등급	소득금액(만원)	점수
1	100 초과 ~ 120 이하	82	50	7,380 초과 ~ 7,840 이하	2,161
2	120 초과 ~ 140 이하	91	51	7,840 초과 ~ 8,320 이하	2,294
3	140 초과 ~ 160 이하	100	52	8,320 초과 ~ 8,820 이하	2,434
4	160 초과 ~ 180 이하	109	53	8,820 초과 ~ 9,360 이하	2,581
5	180 초과 ~ 200 이하	118	54	9,360 초과 ~ 9,930 이하	2,739
6	200 초과 ~ 240 이하	132	55	9,930 초과 ~ 10,600 이하	2,915
7	240 초과 ~ 280 이하	150	56	10,600 초과 ~ 11,200 이하	3,095
8	280 초과 ~ 320 이하	168	57	11,200 초과 ~ 11,900 이하	3,280
9	320 초과 ~ 360 이하	186	58	11,900 초과 ~ 12,600 이하	3,479
10	360 초과 ~ 400 이하	204	59	12,600 초과 ~ 13,400 이하	3,692
11	400 초과 ~ 440 이하	222	60	13,400 초과 ~ 14,200 이하	3,919
12	440 초과 ~ 500 이하	245	61	14,200 초과 ~ 15,000 이하	4,146
13	500 초과 ~ 600 이하	281	62	15,000 초과 ~ 15,800 이하	4,373
14	600 초과 ~ 700 이하	326	63	15,800 초과 ~ 16,600 이하	4,600
15	700 초과 ~ 800 이하	371	64	16,600 초과 ~ 17,400 이하	4,827
16	800 초과 ~ 900 이하	416	65	17,400 초과 ~ 18,300 이하	5,069
17	900 초과 ~ 1,000 이하	462	66	18,300 초과 ~ 19,200 이하	5,324
18	1,000 초과 ~ 1,100 이하	507	67	19,200 초과 ~ 20,100 이하	5,580
19	1,100 초과 ~ 1,200 이하	552	68	20,100 초과 ~ 21,100 이하	5,850
20	1,200 초과 ~ 1,300 이하	580	69	21,100 초과 ~ 22,100 이하	6,134
21	1,300 초과 ~ 1,400 이하	609	70	22,100 초과 ~ 23,200 이하	6,432
22	1,400 초과 ~ 1,500 이하	637	71	23,200 초과 ~ 24,400 이하	6,758
23	1,500 초과 ~ 1,600 이하	666	72	24,400 초과 ~ 25,600 이하	7,099
24	1,600 초과 ~ 1,700 이하	695	73	25,600 초과 ~ 26,800 이하	7,440
25	1,700 초과 ~ 1,800 이하	723	74	26,800 초과 ~ 28,200 이하	7,809
26	1,000 초과 ~ 1,900 이하	752	75	28,200 초과 ~ 29,500 이하	8,192
27	1,900 초과 ~ 2,020 이하	780	76	29,500 초과 ~ 31,000 이하	8,590
28	2,020 초과 ~ 2,140 이하	809	77	31,000 초과 ~ 32,500 이하	9,016
29	2,140 초과 ~ 2,270 이하	838	78	32,500 초과 ~ 34,100 이하	9,456
30	2,270 초과 ~ 2,410 이하	866	79	34,100 초과 ~ 35,800 이하	9,925
31	2,410 초과 ~ 2,560 이하	895	80	35,800 초과 ~ 37,600 이하	10,421
32	2,560 초과 ~ 2,710 이하	923	81	37,600 초과 ~ 39,400 이하	10,933
33	2,710 초과 ~ 2,880 이하	952	82	39,400 초과 ~ 41,300 이하	11,458
34	2,880 초과 ~ 3,050 이하	981	83	41,300 초과 ~ 43,300 이하	12,012
35	3,050 초과 ~ 3,240 이하	1,009	84	43,300 초과 ~ 45,400 이하	12,594
36	3,240 초과 ~ 3,430 이하	1,038	85	45,400 초과 ~ 47,600 이하	13,204
37	3,430 초과 ~ 3,640 이하	1,066	86	47,600 초과 ~ 49,900 이하	13,843
38	3,640 초과 ~ 3,860 이하	1,095	87	49,900 초과 ~ 52,400 이하	14,525

등급	금액	점수	등급	금액	점수
39	3,860 초과 ~ 4,100 이하	1,130	88	52,400 초과 ~ 55,200 이하	15,277
40	4,100 초과 ~ 4,350 이하	1,200	89	55,200 초과 ~ 58,400 이하	16,129
41	4,350 초과 ~ 4,610 이하	1,272	90	58,400 초과 ~ 62,200 이하	17,123
42	4,610 초과 ~ 4,890 이하	1,349	91	62,200 초과 ~ 66,800 이하	18,316
43	4,890 초과 ~ 5,190 이하	1,431	92	66,800 초과 ~ 72,400 이하	19,764
44	5,190 초과 ~ 5,500 이하	1,518	93	72,400 초과 ~ 79,200 이하	21,524
45	5,500 초과 ~ 5,840 이하	1,610	94	79,200 초과 ~ 87,500 이하	23,668
46	5,840 초과 ~ 6,190 이하	1,708	95	87,500 초과 ~ 97,500 이하	26,267
47	6,190 초과 ~ 6,560 이하	1,810	96	97,500 초과 ~ 114,000 이하	30,029
48	6,560 초과 ~ 6,960 이하	1,920	97	114,000 초과	32,372
49	6,960 초과 ~ 7,380 이하	2,036			

3. 재산등급별 점수

등급	재산금액(만원)	점수	등급	재산금액(만원)	점수
1	450 이하	22	31	38,800 초과 ~ 43,200 이하	757
2	450 초과 ~ 900 이하	44	32	43,200 초과 ~ 48,100 이하	785
3	900 초과 ~ 1,350 이하	66	33	48,100 초과 ~ 53,600 이하	812
4	1,350 초과 ~ 1,800 이하	97	34	53,600 초과 ~ 59,700 이하	841
5	1,800 초과 ~ 2,250 이하	122	35	59,700 초과 ~ 66,500 이하	881
6	2,250 초과 ~ 2,700 이하	146	36	66,500 초과 ~ 74,000 이하	921
7	2,700 초과 ~ 3,150 이하	171	37	74,000 초과 ~ 82,400 이하	961
8	3,150 초과 ~ 3,600 이하	195	38	82,400 초과 ~ 91,800 이하	1,001
9	3,600 초과 ~ 4,050 이하	219	39	91,800 초과 ~ 103,000 이하	1,041
10	4,050 초과 ~ 4,500 이하	244	40	103,000 초과 ~ 114,000 이하	1,091
11	4,500 초과 ~ 5,020 이하	268	41	114,000 초과 ~ 127,000 이하	1,141
12	5,020 초과 ~ 5,590 이하	294	42	127,000 초과 ~ 142,000 이하	1,191
13	5,590 초과 ~ 6,220 이하	320	43	142,000 초과 ~ 158,000 이하	1,241
14	6,220 초과 ~ 6,930 이하	344	44	158,000 초과 ~ 176,000 이하	1,291
15	6,930 초과 ~ 7,710 이하	365	45	176,000 초과 ~ 196,000 이하	1,341
16	7,710 초과 ~ 8,590 이하	386	46	196,000 초과 ~ 218,000 이하	1,391
17	8,590 초과 ~ 9,570 이하	412	47	218,000 초과 ~ 242,000 이하	1,451
18	9,570 초과 ~ 10,700 이하	439	48	242,000 초과 ~ 270,000 이하	1,511
19	10,700 초과 ~ 11,900 이하	465	49	270,000 초과 ~ 300,000 이하	1,571
20	11,900 초과 ~ 13,300 이하	490	50	300,000 초과 ~ 330,000 이하	1,641
21	13,300 초과 ~ 14,800 이하	516	51	330,000 초과 ~ 363,000 이하	1,711
22	14,800 초과 ~ 16,400 이하	535	52	363,000 초과 ~ 399,300 이하	1,781
23	16,400 초과 ~ 18,300 이하	559	53	399,300 초과 ~ 439,230 이하	1,851
24	18,300 초과 ~ 20,400 이하	586	54	439,230 초과 ~ 483,153 이하	1,921
25	20,400 초과 ~ 22,700 이하	611	55	483,153 초과 ~ 531,468 이하	1,991
26	22,700 초과 ~ 25,300 이하	637	56	531,468 초과 ~ 584,615 이하	2,061
27	25,300 초과 ~ 28,100 이하	659	57	584,615 초과 ~ 643,077 이하	2,131
28	28,100 초과 ~ 31,300 이하	681	58	643,077 초과 ~ 707,385 이하	2,201
29	31,300 초과 ~ 34,900 이하	706	59	707,385 초과 ~ 778,124 이하	2,271
30	34,900 초과 ~ 38,800 이하	731	60	778,124 초과	2,341

4. 자동차등급별 점수

구분			사용연수별 감액률 및 결정 점수		
등급	자동차 종류 및 가액 (승용차동차)	배기량 등	3년 미만 100%	3년 이상 6년 미만 80%	6년 이상 9년 미만 60%
1	4천만원 이상	800시시 이하	18	14	11
2	4천만원 미만 그 밖의	모든 차량	20	16	12
3	4천만원 이상	800시시 초과 1,000시시 이하	28	23	17
	4천만원 이상 그 밖의	모든 차량			
4	4천만원 이상	1,000시시 초과 1,600시시 이하	59	47	35
5	4천만원 미만	1,600시시 초과 2,000시시 이하	79	63	48
6	4천만원 이상		113	90	68
7	4천만원 미만	2,000시시 초과 2,500시시 이하	109	87	65
8	4천만원 이상		155	124	93
9	4천만원 미만	2,500시시 초과 3,000시시 이하	130	104	78
10	4천만원 이상		186	149	111
11	승용자동차	3,000시시 초과	217	173	130

비고
1. 사용연수는 자동차 최초 등록일부터 월 단위로 계산하여 적용한다.
2. 자동차 가액은 「지방세법」 제10조에 따른 과세표준에 「지방세법 시행령」 제4조제1항제3호에 따른 차량의 경과연수별 잔존가치율을 고려하여 보건복지부장관이 고시한 비율을 적용하여 산정된 금액을 말한다.
3. 2등급 및 3등급 중 "그 밖의 승용자동차"란 「지방세법 시행령」 제123조제2호에 따른 그 밖의 승용자동차를 말한다.

지역가입자 건강보험료 부과체계 개편

시행시기

2018년 7월 이후 기존의 지역가입자 건강보험료 부과체제 개편
2018년 7월부터 2022년 6월까지 1단계
2022년 7월부터 2단계 시행

평가소득 보험료 폐지

(종전) 연소득 500만원 이하 지역가입자에게는 성·연령, 소득, 재산, 자동차로 추정한 평가소득을 적용하여 소득이 없거나 적더라도, 가족 구성원의 성별, 연령, 재산 때문에 보험료 부담이 크다는 문제가 제기되었습니다.

(개정) 성.연령 등에 부과하는 평가소득 보험료는 없어지고,
○ 소득이 일정기준 이하인 경우에는 최저보험료
○ 일정기준을 초과하면, 종합과세소득에 대한 보험료를 부과합니다.

(최저보험료) 1단계는 연소득 100만원 이하 (필요경비율 90% 고려시 총수입 연 1,000만원 이하)인 가구에 적용합니다.

재산 보험료 축소

(종전) 자가 주택은 재산 공제 없이 전액에 보험료를 부과하고, 전세 거주자(무주택)는 전세 보증금에서 500만원 공제 후 30%로 환산하여 부과하였습니다. (전세보증금 - 500만원) × 30%

(개정) 재산 보험료 비중을 단계적으로 축소하고 재산에 부과하는 경우에도 공제제도를 도입, 공제금액을 단계적으로 상향합니다.
○ 1단계는 세대 구성원의 총 재산 과표 구간에 따라, 500만원에서 1,200만원까지를 공제하게 되어 재산보험료가 40% 줄어듭니다.

▣ 자동차 보험료 축소

(종전) 15년 미만 모든 자동차에 보험료가 부과되었습니다.

(개정) 자동차 부과를 단계적으로 축소합니다.
○ 1단계는 배기량 1,600cc 이하 소형차(4천만원 미만), 9년 이상 자동차, 승합차·화물·특수자동차 부과를 면제하고, 1,600cc 초과 3,000cc 이하 승용차(4천만원 미만)는 보험료의 30%를 경감합니다.

▣ 피부양자 소득 요건 강화

▶ **피부양자 소득요건**

(종전) 금융소득, 공적연금, 근로소득. 기타소득 중 어느 하나가 각 4천만원을 초과하는 경우에만 지역가입자가 되어 합산소득 1.2억원 보유자도 보험료를 내지 않을 수 있었습니다.

(개정) 종합과세소득을 합산한 금액을 적용하며, 1단계는 연 3,400만원을 초과하는 경우 지역가입자로 전환하고 단계적으로 강화합니다.

(현행) 연소득 최대 1.2억
(1단계) 3,400만원 초과
(2단계) 2,000만원 초과[2022년 7월 이후]

▶ **피부양자 재산요건 강화**

(종전) 과표 9억원 (시가 18억원) 초과해야 지역가입자로 전환되었습니다.

(개정) 과표 9억원 이하의 재산이라도 일정 기준을 초과하면서 생계가능소득이 있다면 지역가입자로 전환됩니다.
○ 재산이 1단계 과표 5.4억원을 초과하면서 생계가능소득(연 1천만원 이상)이 있으면 보험료를 납부하여야 합니다.

▶ **피부양자 인정 범위 축소**

(종전) 부모나 자녀 등 직계존비속이 아닌 형제자매도 피부양자가 될 수 있었습니다.

(개정) 형제자매는 피부양자에서 원칙적으로 제외합니다. 다만 65세 이상 30세미만, 장애인인 저소득, 저재산 형제자매는 피부양자 자격을 유지할 수 있습니다.

▶ 직장가입자의 보수외 소득 부과 강화

(종전) 연간 보수외 소득이 7,200만원 초과 시 부과하여, 소득이 많아도 연간 7,200만원 이하이면, 보수외 소득에 대한 보험료는 내지 않았습니다.

(개정) (1단계) **3,400만원** -> (2단계) 2,000만원(2022.7.1. 이후) 소득에 대하여 보험료를 추가 납부하여야 합니다.

♣ 상세내용 : 건강보험공단 홈페이지 참조

③ 자영업자 본인 고용보험 가입 및 실업급여

◎ 자영업자 고용보험 가입대상 및 요건

사업주 본인은 고용보험의무가입대상자는 아닙니다만, 사업부진 등의 사유로 폐업하는 경우 근로자와 같이 일정기간 동안의 실업급여를 지원하여 주기 위하여 근로자를 사용하지 아니하거나, 50인 미만 근로자를 사용하는 자영업주(개인사업장은 사업주, 법인은 대표이사)로서 아래의 요건을 모두 갖춘 사업자 본인은 고용보험에 임의가입을 할 수 있습니다.

1. 사업자등록증을 갖춘 자
2. 사업자등록일로부터 6개월 이내인 자
3. 실업급여 수급 종료일로부터 2년 이내인 자
4. 임금근로자로 피보험자격이 취득되어 있지 않은 자

▶ 실업급여 관련 고용보험 가입을 할 수 없는 사업자
① 다음 각 호의 어느 하나에 해당하는 사업
1. 농업·임업·어업 또는 수렵업 중 법인이 아닌 자가 상시 4명 이하의 근로자를 사용하는 사업
2. 다음 각 목의 어느 하나에 해당하는 공사
가. 총공사금액이 2천만원 미만인 공사
나. 연면적이 100제곱미터 이하인 건축물의 건축 또는 연면적이 200제곱미터 이하인 건축물의 대수선에 관한 공사
3. 가사서비스업

② 부동산임대업

♣ 자영업자 본인 고용보험료 산정 및 부과 등

자영업자 고용보험료는 건강보험공단이 매월 부과하며, 납부기한은 매월 부과된 보험료의 다음 달 10일까지입니다.

▶ 자영업자 고용보험료 부담액 및 실업급여 지원액

▶ **자영업자 고용보험료율 = 기준보수액 × 보험요율**
보험요율 : 2.25% (실업급여 2% + 고용안정.직업능력개발사업 0.25%)

■ 자영업자 고용보험 기준보수별 [2021년 기준]

□ 등급별 월 보험료 및 실업급여 수준

등급	기준 보수	비고
1등급	1,820,000	
2등급	2,080,000	
3등급	2,340,000	
4등급	**2,600,000**	
5등급	2,860,000	
6등급	3,120,000	
7등급	3,380,000	

□ 실업급여 소정일수

구 분	가입 기간(피보험기간)			
	1년 이상 3년 미만	3년 이상 5년 미만	5년 이상 10년 미만	10년 이상
소정급여일수	90일	120일	150일	180일

♣ 고용노동부 → 정보공개 → 훈령 · 예규 · 고시
〈검색어〉 자영업자

4 자영업자 본인 산재보험 가입

Q 자영업자 산재보험 가입대상 및 요건

[1] 종업원 50명 미만 자영업자 본인 산재보험 가입

사업주 본인은 산재보험의무가입 대상자는 아닙니다만, 보험가입자로서 **50명 미만의 근로자를 사용하는 사업주**의 경우 근로복지공단의 승인을 얻어 자기 또는 유족을 보험급여를 받을 수 있는 자로 하여 보험에 가입할 수 있습니다.

[2] 자영업자 산재보험 가입 신청 및 승인

중.소기업 사업주가 보험에 가입하고자 하는 『중.소기업 사업주 산재보험 가입신청서』를 작성하여 공단에 제출하여야 하며, 신청 및 가입절차는 근로복지공단(☎1588-0075)에 문의하시면 자세한 안내를 받을 수 있습니다.

Q 보험료

① 중.소기업 사업주에 대한 보험료 및 보험급여의 산정기준이 되는 보수액 및 평균임금은 고용노동부장관이 고시하는 금액으로 하고 보험료율은 당해 사업이 적용받는 보험료율로 합니다.

■ 월 보험료 = 월단위 보수액 × 당해 사업장 산재보험료율

② 보험에 가입된 중.소기업 사업주는 보험연도마다 고용노동부장관

이 고시하는 월 단위 보수액의 등급 중 하나를 선택하여 해당 보험연도의 전년도 12월 말일까지 다음 보험연도 월보수를 공단에 신고하여야 하며, 선택하여 신고하지 아니하는 경우에는 종전에 적용하고 있는 월 단위 보수액의 등급을 선택한 것으로 봅니다.

■ 중·소기업 사업주 산재보험료 및 보험급여산정의 기초가 되는 보수액 및 평균임금

구 분	2021년	
	보수액(월)	평균임금(1일)
1등급	2,092,800	69,760
2등급	2,519,430	83,981
3등급	2,946,060	98,202
4등급	3,372,690	112,423
5등급	3,799,320	126,644
6등급	4,225,950	140,865
7등급	4,652,580	155,086
8등급	5,079,210	169,307
9등급	5,505,840	183,528
10등급	5,932,470	197,749
11등급	6,359,100	211,970
12등급	6,785,730	226,191

♣ 고용노동부 → 정보공개 → 훈령 · 예규 · 고시 〈검색〉 사업주

SECTION 03

4대보험료 납부에 따른 혜택 등

4대보험료를 납부하는 경우 근로자 본인 및 사업주에 대하여 여러 가지 혜택이 있으며, 그 내용을 살펴 보면 다음과 같습니다.

1 국민연금 불입에 따른 혜택

Q 국민연금 수급

국민연금은 기간에 관계없이 120회 이상 불입을 하여야 연금형태를 지급을 받을 수 있으며, 120회 미만 불입한 경우 연금수령 시점에 원금에 대한 이자를 포함하여 일시불로 지급을 받게 됩니다.

♣ 보건복지부 → 정책 → 연금 → 국민연금정책 → 국민연금급여

▶ 노령연금

[1] 노령연금 수급 개시 연령

노령연금이란 통상의 국민연금으로 가입자가 일정 연령 이상이 되는 월부터 지급하는 연금을 말합니다. 노령연금의 수급 개시 연령은 만 60세이나, 그 지급연령이 높아져 2013년부터는 5년마다 1세씩 연장하여 2033년부터는 65세부터 지급받을 수 있으며, 출생연도별 수급 개시연령은 다음과 같습니다.

■ 연령별 국민연금 수급연도

출생연도	노령연금수급연령	조기연금수급연령
1953 ~ 1956년생	61세	56세
1957 ~ 1960년생	62세	57세
1961 ~ 1964년생	63세	58세
1965 ~ 1968년생	64세	59세
1969년생 이후	65세	60세

[2] 노령연금 수령액

연금액은 본인의 가입기간 및 가입 중 평균소득액, 전체 가입자의 평균소득액을 기초로 계산됩니다. 수령액 산식은 다소 복잡하기 때문에 자세한 사항은 국민연금 홈페이지(내 연금 알아보기)에서 예상연금액을 조회하시어 향후 받게 될 금액을 확인(공인인증서 필요)하시기 바라며, 나중에 받게 될 예상연금액과 그동안 납부한 내역을 국민연금 홈페이지에서 확인할 수 있습니다.

예상연금액은 '국민연금 홈페이지 → 내연금노후설계 → 국민연금 예상연금 조회'에서 현재까지 납부한 보험료를 기준으로 만 60세 또는 연금수급가능 시까지 계속 납부하는 것을 가정한 예상연금액을 알아볼 수 있습니다.

현재까지 개인이나 사업장이 납부한 보험료 내역은 '국민연금 홈페이지 → 내연금노후설계 → 납부내역 조회'에서 확인할 수 있으며, 과거 국민연금 일시금으로 지급받은 금액도 조회가 가능합니다.

Q&A 부양가족이 많은 경우 국민연금을 더 받을 수 있나요?

부양가족이 있을 경우 국민연금을 더 받을 수 있습니다. 부양가족연금은 연금을 받는 분의(유족연금의 경우에는 사망한 기입자 또는 가입자였던 분의)배우자, 자녀(18세 미만 또는 장애2급 이상), 부모(60세 이상 또는 장애2급 이상, 배우자의 부모 포함)로서 연금을 받으시는 분에 의해 생계를 유지하는 경우에 지급되며, 가입기간 등에 관계없이 정액으로 지급됩니다. 유족연금의 경우에는 지급사유 발생 당시 가입자 또는 가입자이었던 분에 의하여 생계를 유지하고 있던 분이 부양가족연금 대상입니다.

◆ **부양가족연금액**

2021년 1월 기준 부양가족연금은 배우자의 경우 연 263,060원, 자녀·부모의 경우에는 연 175,330원입니다.

▶ 조기노령연금

① 국민연금 가입기간이 10년 이상되는 분은 소득이 일정 금액에 미달하거나 **소득이 있는 업무**에 종사하지 않는 경우 연령별 수급시기 전이라도 연금지급을 청구할 수 있으며, 이를 '조기노령연금'이라 합니다. 예를 들어 1959년생인 경우 만57세 이후에 조기연금수령이 가능하며, 만57세에 조기연금을 수령하는 경우 노령연금기준액의 70%를 매월 지급받을 수 있으며, 만58세에 조기연금을 수령하는 경우 노령연금기준액의 76%를 매월 지급받을 수 있는 것입니다.

조기노령연금을 수급하는 경우에도 부양가족 연금을 추가로 지급을 받을 수 있습니다.

② '소득이 있는 업무'라 함은 월평균소득금액이' 최근 3년간의 국민연금 전체가입자의 평균소득월액의 평균액'(2021년도 기준 월평균 2,539,734원)이며, 이 금액은 매년 변동됩니다.

③ 월 평균소득금액이란 사업소득금액(총수입금액 - 필요경비) 및 근로소득금액(근로소득 - 근로소득공제)을 합산한 금액을 당해연도 근무 종사월수로 나눈 금액을 말합니다. 조기노령연금은 연금을 지급받기 시작하는 연령에 따라 지급률(노령연금대비 지급비율)이 달라지며, 그 내용은 다음과 같습니다.

■ 연령별 조기노령연금 수령 비율

출생연도 조기연금	1953년~ 1956년생	1957년~ 1960년생	1961년~ 1964년생	1565년~ 1968년생	1969년생 이후
만56세	70%				
만57세	76%	70%			
만58세	82%	76%	70%		
만59세	88%	82%	76%	70%	
만60세	94%	88%	82%	76%	70%
만61세		94%	88%	82%	76%
만62세			94%	88%	82%
만63세				94%	88%
만64세					94%

▶ **재직자 노령연금**

재직자 노령연금이란 가입기간이 10년 이상이고 국민연금 수급연령에 도달하였으나 소득이 있는 업무에 종사하고 있는 경우 60세 이상

65세 미만의 기간 동안 일정금액을 감액하여 지급하는 연금입니다. 왜냐하면, 원래 연금은 고령, 질병 등의 사유로 소득활동을 할 수 없는 경우 최소한의 생계를 보장하기 위하여 지급하는 것이기 때문입니다. 하지만, 처음 연금을 받을 당시 소득이 있는 업무에 종사하여 재직자노령연금을 받았다 하더라도 65세 이전에 소득이 있는 업무에 종사하지 않게 되면, 가입기간에 따라 완전노령연금이나 감액노령연금으로 변경하여 지급을 받게 됩니다.

▶ 장애연금

장애연금은 가입자의 가입중에 발생한 질병 또는 부상이 완치(진행중인 때는 초진일로부터 1년 6개월 경과시)되었으나 신체적 또는 정신적 장애가 남았을 때 이에 따른 소득 감소부분을 보전함으로써 자신과 가족의 안정된 생활을 보장하기 위한 급여로서 장애정도(1급~4급)에 따라 일정한 급여를 지급합니다.

Q&A 산재보험에서 보상을 받으면 장애연금은 어떻게 되나요?

동일한 사유로 산재보상을 받게 되는 경우 국민연금의 장애연금은 1/2이 지급됩니다. 국민연금의 장애연금은 가입 중에 발생한 질병이나 부상으로 인하여 치료가 완료된 이후에도 장애가 남아 신체적·정신적으로 노동력이 상실된 경우, 그 정도를 심사하여 정해진 장애등급에 따라 연금을 지급합니다. 따라서 국민연금 가입 중 발생한 장애가 산업재해보상법상 보상을 받은 경우에도 장애연금을 청구할 수 있습니다.

다만, 둘 다 모두 국가가 운영하는 공적보험이기 때문에 동일한 사유로 산업재해보상법상 보상을 받게 되면 국민연금의 장애연금(또는 유족연금)은 1/2 감액된 금액을 지급받게 되는 것입니다.

Q&A 암으로 투병중인데 장애연금을 받을 수 있나요?

장애연금이란 가입 중에 발생한 질병 또는 부상으로 인해 완치 후에도 장애가 남아있는 경우 그 장애가 존속하는 동안 지급하는 연금급여를 말하며, 아래 조건을 충족하는 경우에 장애연금을 지급받을 수 있습니다.

암으로 장애연금을 지급받기 위해서는, 암의 발생이 국민연금 가입 중(최초 진료일이 가입 중에 있는 경우로, 가입자가 가입 전 발병 사실을 알지 못한 경우라면 장애연금수급권 인정)이어야 하고, 최초 진료일로부터 1년 6개월이 지난 후 장애등급에 해당되면 1년 6개월이 지난 날짜를 기준으로 장애연금을 지급받을 수 있으며, 장애등급에 해당되지 아니한 경우에는 만 60세(~만 65세)가 되기 전, 장애연금 지급대상이 되는 때 청구일을 기준으로 공단에서 장애등급을 심사하여 장애등급이 인정되면 장애연금을 지급받을 수 있습니다. 장애등급(국민연금에서 심사·판정)은 1~4급으로 구분되며 1~3급은 매월 연금으로, 4급은 일시보상금으로 지급됩니다.

▶ **유족연금**

① 유족연금은 국민연금에 가입하고 있는 사람 또는 연금을 받던 사람이 사망하면 그에 의하여 생계를 유지하던 유족에게 가입기간에 따라 기본연금액의 일정률(40~60%)을 지급하여 남아있는 가족들이 안정된 삶을 살아갈 수 있도록 하기 위한 연금입니다.

가입기간	연금액
10년 미만	기본연금액 40% + 부양가족연금액
10년 이상 20년 미만	기본연금액 50% + 부양가족연금액
20년 이상	기본연금액 60% + 부양가족연금액

② 유족연금은 가입자 또는 가입자였던 분이 사망하거나, 노령연금 수급권자 또는 장애등급 2급 이상의 장애연금 수급권자가 사망하여 수급요건을 충족하는 경우에 그 유족의 생활을 보장하기 위하여 지급하는 연금입니다.

③ 유족연금은 사망 당시 수급자에 의하여 생계를 유지하고 있던 분 중 배우자, 자녀(만 19세미만이거나 장애등급 2급 이상), 부모(만 60세 이상이거나 장애등급 2급 이상), 손자녀(만 19세미만 또는 장애등급 2급 이상) 순으로 최우선 순위자에게 지급되며, 이를 충족하게 되면 우선순위에 의해 유족연금을 지급받을 수 있습니다.

▶ **부부가 모두 국민연금에 가입한 경우 유족연금**

부부가 국민연금을 수령하던 중 배우자가 사망하는 경우 유족연금(40% ~ 60%)의 100분의 30에 상당하는 금액만 추가로 지급받게 되므로 배우자가 국민연금에 임의 가입하고자 하는 경우 이 점을 유의하여야 합니다.

국민연금 반환일시금

반환일시금은 60세 도달이나 사망, 국외이주 등으로 국민연금에 더 이상 가입할 수 없게 되었으나 연금수급요건을 채우지 못한 경우 그동안 납부한 보험료에 이자를 더해 일시금으로 지급하는 급여이며, 반환일시금은 다음과 같은 경우에 지급됩니다.

① 가입기간 10년 미만인 자가 60세가 된 경우
② 가입자 또는 가입자이었던 자가 사망하였으나 유족연금에 해당되지 않는 경우
③ 국적을 상실하거나 국외로 이주한 경우

② 고용보험료 납부에 따른 혜택

> 사업주 및 근로자가 납부하는 고용보험료를 재원으로 정부는 사업주와 근로자를 위하여 지원사업을 실시하며, 본서에서는 개요만을 수록하였으므로 자세한 내용은 고용노동부에서 운영하는 '고용보험' 홈페이지를 참고하시기 바랍니다.

근로자 지원제도

▶ 재직근로자 훈련지원

기업과 근로자의 직업능력개발지원을 통해 인적자원의 질을 향상시키고 근로자 스스로의 직무능력 향상 노력을 유인하여 급변하는 경제상황에 능동적으로 대처하는데 목적이 있습니다.

▶ 근로자 수강 지원금 지원

고용보험 피보험자인 재직근로자가 자발적으로 직업 능력개발 훈련을 수강하는 경우 수강비용을 지원하여 줍니다.

▶ 실업자 훈련지원

고용보험에서는 실업자의 재취업을 위한 훈련을 지원하고 있습니다. 훈련 지원에 대한 훈련비, 훈련 수당을 지원 하고 있으며 민간 훈련기관, 대한상공회의소 등이 취업훈련을 실시합니다.

▶ 실업자 재취업 훈련지원

고용보험 사업장에서 실직한 근로자가 재취업을 위해 훈련을 받는 경우 훈련비(전액 국비지원이나 일부 훈련의 정부지원훈련비 초과분은 훈련생부담)와 훈련수당을 지원합니다.

▶ 실업급여

[1] 개요
근로자가 실직 했을 때 일정기간 급여를 지급함으로써 생활의 안정을 도와주며 재취업의 기회를 지원해 주는 제도입니다.

[2] 실업급여 수급조건
아래 각호의 요건을 모두 충족하여야 실업급여를 받을 수 있습니다. 따라서 근로자의 자발적 이직, 중대한 귀책사유로 해고된 경우 등은 실업급여 수급대상자에 해당하지 않습니다.
1. 실직전 18개월 중 고용보험가입 사업장에서 180일(피보험단위기간) 이상 근무
2. 회사의 경영사정 등과 관련하여 비자발적인 사유로 이직

[3] 실업급여 지급액
① 퇴직전 평균임금의 60% × 소정급여일수
② 상한액 : 2021년 66,000원
③ 하한액 : 퇴직 당시 최저임금법상 시간급 최저임금의 90% × 1일 소정근로시간 (8시간)

♣ 고용보험 → 개인혜택안내 → 실업급여안내 → 지급액

[4] 실업급여 수급기간(소정급여일수)

[개정] 실업급여 인상 (2019.10.1. 이후)
구직급여 지급액 = 퇴직전 평균임금의 60% × 소정급여일수
- 상한액 : 이직일 2019년 1월 이후 1일 상한액 66,000원
- 하한액 : 이직일 2019년 1월 이후 1일 하한액 60,120원

■ 실업급여(구직급여) 수급기간(소정급여일수)

연령 \ 피보험기간	6개월이상 1년 미만	1~3년	3~5년	5~10년	10년 이상
50세미만	120일	150일	180일	210일	240일
50세이상 및 장애인	120일	180일	210일	240일	270일

➡ 육아휴직급여

[1] 개요
근로자가 만 8세 이하 또는 초등학교 2학년 이하의 자녀를 양육하기 위하여 「남녀고용평등과 일·가정 양립 지원에 관한 법률」 제19조에 의한 육아휴직을 30일 이상 부여받은 경우 지급되는 급여입니다.

[2] 해당조건
① 육아휴직개시일 이전에 피보험단위기간이 180일 이상
② 육아휴직개시일 이후 1월부터 종료일 이후 12월이내 신청

[3] 급여수준
매월 통상임금의 100분의 40을 지급하고(상한액 : 월 100만원, 하한액 : 월 50만원), 급여 중 일부(100분의 15)를 직장 복귀 6개월 후에 합산하여 일시불로 지급

▶ 산전후휴가급여

[1] 개요

임신, 출산 등으로 인하여 소모된 체력을 회복시키기 위하여 부여하는 제도입니다.

[2] 해당 조건

임신중인 여성근로자가 사업주로부터 출산전후휴가를 부여 받아 사용하고, 출산전후휴가 종료일 이전에 고용보험피보험 단위 기간이 통산하여 180일 이상일 경우 지원

[3] 급여수준

출산전후휴가기간 중 우선지원 대상기업의 근로자는 90일분(480만원 한도), 대규모기업의 근로자는 최초 60일을 초과한 30일분에 해당하는 통상임금(출산전후휴가개시일 기준) 상당액을 지원

♣ 고용보험 → 개인혜택안내 → 모성보호안내 → 출산전후 휴가

◼ 사업주 지원제도

▶ 고용유지 지원금

[1] 개요

매출액 감소 등으로 고용조정이 불가피하게 된 사업주가 고용유지 조치(휴업, 훈련, 휴직, 인력재배치 등)를 취하여 당해 피보험자를 계속 고용하는 경우 고용유지와 관련한 지원금을 받을 수 있습니다.

[2] 지원내용
고용유지를 한 조치기간 동안 사업주가 근로자에게 지급한 휴업, 휴직수당 또는 임금액의 일부를 지원

▶ **무급휴업·휴직 고용유지 지원금**

[1] 개요
고용유지조치의 수단으로 무급의 휴업 또는 휴직을 실시하는 경우 무급휴업·휴직 기간 중 근로자에게 고용유지 지원금을 지원함으로서 근로자 실직을 예방하고 생계안정 유지

[2] 지원내용
무급휴업·휴직을 실시하는 경우 심사위원회 심사를 거쳐 무급휴업·휴직 필요성, 근로자 복귀 가능성, 직업능력 향상 계획 등을 심사하여 지원대상을 결정하여 지원합니다.

▶ **정년연장 지원금**

[1] 지원대상 사업주
기존의 정년을 폐지하거나, 정년을 60세 이상으로 1년이상 연장한 사업장에서 18개월 이상 근무한 고령자를 계속고용한 사업주 단, 정년 폐지 또는 정년연장 전 3년 이내에 정년을 새로 설정(기존에 정년 규정이 없었던 경우)하거나 정년을 단축하는 경우 지원 제외

[2] 지원내용
① 대상자별 30만원씩 지원
② 300인 미만 사업장만 지원

▶ 출산육아기 고용안정 지원금

[1] 개요
여성 근로자의 근로계약기간이나 파견계약기간이 임신기간 또는 출산전후 휴가 기간 중에 끝나는 경우 그 근로계약기간이나 파견계약기간이 끝난 즉시 또는 출산 후 15개월 이내에 그 근로자와 근로계약기간을 1년 이상으로 하는 근로계약을 체결하는 사업주

[2] 사업내용
출산전후휴가, 유산·사산휴가, 육아휴직, 육아기 근로시간 단축 등을 부여한 사업주에게 간접노무비, 대체인력 인건비 등을 지원

[3] 지원 대상 및 지원내용
(육아휴직등 부여 간접노무비) 해당 근로자 1인당 최대 2년간 지원

유 형	육아기근로시간단축	육아휴직
우선지원 대상기업	월 30만원	월 30만원 (1호 인센티브* 적용 시 월 40만원)
대규모기업	월 10만원	미지급

(1호 인센티브) 해당 사업장의 근로자에 대해 육아휴직을 처음으로 부여한 사업주에게는 월 10만원 추가 지원
(대체인력 인건비) 육아휴직 등을 부여하고 대체인력을 채용한 사업주 대상
- 우선지원대상기업 월 80만원(인수인계기간 월 120만원)
- 대규모기업 월 30만원

◆ 2020년 달라지는 내용
우선지원대상기업 대상 대체인력 1인당 지원금 상향(월 60만원→80만원)

♣ 상세 내용 : 고용보험(홈페이지) → 기업혜택안내

③ 의료비 본인부담금 환급제도

Q 개요

본인, 부모님 또는 가족의 질병으로 수술, 장기입원 등으로 인하여 병원비 부담이 많아지는 경우 경제적으로 어려워 질 수가 있습니다. 따라서 국가는 병원비 부담액 중 비급여(보험이 되지 않는 의료비)를 제외한 **연간(1월 1일 ~ 12월 31일) 의료비**가 건강보험료 부담수준에 따라 121만원부터 506만원을 초과하는 경우 그 초과되는 금액을 전액 돌려주며, 이 제도가 의료비 환급제도입니다.

예를 들어 암으로 인하여 의료보험이 적용되는 의료비를 1천만원이 지출한 경우로서 소득수준(건강보험료 납부금액 기준)이 중위 4단계에 해당하는 경우 747만원을 환급을 받을 수 있으므로 가족의 경제적인 부담이 현저히 줄어들게 됩니다.

단, 의료보험이 되지 않는 특진비, 2인실 또는 1인실 등의 비용과 비급여 적용대상 진단비용 등은 환급대상이 아닌 점을 유의하여 특수검사의 경우 검사 전 검사비용 및 의료보험 여부를 확인하여 검사 여부를 결정하여야 할 것입니다.

> **참고** 의료비 환급적용 제외 및 환수대상
> MRI일부금액, 선택진료비, 상급병실료 차액, 비급여항목은 제외되며, 보험료체납 후 진료, 기타 부당한 방법, 고의·중대한 과실에 의한 진료, 교통사고, 업무상 부상으로 인한 진료, 제3자 가해행위로 인한 진료 등으로 확인 되었을 시 환급액의 전부 또는 일부가 환수될 수 있다.

▶ **2018. 7. 이후 상급병원 2인 · 3인실 의료보험 적용**

2018년 7월 이후 42개 상급종합병원(대형 대학병원)과 302개 종합병원의 2~3인실(1만5217개 병상)에 건강보험료가 적용됩니다. 이에 따라 2·3인실의 환자 부담이 절반 이상 줄어들어 연 50만~60만명의 환자가 혜택을 보게 됩니다. 지금까지는 4인실까지만 건강보험료가 적용되어 2~3인실에 입원할 경우 전액을 환자가 부담하였습니다.

■ 종합병원 인실별 본인부담률

구분	1인실	2인실	3인실	4인실	5인실 이상
상급종합	비급여	50%	40%	30%	20%
종합병원		40%	30%	20%	20%

▶ **요양급여비용 중 본인이 부담하는 상한액**

2014년부터 건강보험이 적용되는 연간 의료비 중 환자 본인이 최대로 부담해야 하는 상한액(본인부담상한제) 구간을 소득수준별로 3단계에서 7단계로 세분화 되었다. 매년 산정.적용되는 소득수준별 본인부담상한액은 국민건강보험공단 홈페이지에서 확인할 수 있다.

Q 의료비 본인부담상한액 및 환급

■ 2021년 본인부담상한액 [국민건강보험법 시행령 별표 3]

요양병원 입원일수	연평균 보험료 분위						
	저소득			→			고소득
	1분위	2~3분위	4~5분위	6~7분위	8분위	9분위	10분위
120일이하	81만원	101만원	152만원	280만원	350만원	430만원	580만원
120일초과	125만원	157만원	211만원				

- 1~5분위의 경우 입원일수 120일 초과 여부에 따라 상한액이 다름

▶ 의료비 본인부담금 환급절차

(1) 사전 적용
같은 병원에서 계속 입원진료 중 건강보험 본인부담금(선택진료비 등 비급여 부분은 제외)이 연간 523만원을 초과할 경우, 병원은 523만 원까지만 청구하고 그 초과액은 공단에 청구하는 것을 말한다.

(2) 사후 적용
가입자가 여러 병원(약국 포함)에서 진료하고 부담한 건강보험 본인부담금 (선택진료비 등 비급여 부분은 제외)을 집계하여 상한액을 초과한 본인부담금을 환급하여 주는 제도로서 공단은 사후환급대상이 되는 분께 다음해 4, 5월 중 지급신청 안내문을 보내준다.

■ 본인부담상한액 기준보험료 [국민건강보험법 시행령 별표 3]

분위	기준보험료	
	직장보험료 구간	지역보험료 구간
1	44,250원 이하	9,850원 이하
2	44,250원 초과~55,420원 이하	9,850원 초과~13,550원 이하
3	55,420원 초과~61,580원 이하	13,550원 초과~16,570원 이하
4	61,580원 초과~70,670원 이하	16,570원 초과~28,600원 이하
5	70,670원 초과~83,360원 이하	28,600원 초과~52,510원 이하
6	83,360원 초과~99,550원 이하	52,510원 초과~81,230원 이하
7	99,550원 초과~122,790원 이하	81,230원 초과~109,710원 이하
8	122,790원 초과~157,480원 이하	109,710원 초과~152,180원 이하
9	157,480원 초과~216,180원 이하	152,180원 초과~222,350원 이하
10	216,180원 초과	222,350원 초과

▶ 보험료는 매 년 재조정됨
- ■ 법제처 → (검색어) 본인부담상한액 → 행정규칙
- ■ 법제처 → 국민건강보험법 시행령 → [별표 3] 본인부담상한액

Q&A 요양병원 입원비도 환급을 받을 수 있나?

부모님이 노인성 질환등으로 장기 요양이 필요한 경우 반드시 의료법에 의한 의료기관에서 요양을 하여야 연간 80만원부터 523만원을 초과하는 금액을 환급받을 수 있다. 따라서 병원이 아닌 일반요양원 등에 입원하시는 경우 의료비 환급도 받을 수 없으며, 근로자의 경우 세법에 의한 의료비공제 또한 받을 수 없는 것이므로 특히 유의를 하여야 한다. 요양원의 경우 치매, 중풍 등으로 등급판정을 받은 경우 입원을 할 수 있으며, 입원비용의 80% 이상을 노인장기요양보험에서 지원하고 있다.

Q&A 농어촌에서 생활하시는 부모님의 주소지를 부양의무자인 근로자의 주소지로 이전하는 것은 좋은가?

농어촌에서 생활하시는 부모님의 건강보험료는 대부분 지역가입자 하위 50%에 해당하여 건강보험료가 얼마 되지 않아 의료비 지출액이 최하위 보험료 납부자의 경우 연간 의료비가 80만원을 초과하면, 부담한 의료비 중 80만원을 초과하는 금액은 환급을 받을 수 있는 장점이 있다. 또한 암, 심장질환, 뇌혈관질환 등 중증질환에 걸린 경우 비급여부분도 재난적 의료비 지원대상에도 해당될 수 있기 때문에 정부의 의료비 지원혜택을 받기 위해서는 부모님을 부양의무자의 주소로 이전을 하지 않는 것이 좋을 것이다. 참고로 농·어촌에서 생활하시는 부모님 주소지를 근로자의 주소지로 이전하지 않아도 연말정산시 부양가족으로 공제를 받을 수 있다.

CHAPTER 3

고용창출 지원제도
두루누리 일자리안정자금
근로장려금 지원제도

SECTION 01

고용창출 관련 정부지원 제도

① 청년채용특별장려금(청년추가고용장려금)

> 청년(만15세 이상 34세 이하)을 정규직으로 신규 채용하는 경우로서 전년 연평균 기준 피보험자수보다 기업 전체 근로자수(피보험자 수)가 증가한 경우 정부는 인건비를 지원합니다. 단, 청년채용 지원사업의 경우 매 년 그 적용범위가 변경되고, 용어 또한 변동될 수 있으므로 정확한 내용은 연초에 고용노동부 공고 내용을 참고하시기 바랍니다.
>
> ▣ 고용노동부 홈페이지 → 뉴스소식 → 공지사항 → 공고

사업 개요

[1] 사업 목적
청년을 정규직으로 채용한 중소·중견기업에 인건비를 지원함으로써 민간 기업의 양질의 일자리 창출 노력 지원

[2] 사업 규모 → 매 년 공고
총 지원 목표 인원이 조기 달성되거나 예산이 소진될 경우 사업이 조기에 마감될 수 있음(이 경우 별도로 추가 공고될 수 있음)

[3] 법적 근거
「고용보험법」 제20조, 시행령 제17조제1항제4호 및 제2항

지원대상 및 지원요건

[1] 지원 대상
청년(만15세 이상 34세 이하)을 정규직으로 신규 채용한 5인 이상 중소·중견기업(성장유망업종, 벤처기업 등은 5인 미만도 가능)
* 단, 사행·유흥업 등 일부 업종은 지원제외

◆ 성장유망업종 : 고용노동부 홈페이지 → 뉴스소식 → 공지사항 → 공고 → 2021.06.14. <2021년 청년채용특별장려금 지원사업 공고>
○ 청년채용특별장려금 지원사업 시행 지침(변경)

[2] 주요 지원요건
청년 정규직 신규 채용 후 6개월 이상 고용유지, 기업 전체 근로자 수 증가
① (청년 신규채용) 청년을 근로계약 기간의 정함이 없는 정규직 근로자로 신규 채용하여야 함
② (근로자수 증가) 전년 연평균 기준 피보험자수보다 기업 전체 근로자수(피보험자 수)가 증가해야 함
* (연)평균 피보험자 수: 매월 말일 기준 피보험자 수의 합을 해당 개월 수로 나누어 산출하며, 소수점 이하 첫째 자리 반올림

🅠 지원수준 및 지원한도

☐ 채용일로부터 최대 1년간 지원하며, 신규 채용 '청년 1명당 월 75만원×최대 1년'(900만원) 지원

☐ 기업당 최대 3명까지 지원

▶ **청년고용지원금을 지급받던 중 퇴사한 경우**
청년고용지원금을 지급받던 중 퇴사한 경우 지원이 중단되나 기 지원받은 금액에 대하여 환수 조치 등의 제재는 없습니다.

🅠 지원신청 방법

☐ (운영 방식) 중소·중견기업에서 청년 채용 후 장려금 신청
ㅇ 최소 고용유지기간(6개월) 종료 후 익월 1일부터 3개월 이내 신청(최소고용유지기간은 채용일로부터 6개월이 되는 날까지 해당)

☐ (신청 방법) 장려금 지급 신청서 등 관련 서식을 작성하여 구비서류와 함께 고용센터기업지원부서 또는 고용보험시스템을 통해서 신청
* 관련 서식은 고용노동부 누리집(www.moel.go.kr)에서 확인 가능

🅠 문의처 및 상세내용

☐ 고용노동부 고객상담센터 (국번없이 ☎1350)
☐ 고용센터 기업지원부서로 문의

♣ 상세 내용 : 고용노동부 → 정보공개 → 법령정보 → 공고 (검색어) 청년채용특별장려금

② 내일채움공제 지원제도

내일채움공제란 근로자가 적금 형식의 공제금을 불입하여 자산을 형성할 수 있도록 정부가 무상지원하거나 장려하는 제도로서 다음과 같이 구분됩니다.

신규근로자 청년내일채움공제
[공제금 불입] 근로자 + 기업기여금(정부 지원금) + 정부(무상)

재직근로자(청년) 내일채움공제
[공제금 불입] 근로자 + 기업(기업 부담) + 정부(무상)

재직근로자(일반) 내일채움공제
[공제금 불입] 근로자 + 기업(기업 부담)

내일채움공제 지원사업의 경우 매 년 그 적용범위가 변경되고, 용어 또한 변경될 수 있으므로 정확한 내용은 고용노동부 공고 (고용노동부 홈페이지 → 뉴스소식 → 공지사항 → 공고) 또는 보도자료 내용을 참고하시기 바랍니다.

Q 청년 신규 채용자 내일채움공제

▶ 사업 개요 및 가입조건 등

[1] 사업 개요

노동시장에 신규 진입한 청년(만15~34세 이하 미취업 청년)이 중소기업에서 2년 이상 근속하여 초기 경력을 형성할 수 있도록 청년, 기업, 정부 3자가 공동으로 적립하여 청년의 자산형성을 지원하는 제도입니다.

▶ 청년채용특별지원금과 별도로 지원함

청년내일채움지원금은 청년 고용과 관련한 사업주 지원금인 청년채용특별장려금과는 별도로 청년의 장기 근속을 장려하기 위하여 정부가 일정 금액을 청년 및 기업(기업기여금)에게 무상으로 지원하고 정부에서 무상 보조하여 자산(정기적금 형식)을 형성할 수 있도록 지원하는 제도입니다. 단, 자금소진시 지원이 중단되므로 조기 신청하여야 합니다.

[적금 불입] 청년 + 정부 + 기업(정부에서 무상 보조함, 단, 근로자 50인 이상 사업장의 경우 기업이 20% 부담)

[2] 지원 수준 (2년간)

만기공제금	청년적립금	기업기여금	정부지원금
1,200만원	300만원	300만원	600만원

[3] 지원 요건(1 + 2)

1. (신규 취업 청년) 고용보험 가입이력 12개월 이내(재학 중, 3개월 이하 이력 산입제외)
2. (5인 이상) 지식서비스산업·문화콘텐츠산업·벤처기업 등 예외적으로 1~5인 가입 허용

◆ 지식서비스산업 → 청년채용특별장려금 지원사업 시행지침
(산업발전법시행령 제3조제1항)
① 지식서비스산업(별첨 2) 〈별첨 2〉 지식서비스산업

한국표준산업 분류번호(10차)	해 당 업 종
3900	환경정화 및 복원업
46	도매 및 상품중개업
582	소프트웨어 개발 및 공급업
5911	영화, 비디오물 및 방송프로그램 제작업
59120	영화, 비디오물 및 방송프로그램 제작관련 서비스업
59201	음악 및 기타 오디오물 출판업
612	전기통신업
620	컴퓨터 프로그래밍, 시스템 통합 및 관리업
631	자료처리, 호스팅, 포털 및 기타 인터넷 정보매개서비스업
639	기타 정보 서비스업
701	자연과학 및 공학 연구개발업
702	인문 및 사회과학 연구개발업
711	법무관련 서비스업
712	회계 및 세무 관련 서비스업
713	광고업
714	시장 조사 및 여론 조사업
71531	경영컨설팅업
721	건축기술, 엔지니어링 및 관련 기술 서비스업
729	기타 과학기술 서비스업
732	전문디자인업
73902	번역 및 통역 서비스업
73903	사업 및 무형 재산권 중개업
73909	그 외 기타 분류 안된 전문, 과학 및 기술 서비스업
741	사업시설 유지·관리 서비스업
75320	보안 시스템 서비스업
75992	전시 컨벤션 및 행사 대행업
75994	포장 및 충전업
85503	온라인 교육 학원(기술 및 직업훈련 교육을 제공하는 경우)
8566	기술 및 직업 훈련학원
901	창작, 예술관련 서비스업

② 문화콘텐츠산업(별첨 3) 〈별첨 3〉 문화콘텐츠산업

한국표준산업	해 당 업 종
33402	영상게임기 제조업
58112	만화 출판업
58113	일반 서적 출판업
58211	유선 온라인·일반 모바일게임 소프트웨어 개발 및 공급업
58212	모바일 게임 소프트웨어 개발 및 공급업
58219	기타 게임 소프트웨어 개발 및 공급업
58221	시스템 소프트웨어 개발 및 공급업
58222	응용 소프트웨어 개발 및 공급업
59111	일반 영화 및 비디오물 제작업
59112	애니메이션 영화 및 비디오물 제작업
59113	광고 영화 및 비디오물 제작업
59114	방송 프로그램 제작업
59120	영화, 비디오물 및 방송 프로그램 제작 관련 서비스업
59130	영화, 비디오물 및 방송 프로그램 배급업
59201	음악 및 기타 오디오물 출판업
59202	녹음시설 운영업
60221	프로그램 공급업
63120	포털 및 기타 인터넷 정보매개 서비스업
63991	데이터베이스 및 온라인 정보 제공업
71310	광고 대행업
71391	옥외 및 전시 광고업
71392	광고매체 판매업
71393	광고물 문안, 도안, 설계 등 작성업
71400	시장 조사 및 여론 조사업
73202	제품 디자인업
73203	시각 디자인업
73209	패션, 섬유류 및 기타 전문 디자인업
75992	전시 컨벤션 및 행사 대행업
85503	온라인 교육 학원
90110	공연시설 운영업
90191	공연 기획업
90199	그 외 기타 창작 및 예술관련 서비스업

③ 기타
- 벤처기업육성에 관한 특별조치법』에 따른 벤처기업
- 신·재생에너지산업분야 관련 업종
- 창업보육센터 입주기업·역외보육기업

[4] 제도 개편 주요 내용 → 변경될 수 있음

(장기실직자 가입 제외) 노동시장 신규 진입자가 원칙이나 예외적으로 허용되고 있는 고용보험 피보험기간이 12개월 이상이지만 6개월 이상 장기실직자의 가입을 폐지
(중견기업 지원 제외) 중소기업만 지원, 중견기업 제외
(임금상한 조정) 월 급여 상한액을 300만원이하로 축소(종전 350만원)
(기업 자부담 도입) 기업 자부담 20% 도입하되, 기업 자부담 차등화 방안을 적용
* 기업규모별 차등화: '50인 미만' 기업 대상 자부담 면제

[5] 운용기관 등
  ○ 재직 근로자 내일채움공제 → 중소기업진흥공단 ☎ 1357
  ○ 청년 근로자 내일채움공제 → 고용노동부 ☎ 1350

♣ 전용 홈페이지 : 내일채움공제 (www.sbcplan.or.kr)

▶ 세무회계 처리

청년 내일채움 공제는 2년간 근속한 청년의 자기부담금 300만원과 정부지원금 600만원, 기업기여금(정부지원) 300만원을 합한 1,200만원을 지원하는 제도로서, 기업의 기여금 300만원은 기업의 실물계좌가 아닌 기업의 가상계좌로 5회 분할 입금됩니다.

따라서 기업이 직접 수령하여 근로자에게 지급하는 것은 아니지만, 기업의 적립금으로 입금되는 것으로서, 각각의 적립시점에 기업의 익금에 해당하고, 이를 재원으로 청년이 2년 근속 후 만기 지급받을 때 비과세 규정이 없으므로 과세대상 근로소득에 해당할 것입니다.
다만, 근로소득에 해당하여 원천징수하는 시점을 2년 만기 시점으로

볼 것인지, 각각의 근로제공 시기에 적립된 것이므로 5회 분할 적립 시점으로 볼 것인지에 대하여는 명확한 해석 사례가 없으나 본 예제에서는 불입시점에 근로소득으로 처리한 것임을 참고하시기 바랍니다.

[1] 근로자 부담금 징수
급여　　　　　　　　／ 예수금(근로자부담금)

[2] 정부보조금 입금
보통예금　　　　　　／ 잡이익

[3] 내일채움공제 불입
급여　　　　　　　　／ 보통예금
예수금
- 급여 : 기업기여금(정부지원금 80%, 단, 50인 미만 사업장의 경우 전액 정부 지원) + 기업부담금(50인 이상 사업장 20%) + 정부보조금

[근로자] 기업기여금 및 정부보조금 근로소득세 과세
청년 신규 채용 내일채움공제의 경우 그 불입기간이 5년 미만이므로 과세대상 근로소득으로 보아야 할 것으로 판단됨

[사업주] 50인 이상 사업장의 기업부담금(20%) 연구인력개발 세액공제 여부
사업주가 부담하는 기업기여금이 「중소기업 인력지원 특별법」에 따라 중소기업 핵심인력 성과보상기금에 납입하는 비용인 경우 연구인력개발 세액공제대상에 해당할 것으로 판단이 되나 현재 과세당국의 해석 사례가 없어 향후 유권해석이 필요한 사안입니다.

🅠 청년 재직 채용자 내일채움공제

재직근로자의 경우에도 내일채움공제지원을 하지만, 청년의 경우에만 정부에서 무상으로 보조하고, 일반근로자는 근로자 본인 및 기업에서 근로자에게 지원하는 금액(정부 지원금 아님)을 불입하여 근로자가 자산을 형성할 수 있도록 장려하고 있습니다

내일채움공제는 매 년 그 적용범위가 변경되고, 용어 또한 변동되므로 정확한 내용은 고용노동부 공고 또는 고용노동부 보도자료(청년내일채움공제)를 참고하시기 바랍니다.

- 고용노동부 홈페이지 → 뉴스소식 → 공지사항 → 공고
- 고용노동부 홈페이지 → 뉴스소식 → 보도자료

▶ 사업 개요 및 가입조건

[1] 사업 개요
중소기업에 6개월 이상 재직 중인 청년근로자(만15~34세 이하)를 지원대상으로 하며, 사업주·청년근로자·정부가 적립한 공제금을 5년 만기 시 청년근로자에게 성과보상금 형태로 지급합니다.

[2] 가입 조건
중소·중견기업에 정규직으로 6개월 이상 재직하고 있는 청년근로자(만15~34세 이하)
- 군필자의 경우 복무기간에 비례해 적용하되 최고 만 39세로 한정

- 단, 최대주주 및 배우자, 직계비속, 형제·자매는 신청대상에서 제외
- 정부 및 자치단체에서 시행 중인 지원 사업에 참여중인 자 또는 참여한 자는 제외(청년내일채움공제, 희망두배 청년통장 등)

[3] 가입 기간
1. 5년 만기 후 청년근로자가 전액 수령
2. 청년근로자와 기업은 5년, 정부는 3년간 적립
- 적립방식(정부) : 3년간 총 7회(1, 6, 12, 18, 24, 30, 36개월)에 걸쳐 성과보상기금에 적립

[4] 가입 금액
(청년) 5년간 720만원 적립(최소 월 12만원 × 60개월)
(기업) 5년간 1,200만원 적립(최소 월 20만원 × 60개월)
(정부) 3년간 1,080만원 적립(3년간 7회 분할적립)

[5] 신청방법
○ 온라인신청 - 내일채움공제 누리집 에서 청약 신청
○ 방문신청
- 중소벤처기업진흥공단 지역 본부 지역본부 안내
- 기업은행, 우리은행, 신한은행 전국 지점
- 구비서류
(청년) 가족관계증명서, 4대 사회보험 가입자 가입내역 확인서, 신분증 또는 주민등록등본, 병적증명서(군필자)
(기업) 사업자등록증, 국세납세증명서, (법인)법인등기부등본, 주주명부

☎ 상담전화 : 1588-6259 [주무부서 → 중소벤처기업부]

▣ 청년 재직자 내일채움공제 세재 혜택

[1] 사업주 불입액에 대한 연구인력개발비 세액공제
연구·인력개발비의 경우에는 다음 중에서 선택하는 어느 하나에 해당하는 금액을 공제한다.

① 해당 과세연도에 발생한 일반연구·인력개발비가 직전 과세연도에 발생한 일반연구·인력개발비를 초과하는 경우 그 초과하는 금액의 100분의 40(중소기업의 경우에는 100분의 50)에 상당하는 금액 다만, 해당 과세연도의 개시일부터 소급하여 4년간 일반연구·인력개발비가 발생하지 아니하거나 직전 과세연도에 발생한 일반연구·인력개발비가 해당 과세연도의 개시일부터 소급하여 4년간 발생한 일반연구·인력개발비의 연평균 발생액보다 적은 경우에는 ②에 해당하는 금액
② 해당 과세연도에 발생한 일반연구·인력개발비에 **100분의 25(중소기업)**를 곱하여 계산한 금액

▶ 해당 과세연도에 발생한 연구·인력개발비 기준으로 공제받는 경우
1. 해당 과세연도의 개시일부터 소급하여 4년간 일반연구·인력개발비가 발생하지 아니한 경우
2. 직전 과세연도에 발생한 일반연구·인력개발비가 해당 과세연도의 **개시일부터** 소급하여 4년간 발생한 일반연구·인력개발비의 연평균 발생액보다 적은 경우

□ 법인세법 시행령 [별표 6]연구·인력개발비 세액공제를 적용받는 비용 (제8조제1항 관련) 제2호 인력개발 라목
라. 중소기업에 대한 인력개발 및 기술지도를 위하여 지출하는 비용으로서 기획재정부령으로 정하는 것

□ 조세특례제한법 시행규칙 제7조
⑩ 영 별표 6의 제2호다목에서 "기획재정부령으로 정하는 것"이란 다음 각 호의 어느 하나에 해당하는 비용을 말한다. <개정 2019. 3. 20.>
4. 중소기업이 「중소기업 인력지원 특별법」에 따라 중소기업 핵심인력 성과보상기금에 납입하는 비용. 다만 가목에 따른 납입비용은 세액공제 대상에서 제외하고, 나목에 따른 환급받은 금액은 납입비용에서 뺀다.
　가. 영 제26조의6제2항 각 호의 어느 하나에 해당하는 사람에 대한 납입비용
　나. 중소기업 핵심인력 성과보상기금에 가입한 이후 5년 이내에 중도해지를 이유로 중소기업이 환급받은 금액

◆ 연구·인력개발비 세액공제 → 중견기업제외

[2] 기업이 부담한 금액에 대한 근로소득세 감면
「중소기업 인력지원 특별법」 제35조의2에 따른 중소기업 청년근로자 및 **핵심인력 성과보상기금의 공제사업**에 가입한 중소기업 또는 중견기업의 근로자가 공제납입금을 **5년** 이상 납입하고 그 성과보상기금으로부터 공제금을 수령하는 경우에 해당 공제금 중 해당 기업이 부담한 기여금 부분에 대해서는 소득세의 100분의 50(중견기업 근로자의 경우에는 100분의 30)에 상당하는 세액을 감면받을 수 있습니다. [조특법 제29조의6]

◆ 근로소득세 감면대상에서 제외되는 자 [조특법 시행령 제26조의6 ②]
1. 해당 기업의 최대주주 또는 최대출자자(개인사업자의 경우 대표자)와 그 배우자
2. 제1호에 해당하는 자의 직계존비속(그 배우자 포함) 또는 제1호에 해당하는 사람과 「국세기본법 시행령」 제1조의2제1항에 따른 친족관계에 있는 사람

[개정 세법] 중소·중견기업 청년근로자의 성과보상기금 수령액에 대한 소득세 감면 확대 등(제29조의6제1항)

(종전) 소득세 감면률 → 100분의 50(중견기업 : 100분의30)

(개정) 소득세 감면률 → 100분의 90(중견기업 : 100분의 50)으로 확대하고, 감면 적용기한을 2024년 12월 31일까지로 3년 연장함.

<적용시기> 2022년 1월 1일 이후 성과보상기금으로부터 공제금을 수령하는 분부터 적용

◆ 5년내 중도퇴사한 경우

회사부담금은 급여로 처리하여야 하며, 감면은 되지 않습니다.

□ 내일채움공제 지자체 연계지원금 및 청년재직자 내일채움공제 만기공제금 소득세 과세 여부

(소득, 기획재정부 소득세제과-463, 2019.08.09.)

근로자가 「중소기업인력지원 특별법」 제35조의2에 따른 성과보상기금으로부터 공제금을 수령하는 경우 국가 또는 지방자치단체의 지원금인 경우에는 그 지원금에 해당하는 부분은 소득세가 과세되지 아니하는 것이며 그밖에 그 재원이 공기업 등의 지원금인 경우에는 과세대상 근로소득에 해당하는 것임.

재직 근로자 내일채움공제

납입방법 및 가입조건

[1] 개요

사업주가 핵심인력으로 지정한 재직근로자(연령제한 없음)가 사업주와 1:2이상 비율로 매월 34만원 이상을 5년(최초) 동안 납입해 5년

간 2000만원 이상의 적립금을 모으는 방식이며, 핵심인력은 납입금 대비 3배 이상을 만기에 수령하며 기업 납입금에 대한 근로소득세의 50% 상당을 세액공제를 받을 수 있습니다. 한편, 사업주는 납입금에 대해 손금(법인기업) 또는 필요경비(개인기업) 인정과 인력개발비 세액공제 25%를 받을 수 있습니다.

[2] 가입조건

- 가입대상 : 사업주가 지정한 재직자(모든 재직자 대상)
- 가입기간 : 5년(최초가입시), 3~5년(재가입시 선택가능)
- 적립금액 : 핵심인력과 중소기업이 1:2(이상)의 비율로 납부
  정부지원금 없음
- 만기시 공제금 : 2000만원 이상 + 복리이자 (근로자, 사업주가 1:2비율로 매월 34만원 이상 납입×5년=2000만원이상+연복리)

[3] 불입 방법

중소기업 사업주와 핵심인력이 5년간 최소 2,000만원 이상(매월 34만원 이상), 1만원 단위로 공동납입
[핵심인력 : 사업주 = 1 : 2 이상]의 비율로 납부 → 핵심인력은 사업주 납입금의 최대 50%까지 공동적립
<납입 예시>: 핵심인력 10만원 + 매월 중소기업 사업주 25만원

[4] 신청

내일채움공제 홈페이지 참조

☎ 상담전화 : 1588-6259   [주무부서 → 중소벤처기업부]

▶ 세무회계 처리

[예제] 핵심인력 10만원 + 매월 중소기업 사업주 25만원

[1] 근로자 부담금 징수
급여   / 예수금(근로자부담금)   100,000

[2] 내일채움공제 불입(근로자부담금 및 사용자부담금)
연구개발비   250,000 / 보통예금   350,000
예수금   100,000

[3] 만기 납입금 근로자 수령
5년 납입 원금   21,000,000원
회사 부담금 15,000,000원 + 본인 부담금 6,000,000원
이자 846,000원 [이자 1,000,000원 - 이자소득세(140,000원) - 지방소득세(14,000원)]

[4] 근로자가 수령하는 금액에 대한 근로소득세 과세 및 감면
감면 7,500,000 (중소기업 일반근로자)
과세 7,500,000 → 근로소득
▷ 기업이 불입시 비용처리한 것이므로 다시 비용처리할 수는 없는 것으로서 이 경우 지급명세서에 인정상여란에 7,500,000원을 기재하여 근로소득세를 추가 납부하여야 할 것으로 판단되며, 차후 과세당국의 해석이 있어야 할 것입니다.

▶ 근로소득 수입시기

공제금을 수령하는 조건(핵심인력이 5년이상 해당 중소기업에서 장기재직)이 성취되는 날 또는 해지 환급금을 수령한 날을 수입시기로 보아 근로소득세를 과세하게 됩니다.

■ 내일채움공제 유형별 비교

구분	청년 신규채용자	재직근로자	
	2년형	청년 재직자	일반 재직자
가입 대상	중소(중견)기업에 정규직으로 취업한 청년 취업 후 12개월 이내 가입	중소(중견)기업에 정규직으로 6개월 이상 재직하고 있는 청년근로자	중소(중견)기업 재직근로자
시행	2016.7	2018.06.01. ~	2014.8.21.
가입 기간	2년	5년	5년
납입 비율	청년 1 기업 1(정부 보조) 정부 2(정부 무상)	청년 1.0 기업 1.7 정부 2.5(전체1.5)	근로자 1 사업주 2(이상)
(연간) 적립 금액	청년 150만원 기업 150만원 정부 300만원 합계 600만원	청년 144만원 기업 240만원 정부 360만원 합계 744만원	근로자와 기업이 1:2대 비율로 400만원 이상 (정부지원금 없음)
총합계	총 1200만원 + 복리	총 3000만원 + 복리 384만원 × 5년 360만원 × 3년	총 2000만원 + 복리 500만원 × 5년
세제 지원	[사업주] 기업부담금은 정부에서 지원하는 금액으로 연구인력개발세액공제 대상 아님	[사업주] 연구인력개빌비 세액공제	[사업주] 연구인력개빌비 세액공제
	[근로자] 불입기간 5년 미만 근로소득세 감면 대상 아님	[근로자] 근로소득세 50%, (중견) 30% 감면	[근로자] 근로소득세 50%, (중견) 30% 감면

③ 고용촉진과 관련한 지원금 등

Q 고용촉진장려금

[1] 사업내용
① 고용노동부장관이 지정하는 취업지원프로그램(취업성공패키지 등)을 이수하고 직업안정기관 등에 구직등록한 실업자를 고용한 사업주
② 구직등록 후 1개월 이상 실업상태에 있는 중증장애인, 여성가장 등 취업취약자 및 취업지원프로그램(취업성공패키지 등)을 참여하기 어려운 도시지역 거주자를 고용한 사업주

[2] 지원내용
① 신규 고용 근로자 1인당 1년간 지원
- 우선지원대상기업 월 60만원(연간 720만원)
- 대규모기업 월 30만원(연간 360만원)
② 취업성공패키지 Ⅰ유형을 이수한 사람 중 기초생활수급자, 취업지원프로그램 이수면제자 중 중증장애인·여성가장으로서 1개월 이상 실업상태에 있는 사람에 대하여는 최대 2년간 지원

[관련 법령] 고용보험법 시행령 제26조(고용촉진장려금)

▶ 2020년 달라지는 내용
지원대상(취약계층)에 취업성공패키지 2유형(중·장년) 및 일반고 특화훈련 이수자 포함

♣ 상세 내용 → 고용보험 홈페이지 참조

🅠 고령자 계속고용장려금

[1] 지원 요건
정년에 도달한 재직 노동자를 정년 이후에도 계속해서 고용하는 제도를 취업규칙, 단체협약 등에 명시적으로 도입하면 비용 지원

[2] 비용지원이 되는 계속고용제도(정년 운용기업)
- 정년 연장 : 현 정년보다 정년을 연장(1년 이상)하는 것
- 정년 폐지 : 정년을 폐지하는 것
- 계속 고용(재고용) : 현행 정년은 유지 하지만, 재고용 등을 통하여 1년 이상 계속해서 고용하는 것

[3] 지원 수준
기업별 2년 동안 분기별로 계속 고용한 노동자 1인당 90만원(월 30만원) 지원

[4] 지원 절차
계속고용제도 시행(사업주) → 분기별 지원금 지급 신청(사업주) 및 요건 확인(지방고용노동관서) → 확인·검토 및 지원금 지급

[관련 법령]
고용보험법 시행령 제28조의4(고령자 계속고용장려금)

♣ 상세 내용 → 고용보험 홈페이지 참조

🅠 신중년 적합직무 고용지원

➡ 지원대상

만 50세 이상 실업자(구직자)를 신중년 적합직무에 채용한 우선지원대상기업 및 중견기업

■ 2022년 사업 시행 여부 → 고용노동부 문의 (☎1350)

♣ 고용노동부 홈페이지 → 정책자료 → 분야별 정책 → 일자리창출 → 신중년 적합직무 참조
♣ 고용노동부 홈페이지 → 뉴스소식 → 공지사항 → 공고 → 고용장려금 지원제도

➡ 지원요건(아래 요건 모두 충족)

1. 만 50세 이상 실업자를 신규고용하여 3개월간 고용유지
2. 최저임금액 이상의 임금 지급
3. 4대보험가입(국민연금, 건강보험, 고용보험, 산재보험)
4. 근로계약기간의 정함이 없는 근로자로 채용

➡ 지원금액

◆ 우선지원대상기업 : 월 80만원
◆ 중견기업 : 월 40만원

유형	3개월 지원액	1년 지원액
우선지원대상기업	240만원	960만원
중견기업	120만원	480만원

■ 우선지원 대상기업의 상시 사용하는 근로자 기준(제12조제1항 관련)

산업분류	분류기호	상시 근로자 수
1. 제조업[다만, 산업용 기계 및 장비 수리업(34)은 그 밖의 업종으로 본다]	C	500명 이하
2. 광업	B	300명 이하
3. 건설업	F	
4. 운수 및 창고업	H	
5. 정보통신업	J	
6. 사업시설 관리, 사업 지원 및 임대 서비스업[다만, 부동산 이외 임대업(76)은 그 밖의 업종으로 본다]	N	
7. 전문, 과학 및 기술 서비스업	M	
8. 보건업 및 사회복지 서비스업	Q	
9. 도매 및 소매업	G	200명 이하
10. 숙박 및 음식점업	I	
11. 금융 및 보험업	K	
12. 예술, 스포츠 및 여가관련 서비스업	R	
13. 그 밖의 업종		100명 이하

비고: 업종의 구분 및 분류기호는 「통계법」 제22조에 따라 통계청장이 고시한 한국표준산업분류에 따른다.

■ 신중년 적합직무

직업 분야	신중년 적합직무
경영/사무 관련 전문직 및 사무직	경영/인사 전문가, 광고/조사/상품기획/행사기획/감정 전문가, 경영지원 사무원, 회계/경리 사무원, 무역·운송·생산·품질 사무원, 금융/법률 사무원
연구관련직	인문·사회과학 연구원, 자연과학 연구원 및 시험원, 생명과학 연구원 및 시험원
정보통신/방송 관련 기술·기능직(기능직의 보조원은 제외	컴퓨터하드웨어·통신공학 기술자, 컴퓨터시스템 전문가, 소프트웨어 개발자, 데이터·네트워크 및 시스템 운영 전문가, 정보보안 전문가, 통신·방송송출 장비 기사, 정보통신기기 설치·수리원, 방송·통신장비 설치·정비원, 연극·영화·방송 기술자

직업 분야	신중년 적합직무
의료/보건/사회복지 관련 종사자(단순직 제외)	간호사, 영양사, 의료기사·치료사·재활사, 보건·의료 종사자
사회복지/교육 관련 종사자	사회복지사 및 상담사, 문리·기술·예능 강사
문화/출판//디자인(캐드)관련 종사자	번역가 및 통역가, 출판물 전문가, 학예사·사서·기록물관리사, 디자이너, 제도사(캐드원)
영업/서비스/음식 관련 종사자(단순직 제외)	영업원 및 상품중개인, 결혼상담원 및 웨딩플래너, 여행서비스원, 주방장 및 조리사, 제과·제빵원
건설 관련 기술(엔지니어) 및 기능직	건축·토목공학 기술자 및 시험원, 건설구조 기능원, 건축마감 기능원, 배관공
운전/운송 기능직	화물차·특수차 운전원, 물품이동장비 조작원(크레인·호이스트·지게차), 건설·채굴 기계 운전원
공학관련 기술(엔지니어) 및 시험원	기계·로봇공학 기술자 및 시험원, 금속·재료공학 기술자 및 시험원, 전기·전자공학 기술자 및 시험원, 화학공학 기술자 및 시험원, 에너지·환경공학 기술자 및 시험원, 섬유공학 기술자 및 시험원, 식품공학 기술자 및 시험원, 소방·방재·산업안전·비파괴 기술자
기계/금속 관련 기능직 (단순생산직, 기능직의 보조업무 등은 제외)	기계장비 설치·정비원(운송장비 제외), 운송장비 정비원, 금형원 및 공작기계 조작원, 냉·난방 설비 조작원, 기계조립원(운송장비 제외), 운송장비 조립원, 금속관련 기계·설비 조작원, 판금원 및 제관원, 단조원 및 주조원, 용접원, 도장원 및 도금원
화학/의료/식품/기타 기능직(단순생산직 제외)	석유·천연가스 제조 제어장치 조작원, 섬유·의복기능직, 가구/귀금속/간판 기능직
신직업	경영/마케팅 관련 신직업, 사회복지/교육 관련 신직업, 공학관련 신직업(4차 산업혁명 등)

SECTION 02

두루누리 및 일자리안정자금

1 두루누리 사회보험

Q 지원대상(국민연금·고용보험)

[1] 개요

소규모 사업을 운영하는 사업주와 소속 근로자의 사회보험료(고용보험·국민연금)의 일부를 국가에서 지원함으로써 사회보험 가입에 따른 부담을 덜어주고, 사회보험 사각지대를 해소하기 위한 사업입니다.

♣ 두루누리 지원사업은 매년 변경되므로 정확한 내용은 '두루누리 사회보험' 홈페이지를 참조하시기 바랍니다.

[2] 지원대상

근로자 수가 10명 미만인 사업에 고용된 근로자 중 월평균보수가 220만원 미만인 신규가입 근로자와 그 사업주
2021년부터는 신규가입자에 대해서만 지원
* 신규가입자 : 지원신청일 직전 1년간 고용보험과 국민연금 자격취득 이력이 없는 근로자

(다만, 지원신청일이 속한 달로부터 직전 3개월(3개월이 되는 달의 첫 달을 포함한다) 이내에 지원신청 사업장에 피보험자격취득 신고를 한 경우에는 해당 피보험자격을 취득 이력에서 제외)
* 기가입자 : 신규가입자에 해당하지 않는 근로자(2021년부터 지원되지 않음

[3] 지원제외자 (다음 하나 이상에 해당하는 자)
• 지원신청일이 속한 보험연도의 전년도 재산의 과세표준액 합계가 6억원 이상인 자
• 지원신청일이 속한 보험연도의 전년도 종합소득이 3,800만원 이상인 자

Q 두루누리 지원금액

(지원수준) 신규가입 근로자 및 사업주가 부담하는 고용보험과 국민연금 보험료의 80%
(지원기간) 2018년 1월 1일부터 신규가입자 및 기가입자 지원을 합산하여 36개월까지만 지원
* 기가입자는 '18.1.1. 이후 지원받은 개월 수가 36개월 미만이라도 '21.1.1.부터 지원되지 않

▶ 두루누리 지원금 환수

보험 연도 중에 새로 고용된 근로자에 한해 사업주가 다음연도에 신고한 보수총액으로 산정한 소득세법의 과세대상 월평균보수액이 2,200,000원의 110%(2,420,000원)를 초과하는 경우 해당 근로자에 대하여 지원받은 금액을 전부 환수조치하게 되므로 상여금, 연차수당, 연장근로수당 등 지급시 이를 고려하여야 합니다.

2 일자리안정자금 지원제도

Q 일자리안정자금

최저임금 인상에 따른 소상공인과 영세중소기업의 경영 부담을 완화하고 노동자의 고용안정을 위해 사업주에게 지급하는 지원금입니다.

Q 지원대상 및 지원금액

[1] 지원대상
○ 30인 미만 고용 사업주 단, 과세소득 3억원을 초과하는 고소득 사업주 제외
○ 월 보수 219만원 이하 상용노동자
[예외] 공동주택 경비·청소원의 경우 30인 이상이어도 지원 가능
[예외] 300인 미만 사업주 지원 지원대상 확대
* 55세 이상 고령자
* 고용위기지역·산업위기대응특별지역 종사자(통영, 거제, 고성, 창원 진해구, 울산 동구, 영암 및 목포시, 군산, 해남군)
* 사회적기업·장애인직업재활시설·자활기업종사자,장애인활동지원기관

[2] 지원 금액(2021년)
· 5인 미만 사업체 1인당 월 최대 7만원
· 5인 이상 사업체 1인당 5만원

▶ 매 년 지원요건, 지원금액 등이 변경되므로 자세한 내용은 [일자리안정자금 홈페이지]를 참고하시기 바랍니다.

SECTION 03

(청년) 고용창출 관련 세금 감면

1 고용증대 세액공제

Q 고용증대세제 신설

2018년 1월 1일 이후 개시하는 과세연도분부터 종전 고용창출투자 세액공제 및 청년고용증대세제를 통합하여 조세특례제한법 제29조의7에 고용을 증대시킨 기업에 대한 세액공제를 신설하였습니다.

Q 고용증대세액공제

내국인(소비성서비스업 등 일부 업종 제외)이 2024년 12월 31일이 속하는 과세연도까지의 기간 중 해당 과세연도의 상시근로자(내국인) 수가 직전 과세연도의 상시근로자의 수보다 증가한 경우에는 다음에 따른 금액을 더한 금액을 해당 과세연도의 법인세 또는 소득세에서 공제를 받을 수 있습니다.

■ 세액공제액 [2021년, 2022년 귀속분]

구 분	중소		중견		대	
	수도권	지방	수도권	지방	수도권	지방
청년, 장애인 등	1,100	1,300*	800	900*	400	500*
기 타	700	770	450	450	-	-

* 청년·장애인·60세 이상 근로자 공제금액 100만원 한시 상향 ('21~'22년)

[개정 세법] 고령자에 대한 고용증대세제 세액공제액 인상
(종전) 청년 정규직 근로자, 장애인 근로자
(개정) 청년 정규직 근로자, 장애인 근로자, **60세 이상인 근로자**
<적용시기> '21.1.1. 이후 개시하는 과세연도부터 적용

▶ 청년 정규직 근로자와 장애인 근로자 등

1. 15세 이상 29세 이하인 사람 다만, 해당 근로자가 병역을 이행한 경우에는 그 기간(6년 한도)을 현재 연령에서 빼고 계산한 연령이 29세 이하인 사람을 포함합니다.
2. 「장애인복지법」의 적용을 받는 장애인과 「국가유공자 등 예우 및 지원에 관한 법률」에 따른 상이자

◆ 청년 정규직에서 제외하는 자
기간제근로자 및 단시간근로자, 파견근로자, 청소년

▶ 소비성서비스업 (공제대상에서 제외되는 업종)

1. 호텔업 및 여관업(「관광진흥법」에 따른 관광숙박업은 제외)
2. 주점업(일반유흥주점업, 무도유흥주점업 및 단란주점 단, 외국인전용유흥음식점업 및 관광유흥음식점업은 제외)

▶ **상시근로자에서 제외하는 근로자**

1. 근로계약기간이 1년 미만인 근로자
2. 단시간근로자. 다만, 1개월간의 소정근로시간이 60시간 이상인 근로자는 상시근로자로 봅니다.
3. 임원, 해당 기업의 최대주주 또는 최대출자자(개인사업자의 경우 대표자)와 그 배우자
4. 제3호에 해당하는 자의 직계존비속(그 배우자 포함) 및 「국세기본법 시행령」제1조의2제1항에 따른 친족관계인 사람

▶ **상시근로자 수, 청년등 상시근로자 수의 계산(100분의 1 미만 절사)**

1. 상시근로자 수

$$\frac{\text{해당 과세연도의 매월 말 현재 상시근로자 수의 합}}{\text{해당 과세연도의 개월 수}}$$

2. 청년등 상시근로자 수

$$\frac{\text{해당 과세연도의 매월 말 현재 청년등 상시근로자 수의 합}}{\text{해당 과세연도의 개월 수}}$$

▶ **단시간근로자의 근로자수 계산**

단시간근로자로서 1개월간의 소정근로시간이 60시간 이상인 근로자는 0.5명으로 하여 계산하되, 다음의 요건을 모두 충족하는 경우에는 0.75명으로 하여 계산합니다.

1. 해당 과세연도의 상시근로자 수가 직전 과세연도의 상시근로자 수보다 감소하지 아니하였을 것
2. 기간의 정함이 없는 근로계약을 체결하였을 것
3. 상시근로자와 시간당 임금, 그 밖에 근로조건과 복리후생 등에 관한 사항에서 차별적 처우가 없을 것

4. 시간당 임금이 「최저임금법」 제5조에 따른 최저임금액의 100분의 130(중소기업의 경우에는 100분의 120) 이상일 것

▶ **해당 과세연도에 창업을 한 내국인의 상시근로자수 계산**
해당 과세연도에 창업을 한 내국인의 경우 직전 과세연도의 상시근로자 수는 없는 것으로 합니다.

◆ 창업으로 보지 아니하는 경우
1. 현물출자 또는 사업의 양수를 통하여 종전의 사업을 승계하거나 종전의 사업에 사용되던 자산을 인수 또는 매입하여 같은 종류의 사업을 하는 경우
2. 거주자가 하던 사업을 법인으로 전환한 경우
3. 폐업 후 사업을 다시 개시하여 폐업 전의 사업과 같은 종류의 사업을 하는 경우

Q 상시근로자가 감소하지 않은 경우 추가 공제

해당 과세연도의 상시근로자의 수가 직전 과세연도의 상시근로자의 수보다 증가한 경우에는 해당 과세연도와 해당 과세연도의 종료일부터 **2년[중소기업 및 중견기업의 경우에는 3년]**이 되는 날이 속하는 과세연도까지의 소득세(사업소득에 대한 소득세만 해당) 또는 법인세에서 공제를 받을 수 있습니다. [조세특례제한법 제29조의7]

Q 2년내 근로자수가 감소한 경우 추가 납부

고용증대세액공제를 받은 내국인이 공제를 받은 과세연도의 종료일부터 2년이 되는 날이 속하는 과세연도의 종료일까지의 기간 중 각

과세연도의 청년 등 상시근로자 수 또는 전체 상시근로자 수가 공제를 받은 과세연도보다 감소한 경우에는 공제받은 세액에 상당하는 금액을 소득세 또는 법인세로 납부하여야 합니다.

단, 공제받은 과세연도의 종료일 현재 29세 이하인 사람은 이후 과세연도에도 29세 이하인 것으로 봅니다.

1. 공제받은 과세연도(2개 과세연도 이상 연속으로 공제받은 경우에는 공제받은 마지막 과세연도로 함) 대비 해당 과세연도의 상시근로자 및 청년등 상시근로자 감소 인원에 공제받은 금액을 곱한 금액
2. 공제받은 과세연도 대비 직전 과세연도의 상시근로자 및 청년등 상시근로자 감소 인원에 공제받은 금액을 곱한 금액

[개정 세법] 상시근로자 수 감소 기준연도 변경
공제받은 직전 과세연도 → 공제받은 과세연도
<적용시기> 2020년 이후 신고하는 분부터

농어촌특별세, 최저한세 적용 및 중복공제

▶ **최저한세 적용**

'청년고용 증대기업에 대한 세액공제'는 조세특례제한법 제132조의 규정에 의한 최저한세 적용대상이 되며, 최저한세로 인하여 공제를 받지 못한 금액은 이월하여 공제를 받을 수 있습니다.

■ 최저한세율
<법인기업> [중소기업] 과세표준의 7%
　　　　　　[일반기업] 과세표준 100억원 이하 10%
<개인기업> 산출세액의 35%(산출세액 3천만원 초과분은 45%)

▶ 농어촌특별세 적용

'청년고용 증대기업에 대한 세액공제'는 농어촌특별세 적용대상이므로 감면받은 세액의 20%를 농어촌특별세로 납부하여야 합니다.

▶ 중복공제

창업중소기업 등에 대한 세액감면 또는 중소기업에 대한 특별세액감면이 있는 경우에도 공제를 받을 수 있으며, 투자 관련 세액공제와 중복공제가 가능하며, 다음의 세액공제는 각각의 사유별로 세액공제를 받을 수 있습니다.

조세특례제한법 제29조의3(경력단절 여성 재고용 기업에 대한 세액공제)
조세특례제한법 제29조의7(고용을 증대시킨 기업에 대한 세액공제)
조세특례제한법 제30조의2(정규직 근로자로의 전환에 따른 세액공제)

[중복공제] 중소기업에 대한 특별세액감면이 있는 경우
중소기업에 대한 특별세액감면 + 청년고용 증대기업에 대한 세액

[개정 세법] 고용증대세제 공제액 명확화 및 사후관리 기준 보완
(조특법 §29의7①·②)
ㅇ 각 공제금액(청년/청년 외)은 전체 상시근로자 수 증가분을 한도로 함을 명시
ㅇ 상시근로자 수 감소 기준연도 변경: 공제받은 직전 과세연도 → 공제받은 과세연도
<적용시기> (사후관리) 2020.1.1. 이후 신고하는 분부터 적용

[세법 개정] 고용증대 세액공제 공제금액 한시 상향 및 적용기한 연장

현 행	개 정
□ 고용증대 세액공제 　(조특법 §29의7)	□ 수도권 외 지역 취약계층 공제금액 한시 상향 및 적용기한 3년 연장
○ (대상) 모든 기업 (소비성 서비스업 제외)	○ (좌 동)
○ (요건) 상시근로자 수 증가	
○ (공제금액) 상시근로자 증가 인원 × 1인당 공제금액	○ 청년·장애인·60세 이상 근로자 공제금액 100만원 한시 상향('21~'22년)

구 분	중소		중견
	수도권	지방	
청년· 장애인 등	1,100	1,200	800
기 타	700	770	450

(대기업) 400

구 분	중소		중견	
	수도권	지방	수도권	지방
청년· 장애인 등	1,100	1,300*	800	900*
기 타	700	770	450	450

* '21~'22년 고용증가분에 한시 적용
　(대기업) 수도권 400 지방 500

○ (공제기간) 중소·중견 3년 대기업 2년

○ (사후관리) 공제기간 동안 상시근로자 감소 시 잔여기간 공제 배제 및 공제세액 추징

○ (좌 동)

○ (적용기한) '21.12.31.　　　　○ '24.12.31.

<적용시기> '21.12.31. 및 '22.12.31.이 속하는 과세연도의 상시근로자 증가분에 대해 적용

② 고용증가 인원에 대한 사회보험료 세액공제

◉ 개요

중소기업이 2024년 12월 31일이 속하는 과세연도까지의 기간 중 해당 과세연도의 상시근로자 수가 직전 과세연도의 상시근로자 수보다 증가한 경우 상시근로자 고용증가 인원 사회보험료 상당액에 공제율을 곱한 금액을 해당 과세연도의 소득세 또는 법인세에서 공제를 받을 수 있습니다. [조세특례제한법 제30조의4]

▶ 사회보험료 상당액

사회보험료 상당액이란 해당 과세연도 종료일 현재 적용되는 다음 각 호의 수를 더한 수로 합니다.
1. 건강보험료 사업주부담금 비율
2. 장기요양보험료 사업주부담금 비율
3. 국민연금보험료 사업주부담금 비율
4. 고용보험료 사업주부담금 및 산재보험료 (업종별로 다름)

◉ 공제율

[1] 청년 상시근로자 고용증가 인원 사회보험료 상당액

청년 상시근로자 고용증가인원 × 청년 상시근로자 고용증가인원에 대한 **사용자**의 사회보험료 부담금액 × 100분의 100

$$\frac{\text{해당 과세연도에 청년 상시근로자에게 지급하는 과세대상 총급여액}}{\text{해당 과세연도의 청년 상시근로자 수}} \times \text{사회보험료 요율}$$

▶ **상시근로자**

상시근로자는「근로기준법」에 따라 근로계약을 체결한 내국인 근로자로 하며, 다음 각 호의 어느 하나에 해당하는 사람은 제외합니다.
1. 근로계약기간이 1년 미만인 근로자. 다만, 근로계약의 연속된 갱신으로 그 근로계약 총 기간이 1년 이상인 근로자는 상시근로자로 봄
2. 임원
3. 해당 기업의 최대주주와 그 배우자 및 직계존비속(배우자)과 친족
4. 단시간근로자. 다만, 1개월간의 소정근로시간이 60시간 이상인 근로자는 상시근로자로 보나 인원수는 0.5로 합니다.(일정 요건을 갖춘 상용형 시간제 근로자의 경우 **0.75명**)

▶ **일정 요건 [조특령 제23조]**
1. 해당 과세연도의 상시근로자 수가 직전 과세연도 보다 감소하지 아니하였을 것
2. 기간의 정함이 없는 근로계약을 체결하였을 것
3. 상시근로자와 시간당 임금, 복리후생 등에 관한 사항에서 차별적 처우가 없을 것
4. 시간당 임금이 최저임금액의 100분의 120 이상일 것

[2] 청년 외 상시근로자 고용증가 인원 사회보험료 상당액

청년 외 상시근로자 고용증가인원 × 청년 외 상시근로자 고용증가 인원에 대한 사용자의 사회보험료 부담금액 × 100분의 50(신성장서비스업 75%, 경력단절여성 100%)

▶ 청년 외 상시근로자 고용증가 인원에 대한 세액공제액

$$\text{청년 외 상시 근로자 고용증가인원} \times \frac{\text{해당 과세연도에 청년외 상시근로자에게 지급하는 과세대상 총급여액}}{\text{해당 과세연도의 청년 외 상시근로자 수}} \times \text{사회보험료율} \times \frac{50}{100}$$

[관련 법령] 조세특례제한법 제30조의4 및 동법 시행령 제27의4

농어촌특별세, 최저한세, 중복공제

▶ 중복공제
'중소기업 사회보험료 세액공제'는 '고용증대세액공제' '중소기업에 대한 특별세액감면'이 있는 경우에도 공제를 받을 수 있으며, 투자 관련 세액공제와 중복공제가 가능합니다.

[중복공제] 중소기업에 대한 특별세액감면이 있는 경우
▶ 중소기업에 대한 특별세액감면(○) + 사회보험료 세액공제(○)
▶ 창업중소기업에 대한 세액감면(○) + 사회보험료 세액공제(×)

▶ 최저한세 적용
'중소기업 사회보험료 세액공제'는 조세특례제한법 제132조의 규정에 의한 최저한세 적용대상이 되며, 최저한세로 인하여 공제를 받지 못한 금액은 이월하여 공제를 받을 수 있습니다.

▶ 농어촌특별세 적용
세액을 공제감면받은 경우 공제감면세액의 20%를 농어촌특별세로 납부하여야 하나 '중소기업 사회보험료 세액공제'는 농어촌특별세가 비과세 됩니다.

□ 농어촌특별세법 제4조(비과세) 다음 각 호의 어느 하나에 해당하는 경우에는 농어촌특별세를 부과하지 아니한다.
〈개정 2018. 12. 31., 2019. 12. 31.〉
11의3. 「조세특례제한법」 제30조의2 및 제30조의4에 따른 감면

[세법 개정] 중소기업 사회보험료 세액공제 실효성 제고 및 적용기한 연장(조특법 §30의4)

현 행	개 정
□ 중소기업 사회보험료 세액공제	□ 사후관리 규정 신설 및 적용기한 3년 연장
ㅇ (대상) 중소기업	
ㅇ (요건) 상시근로자 수 증가	
ㅇ (공제금액) 증가인원 사회보험료(사용자 부담분) × 공제율	ㅇ (좌 동)
구분: 청년·경력단절여성 / 신성장서비스업 / 기타 공제율: 100% / 75% / 50%	
ㅇ (공제기간) 2년	
ㅇ (사후관리) 공제기간 동안 상시근로자 감소 시 잔여기간 공제 배제	ㅇ 상시근로자 수 감소 시 공제세액 납부* 추가 * 고용증대세액공제 등 여타 고용지원세제와 동일하게 규정
ㅇ (적용기한) '21.12.31.	ㅇ '24.12.31.

<적용시기> '22.1.1. 이후 개시하는 과세연도에 상시근로자 수가 증가하는 경우부터 적용

③ 경력단절 여성 재고용 세액공제 등

Q 경력단절 여성 재고용 세액공제

중소기업 또는 중견기업이 다음 각 호의 요건을 모두 충족하는 여성과 2022년 12월 31일까지 1년 이상의 근로계약을 체결(재고용)하는 경우에는 재고용한 날부터 2년이 되는 날이 속하는 달까지 해당 경력단절 여성에게 지급한 인건비의 100분의 30(중견기업은 100분의 15)에 상당하는 금액을 해당 과세연도의 소득세(사업소득에 대한 소득세만 해당) 또는 법인세에서 공제합니다. [조특법 제29조의3]

1. 해당 기업에서 1년 이상 근무하였을 것
2. 임신·출산·육아의 사유로 해당 기업에서 퇴직하였을 것
3. 해당 기업에서 퇴직한 날부터 3년 이상 10년 미만의 기간이 지났을 것
4. 해당 기업의 최대주주 또는 최대출자자(개인사업자의 경우 대표자)나 그와 특수관계인이 아닐 것

[세법 개정] 경력단절여성 고용기업 세액공제 요건완화(조특법 §29의3)
[개정] 퇴직 후 2년 이상 15년 이내 동종업종 취업
<적용시기> '22.1.1. 이후 경력단절여성을 재고용하는 분부터 적용

▶ 임신·출산·육아의 사유
1. 퇴직한 날부터 2년 이내에 임신하거나 난임시술을 받은 경우(의료기관의 진단서 또는 확인서를 통하여 확인되는 경우에 한정)
2. 퇴직일 당시 임신한 상태인 경우
3. 퇴직일 당시 8세 이하 또는 초등학교 2학년 이하의 직계비속이 있는 경우

중소·중견기업 육아휴직 복귀자 인건비 세액공제 신설

① 중소기업 또는 중견기업이 다음 각 호의 요건을 모두 충족하는 사람을 2022년 12월 31일까지 복직시키는 경우에는 복직한 날부터 1년이 되는 날이 속하는 달까지 해당 육아휴직 복귀자에게 지급한 인건비의 100분의 10(중견기업의 경우에는 100분의 5)에 상당하는 금액을 해당 과세연도의 소득세(사업소득에 대한 소득세만 해당) 또는 법인세에서 공제합니다. 다만, 해당 중소기업 또는 중견기업의 해당 과세연도의 상시근로자 수가 직전 과세연도의 상시근로자 수보다 감소한 경우에는 공제하지 않습니다. [조세특례제한법 제29조의3]

1. 해당 기업에서 1년 이상 근무하였을 것
2. 육아휴직한 경우로서 육아휴직 기간이 연속하여 6개월 이상일 것
3. 해당 기업의 최대주주 또는 최대출자자(개인사업자의 경우에는 대표자를 말함) 그와 특수관계인이 아닐 것

② 육아휴직 복귀자의 자녀 1명당 한 차례에 한정하여 적용합니다.

③ 소득세 또는 법인세를 공제받은 기업이 해당 기업에 복직한 날부터 1년이 지나기 전에 해당 육아휴직 복귀자와의 근로관계를 종료하는 경우에는 근로관계가 종료한 날이 속하는 과세연도의 과세표준신고를 할 때 공제받은 세액에 상당하는 금액을 소득세 또는 법인세로 납부하여야 한다.

[개정 세법] 중소·중견기업의 육아휴직 복귀자 인건비 세액공제 인상 및 사후관리 합리화(조특법 §29의3②)
(종전) (세액공제액) 복직 후 1년간 인건비의 10%(중견 5%)
(개정) (세액공제액) 복직 후 1년간 인건비의 30%(중견 15%)
<적용시기> '21.1.1. 이후 육아휴직에서 복귀하는 사람의 인건비를 지급하는 분부터 적용

4 근로소득을 증대시킨 기업의 세액공제 등

Q 근로소득을 증대시킨 기업에 대한 세액공제

내국인이 다음 각 호의 요건을 모두 충족하는 경우에는 2022년 12월 31일이 속하는 과세연도까지 직전 3년 평균 초과 임금증가분의 100분의 5(중소기업 100분의 20. 중견기업 100분의 10)에 상당하는 금액을 해당 과세연도의 소득세(사업소득에 대한 소득세만 해당함) 또는 법인세에서 공제합니다. [조세특례제한법 제29조의4]

1. 상시 근로자의 해당 과세연도의 평균임금 증가율이 직전 3개 과세연도의 평균임금 증가율의 평균(직전 3년 평균임금 증가율의 평균)보다 클 것
2. 해당 과세연도의 상시근로자 수가 직전 과세연도의 상시 근로자 수보다 크거나 같을 것

▶ 상시근로자 수

다음 계산식에 따라 계산하며, 이 경우 100분의 1 미만의 부분은 없는 것으로 합니다.

$$\frac{\text{해당 과세연도의 매월 말 현재 상시근로자 수의 합}}{\text{해당 과세연도의 개월 수}}$$

◆ 상시 근로자에서 제외하는 자
1. 임원
2. 근로소득의 금액이 7천만원 이상인 근로자
3. 해당 기업의 최대주주 또는 최대출자자(개인사업자의 경우 대표자) 및 그와 친족관계인 근로자

4. 근로소득세를 원천징수한 사실이 확인되지 아니하는 근로자
5. 근로계약기간이 1년 미만인 근로자
6. 단시간근로자

◆ **세액공제를 받은 연도의 5년 이내 기간 중에 입사한 직원이 있는 경우**
세액공제를 받으려는 과세연도의 종료일 전 5년 이내의 기간 중에 입사한 근로자가 있는 경우에는 해당 근로자가 입사한 과세연도의 평균임금 증가율을 계산할 때 해당 근로자를 제외하고 계산합니다.

▶ **평균임금**

다음 계산식에 따라 계산한 금액으로 하며, 이 경우 1천원 이하 부분은 없는 것으로 합니다.

$$\frac{해당\ 과세연도\ 상시근로자의\ 임금의\ 합계}{해당\ 과세연도의\ 상시\ 근로자\ 수}$$

▶ **평균임금 증가율**

다음 계산식에 따라 계산하며, 1만분의 1 미만의 부분은 없는 것으로 합니다.

$$\frac{해당\ 과세연도\ 평균임금\ -\ 직전\ 과세연도\ 평균임금}{직전\ 과세연도\ 평균임금}$$

▶ **직전 3년 평균 초과 임금증가분**

$$직전\ 3년\ 평균\ 초과\ 임금증가분 = [해당\ 과세연도\ 상시근로자의\ 평균임금 - 직전\ 과세연도\ 상시근로자의\ 평균임금 \times (1 + 직전\ 3년\ 평균임금\ 증가율의\ 평균)] \times 직전\ 과세연도\ 상시\ 근로자\ 수$$

♣ 조세특례제한법 제29조의4 및 조세특례제한법 시행령 제26조의4

🅠 평균임금증가분 초과분 임금증가분 세액공제

중소기업이 다음 각 호의 요건을 모두 충족하는 경우에는 2022년 12월 31일이 속하는 과세연도까지 전체 중소기업의 평균임금증가분을 초과하는 임금증가분의 100분의 20에 상당하는 금액을 제1항에 따른 금액 대신 해당 과세연도의 소득세(사업소득에 대한 소득세만 해당) 또는 법인세에서 공제할 수 있습니다.
[조세특례제한법 제29조의4 ⑤]

1. 상시 근로자의 해당 과세연도의 평균임금 증가율이 전체 중소기업 임금증가율(3.3%)보다 클 것
2. 해당 과세연도의 상시근로자 수가 직전 과세연도의 상시 근로자 수보다 크거나 같을 것
3. 직전 과세연도의 평균임금 증가율이 음수가 아닐 것

▶ 전체 중소기업의 평균임금증가분을 초과하는 임금증가분

전체 중소기업의 평균임금증가분을 초과하는 임금증가분 = [해당 과세연도 상시근로자의 평균임금 - 직전 과세연도 상시근로자의 평균임금 × (1 + 0.033)] × 직전 과세연도 상시근로자 수

🅠 정규직 전환 근로자 임금증가분 세액공제

내국인이 다음 각 호의 요건을 모두 충족하는 경우에는 2022년 12월 31일이 속하는 과세연도까지 근로기간 및 근로형태 등 정규직 전환 근로자 요건을 충족하는 정규직 전환 근로에 대한 임금증가분 합계액의 100분의 5(중견기업 100분의 10, 중소기업 100분의 20)에 상당하는 금액을 해당 과세연도의 소득세(사업소득에 대한 소득세만 해당) 또는 법인세에서 공제합니다.

1. 해당 과세연도에 정규직 전환 근로자가 있을 것
2. 해당 과세연도의 상시근로자 수가 직전 과세연도의 상시 근로자 수보다 크거나 같을 것

농어촌특별세, 최저한세, 중복공제

[1] 농어촌특별세 신고 및 납부
근로소득증대세액공제를 받은 경우 농어촌특별세법에 의하여 세액공제액의 20%를 신고 및 납부하여야 합니다.

[2] 중복지원 또는 중복지원 배제
아래의 세액공제는 각각의 사유별로 세액공제를 받을 수 있으며, 창업중소기업 등에 대한 세액감면 또는 중소기업에 대한 특별세액감면등과 중복하여 공제받을 수 있습니다.

[조세특례제한법]
제29조의3(경력단절 여성 재고용 기업에 대한 세액공제)
제29조의4(근로소득을 증대시킨 기업에 대한 세액공제)
제29조의5(청년고용을 증대시킨 기업에 대한 세액공제)
제29조의7(고용을 증대시킨 기업에 대한 세액공제)
제30조의2(정규직 근로자로의 전환에 따른 세액공제)

[3] 세액공제의 이월공제
근로소득증대세액공제가 해당 과세연도에 납부할 세액이 없거나 법 제132조의 최저한세 규정의 적용을 받아 해당연도에 공제받지 못한 금액이 있다면 이는 해당 과세연도의 다음 과세연도의 개시일로부터 5년 이내(2021년 이후 10년)에 끝나는 각 과세연도에 이월하여 공제받을 수 있습니다.

5 정규직 근로자로의 전환에 따른 세액공제

① 중소기업 또는 중견기업이 2020년 6월 30일 당시 고용하고 있는 기간제근로자 및 단시간근로자, 파견근로자, 기간제근로자 및 단시간근로자를 2021년 12월 31일까지 기간의 정함이 없는 근로계약을 체결한 근로자로 전환하거나 사용사업주가 직접 고용하거나 원사업자가 기간의 정함이 없는 근로계약을 체결하여 직접 고용하는 경우에는 정규직 근로자로의 전환에 해당하는 인원에 1천만원(중견기업 700만원)을 곱한 금액을 해당 과세연도의 소득세(사업소득에 대한 소득세만 해당) 또는 법인세에서 공제합니다.

② 제1항에 따라 소득세 또는 법인세를 공제받은 자가 정규직 근로자로의 전환을 한 날부터 2년이 지나기 전에 해당 정규직 근로자와의 근로관계를 끝내는 경우에는 근로관계가 끝나는 날이 속하는 과세연도의 과세표준신고를 할 때 공제받은 세액상당액을 소득세 또는 법인세로 납부하여야 합니다.

[세법 개정] 정규직 전환 세액공제 실효성 제고 및 적용기한 연장(조특법 §30의2, 조특령 §27의2)
[개정] 요건 정비 (㉠, ㉡ 모두 충족)
㉠ '21.6.30. 현재 비정규직 근로자를 '22.12.31.까지 정규직으로 전환
㉡ 전년대비 상시근로자 수 유지
<단서 신설> 특수관계인 제외
(적용기한) '21.12.31. → '22.12.31.
<적용시기> '22.1.1. 이후 개시하는 과세연도 분부터 적용

6 고용유지 중소기업에 대한 소득공제

① 중소기업으로서 다음 각 호의 요건을 모두 충족하는 기업은 제2항의 산식에 따라 계산한 금액을 2023년 12월 31일이 속하는 과세연도까지 각 사업연도의 소득 또는 종합소득금액에서 공제받을 수 있습니다. (해당 과세연도 중 근로관계가 성립한 상시근로자는 제외)
1. 해당 과세연도의 상시근로자 1인당 시간당 임금이 직전 과세연도에 비하여 감소하지 아니한 경우
2. 해당 과세연도의 상시근로자 수가 직전 과세연도의 상시근로자 수와 비교하여 일정비율 이상 감소하지 아니한 경우
3. 해당 과세연도의 상시근로자 1인당 연간 임금총액이 직전 과세연도에 비하여 감소한 경우

② 제1항에 따라 소득공제하는 금액은 제1호의 금액과 제2호의 금액(음수인 경우 영으로 함)을 합하여 계산한 금액으로 합니다.
1. (직전 과세연도 상시근로자 1인당 연간 임금총액 - 해당 과세연도 상시근로자 1인당 연간 임금총액) × 해당 과세연도 상시근로자 수 × 100분의 50 [2019년 이후 100분의 10]
2. (해당 과세연도 상시근로자 1인당 시간당 임금 - 직전 과세연도 상시근로자 1인당 시간당 임금 × 100분의 105) × 해당 과세연도 전체 상시근로자 근로시간 합계 × 100분의 75 [2019년 이후 100분의 10]

③ 고용유지 중소기업에 근로를 제공하는 상시근로자에 대하여 2021년 12월 31일이 속하는 과세연도까지 다음 산식에 따라 계산한 금액을 해당 과세연도의 근로소득금액에서 공제(1천만원 한도)할 수 있습니다.
(직전 과세연도의 해당 근로자 연간 임금총액 - 해당 과세연도의 해당 근로자 연간 임금총액) × 100분의 50

[법령] 조세특례제한법 제30조의3 및 동법 시행령 제27조의3

7 청년 등 취업자에 대한 소득세 감면

Q 중소기업 청년 등 취업자에 대한 소득세 감면

[1] 개요

근로계약 체결일 현재 연령이 15세 이상 34세 이하인 청년(2018년 1월 1일 이후 29세 → 34세), 60세 이상인 사람·장애인(2014년 1월 1일 이후) 경력단절여성(2017년 1월 1일 이후)이 특정한 업종의 중소기업체(비영리기업 포함)에 2021년 12월 31일까지 취업하는 경우 그 중소기업체로부터 받는 근로소득으로서 **취업일부터 3년(2018년 이후 청년의 경우 5년)이 되는 날**이 속하는 달까지 발생한 소득에 대해서 일정비율에 상당하는 금액을 감면받을 수 있습니다. 이 경우 소득세 감면기간은 소득세를 감면받은 사람이 다른 중소기업체에 취업하거나 해당 중소기업체에 재취업하는 경우에 관계없이 소득세를 감면받은 최초 취업일부터 계산합니다. [조세특례제한법 제30조]

[2] 취업 연도별 감면율 [감면한도액 : 150만원]

2012.1.1. ~ 2013.12.31. 기간 취업시 : 100분의 100
2014.1.1. ~ 2015.12.31. 기간 취업시 : 100분의 50
2016.1.1. ~ 2017.12.31. 기간 : 100분의 70(김면한도액 150만원)
2018.1.1. 이후 : 100분의 70(청년의 경우 100분의 90)

[3] 2018년 개정 → 감면기간 및 감면율

청년 중소기업 취업자 소득세 감면기간은 취업일부터 5년이 되는 날이 속하는 달까지입니다. 예를 들어 2017년 6월 10일 입사한 경우 감면기간은 2017년 6월부터 2022년 6월 30일까지이며, **2017년 6월 10일부터 2017년 12월까지는 70%의 감면율이 적용되고, 2018**

년 1월부터 2022년 6월 30일까지 적용되는 감면율은 90%입니다. (취업일부터 감면기간을 계산하는 것으로 신청일이 아님)

[4] 2018년 이후 취업하고, 종전 근무지에서 감면을 받은 사실이 없는 경우

취업일(근로계약체결일) 현재 연령이 15세이상 34세 이하인 경우 취업월부터 5년간 근로소득세의 90%를 감면받을 수 있습니다.

[5] 감면대상 연령

1. 감면대상 근로자 연령은 만34세 이하입니다. 예를 들어 2018년 9월 17일 입사자의 경우 1983년 9월 18일 이후 출생한 경우 만34세 이하로 감면을 받을 수 있습니다.
2. 취업시 연령요건을 충족하면 취업일부터 5년이 되는 날까지 감면 적용을 받을 수 있는 것으로 감면 기간 중 연령을 초과하는 경우에도 감면을 받을 수 있습니다.

[6] 종전 법령에 의하여 취업 당시 29세 이하로 감면기간(3년)이 종료되었으나 개정 법령으로 감면기간이 남아 있는 경우

종전 법령에 의하여 감면기간이 종료된 경우 그 종료월부터 2017년 12월까지는 감면을 받을 수 없으나 2018년 이후 개정 법령에 의한 감면기간 연장으로 2018년 이후 감면기간이 남아 있는 경우 종료월까지 근로소득의 90%를 감면받을 수 있습니다.

[7] 2017. 12. 31. 이전 입사시 만30세 ~ 만34세 이하인 경우

취업 당시 만34세 이하인 경우로서 5년이 경과되지 않는 경우 2017년 이전 소득에 대하여는 감면을 받을 수 없으나 2018년 이후 잔여기간에 대하여는 90% 감면을 받을 수 있습니다.

감면대상 청년 근로자 등

[1] 청년
근로계약 체결일 현재 연령이 15세 이상 34세 이하인 사람(외국인 포함). 다만, 다음의 어느 하나에 해당하는 병역을 이행한 경우에는 그 기간(6년을 한도)을 근로계약 체결일 현재 연령에서 빼고 계산한 연령이 34세 이하인 사람을 포함합니다.
① 현역병(상근예비역 및 경비교도·전투경찰순경·의무소방원을 포함)
② 공익근무요원
③ 현역에 복무하는 장교, 준사관 및 부사관

[2] 60세 이상의 사람
근로계약 체결일 현재 연령이 60세 이상인 사람

[3] 장애인
「장애인복지법」의 적용을 받는 장애인 및 상이자

[4] 다음의 요건을 모두 충족하는 경력단절여성
1. 해당 기업에서 1년 이상 근무하였을 것
2. 임신·출산·육아의 사유로 해당 기업에서 퇴직하였을 것
3. 해당 기업에서 퇴직한 날부터 3년 이상 10년 미만의 기간이 지났을 것

◆ 감면대상에서 제외되는 근로자 (국세기본법 시행령 제1조의2 제1항)
1. 법인의 임원
2. 법인의 최대주주 또는 최대출자자와 그 배우자
3. 제2호에 해당하는 자의 직계존속·비속 및 친족관계(배우자, 6촌 이내의 혈족, 4촌 이내의 인척)인 사람

4. 일용근로자
5. 국민연금, 건강보험료 등의 납부사실이 확인되지 아니하는 사람

🅠 감면대상 업종

- 제조업
- 건설업
- 도매 및 소매업
- 운수업, 숙박 및 음식점업(주점 및 비알콜 음료점업은 제외한다)
- 부동산업 및 임대업
- 기타 전문·과학 및 기술 서비스업
- 건축기술·엔지니어링 및 기타 과학기술서비스업,
- 출판·영상·방송통신 및 정보서비스업(비디오물 감상실 운영업 제외)
- 농업, 임업 및 어업
- 광업, 전기·가스·증기 및 수도사업
- 하수·폐기물처리·원료재생 및 환경복원업, 연구개발업, 광고업
- 시장조사 및 여론조사업, 사업시설관리 및 사업지원 서비스업
- 기술 및 직업훈련 학원, 사회복지 서비스업
- 수리업을 주된 사업으로 영위하는 기업

◆ 제외 업종 예시
- 법무관련, 회계·세무관련 서비스업 등
- 보건업(병원, 의원 등)
- 금융 및 보험업
- 예술, 스포츠 및 여가관련 서비스업
- 교육서비스업(기술 및 직업훈련 학원 제외), 기타 개인 서비스업
- 국가, 지방자치단체, 공공기관 및 지방공기업

🅠 감면신청 및 감면세액

➡ 감면 신청

[1] 근로자

근로자는 '중소기업 취업자 소득세 감면신청서'에 병역복무기간을 증명하는 서류 등을 첨부하여 취업일이 속하는 달의 다음 달 말일까지 원천징수의무자에게 제출하여야 합니다. 다만, 감면 신청기한 경과 후 감면신청서를 제출하더라도 감면을 적용받을 수 있습니다.

[2] 원천징수의무자

근로자로부터 감면 신청을 받은 경우 그 신청을 한 근로자의 명단을 신청을 받은 날이 속하는 달의 다음 달 10일까지 원천징수 관할 세무서장에게 제출하여야 합니다. 이 경우 원천징수의무자는 감면신청서를 제출받은 달의 다음 달부터 매월분의 근로소득에 대한 소득세 중 감면급여비율 상당액을 원천징수하지 않습니다.

[3] 감면세액

중소기업체로부터 받는 근로소득(감면소득)과 그 외의 종합소득이 있는 경우 해당 과세기간의 감면세액은 나음 계산식에 따라 계산한 금액으로 하되, 연간 감면한도액은 150만원으로 합니다.

$$\text{종합소득 산출세액} \times \frac{\text{근로소득금액}}{\text{종합소득금액}} \times \frac{\text{감면대상 중소기업체로부터 받는 총급여액}}{\text{해당 근로자의 총급여액}} \times \text{감면율}$$

SECTION 04

근로장려금 지원제도

근로장려금은 열심히 일은 하지만, 소득이 적어 생활이 어려운 가구에 대하여 소득에 따라 산정된 근로장려금을 지급하기 위한 소득지원제도로서 국세청에서 관리하며, 일정 요건을 충족하는 자가 신청을 하는 경우에 한하여 국세청이 심사하여 지급을 하여 줍니다.

1 근로장려금 신청 자격

Q 소득금액 기준

▶ **연간 총소득의 합계액이 다음의 기준금액 미만일 것**

거주자(그 배우자 포함)의 **연간 총소득의 합계액**이 총소득기준금액 미만이어야 하며, 연간 총소득의 합계액에는 사업소득, 근로소득, 기타소득, 이자소득, 배당소득, 연금소득 등을 모두 포함한 금액으로 합니다.

■ 총소득기준금액

가구의 구성		총소득기준금액	최대지원금액
단독가구		2,000만원	150만원
가족가구	홑벌이	3,000만원	260만원
	맞벌이	3,600만원	300만원

[개정 세법] 근로장려금 소득상한금액 인상(조특법 §100의3·§100의5)

현 행		개 정	
□ 연간 총소득이 총소득기준금액 이하인 경우 근로장려금 지급		□ 총소득기준금액 200만원 인상	
가구 유형	총소득 기준	가구 유형	총소득 기준
단독가구	2,000만원	단독가구	2,200만원
홑벌이가구	3,000만원	홑벌이가구	3,200만원
맞벌이가구	3,600만원	맞벌이가구	3,800만원

<적용시기> '22.1.1. 이후 신청하는 분부터 적용

▶ **단독가구**

배우자와 부양자녀가 없는 가구

▶ **홑벌이가구**

1. 배우자(소득이 없거나 연간 300만원 미만 소득이 있는 배우자)
2. 18세 이하 부양자녀가 있는 경우
3. 배우자가 없어도 70세 이상의 부모를 부양하는 경우(단, 주민등록표상 동거가족으로서 생계를 같이하고, 부모의 연소득 100만원 이하여야 함)

▶ **맞벌이가구**

맞벌이가구인 경우 배우자의 근로소득 총급여(비과세소득 제외) 및 사업소득의 연간 합계액이 **3백만원 이상**이어야 합니다.

소득종류별 소득금액 계산 방법

- 근로소득 = 총급여(비과세금액 제외)
- 사업소득 = 총수입금액 × 업종별 조정률
- 이자·배당·연금소득 = 총수입금액
- 기타소득 = 총수입금액 - 필요경비

▶ **사업소득의 업종별 조정률**

1. 도매업 : 100분의 20
2. 농업·임업 및 어업, 광업, 자동차 및 부품 판매업, **소매업**, 부동산매매업, 그 밖에 다른 목에 해당되지 아니하는 사업 : 100분의 30
3. 제조업, 음식점업, 전기·가스·증기 및 수도사업, 건설업(비주거용 건물 건설업은 제외하고, 주거용 건물 개발 및 공급업을 포함한다): 100분의 45
4. 상품중개업, 숙박업, 하수·폐기물처리·원료재생 및 환경복원업, 운수업, 출판·영상·방송통신 및 정보서비스업, 금융 및 보험업 : 100분의 60
5. 부동산 관련 서비스업, 전문·과학 및 기술서비스업, 사업시설관리 및 사업지원서비스업, 교육서비스업, 보건업 및 사회복지서비스업, 예술·스포츠 및 여가 관련 서비스업, 수리 및 기타 개인 서비스업 : 100분의 75
6. 부동산임대업, 임대업(부동산 제외), 인적용역, 가구 내 고용활동: 100분의 90

▶ **기타소득자**

근로장려금 신청요건에 적용되는 총소득에는 기타소득(총수입금액-필요경비)이 포함되는 것이나, 근로장려금 지급액을 결정하는 총급여액에는 근로소득, 사업소득(총수입금액 × 업종별 조정률)만 포함되는 것으로 기타소득은 포함되지 않습니다.

Q 부양가족 기준

▶ **배우자 또는 자녀가 있는 경우**

배우자가 있거나 18세 이하 자녀가 있는 경우 홀벌이 가구 또는 맞벌이 가구의 근로장려금을 신청할 수 있으며, 이 경우 세대구성원 전부의 소득 및 재산이 기준금액 미만이어야 합니다.

▶ **배우자 또는 부양자녀 여부**

배우자 및 부양자녀 여부는 **해당 연도의 과세기간 종료일(12월 31일) 현재**를 기준으로 하며, 부양자녀가 해당 연도의 과세기간 중에 18세 미만에 해당하는 날이 있는 경우 18세 미만으로 봅니다.

보 충 부양자녀 요건 : 다음 각 호의 요건을 모두 갖춘 사람

1. 거주자의 자녀이거나 동거입양자일 것. 다만, 부모가 없거나 부모가 자녀를 부양할 수 없는 경우 거주자의 손자·손녀 또는 형제자매를 포함합니다.
2. 18세 미만일 것. (장애인의 경우 연령 제한을 받지 않습니다.)
3. 연간 소득금액의 합계액이 100만원 이하일 것
4. 주민등록표상의 동거가족으로서 해당 거주자의 주소나 거소에서 현실적으로 생계를 같이 하는 사람일 것. 다만, 직계비속의 경우에는 그러하지 않음

🅠 재산 기준

거주자를 포함한 세대원이 소유하고 있는 토지·건물·자동차·예금 등 재산 합계액(부채는 공제하지 않음)이 직전연도 6월 1일 기준으로 **2억원 미만**이어야 합니다. 단, 재산 합계액이 1.4억원 이상인 경우 근로장려금은 근로장려금 산정금액의 100분의 50에 해당하는 금액으로 합니다.

> **보 충** 재산의 합계액에 포함하는 재산
> 1. 토지 및 건축물
> 2. 승용자동차. 다만, 영업용 승용자동차는 제외합니다.
> 3. 전세금(임차보증금 포함) : 시가표준액을 준용하여 평가한 금액의 100분의 60 이내에서 국세청장이 정하여 고시하는 금액(55%)
> 4. 이자소득을 발생시키는 예금·적금·부금·예탁금·저축성보험 등 다만, 금융재산의 개인별 합계금액이 5백만원 미만인 경우 제외
> 5. 유가증권 및 회원제 골프장을 이용할 수 있는 회원권
> 6. 부동산을 취득할 수 있는 권리

[개정 세법] (2020년 시행) 근로·자녀 장려를 위한 조세특례
거주자의 배우자 및 직계존속의 배우자 요건 명확화 등 근로장려금의 신청자격 조정(제100조의3제3항 및 제5항)
거주자의 배우자 및 직계존속의 배우자에 해당하는지 여부의 판정은 가족관계등록부에 따르도록 하고, 홀벌이 가구의 범위를 배우자 없이 70세 이상의 부모가 있는 가구에서 70세 이상의 직계존속이 있는 가구까지 확대함.

② 근로장려금 지원금액 및 신청과 환급

Q 근로장려금 지원금액

[1] 단독가구

총급여액 등	근로장려금	비고
400만원 미만	총급여액 등 × 150/400	
400만원 이상 900만원 미만	150만원	
900만원 이상 1,300만원 미만	150만원 - (총급여액 등 - 900만원) × 150/1100	

[2] 홀벌이 가족가구

총급여액 등	근로장려금	비고
700만원 미만	총급여액 등 × 260/700	
700만원 이상 1,400만원 미만	260만원	
1,400만원 이상 3,000만원 미만	260만원 - (총급여액 등 - 1,400만원) × 260/1600	

[3] 맞벌이 가족가구

총급여액 등	근로장려금	비고
800만원 미만	총급여액 등 × 300/800	
800만원 이상 1,700만원 미만	300만원	
1,700만원 이상 3,600만원 미만	300만원 - (총급여액 등 - 1,700만원) × 300/1,500	

[개정 세법] 근로장려금 연령요건 폐지 및 소득·재산요건 완화

(조특법 §100의3①)

종 전	개 정
☐ 단독가구 연령요건 　○ 30세 이상일 것 ☐ (소득요건) 총소득기준금액 | 가구원 구성	총소득 기준
단독가구	1,300만원
홑벌이 가구	2,100만원
맞벌이 가구	2,500만원 | ☐ (재산요건) 가구원 재산의 　합계액이 1.4억원 미만일 것 　○ 1억원 이상시 지급액 50% 　　감액	☐ 단독가구 연령요건 　<삭 제> ☐ (소득요건) 총소득기준금액 인상 | 가구원 구성	총소득 기준
단독가구	2,000만원
홑벌이 가구	3,000만원
맞벌이 가구	3,600만원 | ☐ (재산요건) 가구원 재산의 　합계액이 2억원 미만일 것 　○ 1.4억원 이상시 지급액 50% 　　감액

<적용시기> 2019. 1. 1. 이후 신청하는 분부터 적용

❓ 근로장려금 신청 및 환급

① 근로장려금을 지원받으려는 근로자 및 사업자는 종합소득과세표준 확정신고 기간(5. 1. ~ 5. 31.)에 '근로장려금신청서'에 근로장려금 신청자격을 확인하기 위하여 필요한 증거자료를 첨부하여 관할 세무서장에게 근로장려금을 신청하여야 하며, 근로장려금의 신청을 한 경우에만 근로장려금을 지원받을 수 있습니다.

② 제1항에도 불구하고 반기(半期)동안 근로소득만 있는 거주자는 상반기 소득분에 대하여 8월 21일부터 9월 10일까지, 하반기 소득분에 대하여 다음 연도 2월 21일부터 3월 10일까지 근로장려금신청

서에 근로장려금 신청자격을 확인하기 위하여 필요한 자료를 첨부하여 납세지 관할 세무서장에게 근로장려금을 신청할 수 있습니다.

[개정 세법] 반기 근로장려금 정산 시기 단축(조특법 §100의6·100의8)

현 행	개 정
□ 반기 근로장려금 지급 ㅇ (대상) 근로소득만 있는 거주자(배우자 포함) ㅇ (지급시기) - (상반기분) 같은 해 12월 - (하반기분*) 다음 해 6월 　* 상반기분 및 하반기분은 각각 연간 근로장려금의 35% - (정산*) 다음 해 9월 　* 반기 근로장려금 旣지급분과 정기 지급액을 비교하여 그 차액을 추가 지급 또는 향후 장려금에서 차감	□ 정산 시기 단축 ㅇ (좌 동) ㅇ 하반기분 지급시 정산 - (좌 동) - (하반기분 지급 및 정산*) 다음 해 6월 　* 상반기 근로장려금 旣지급분과 정기 지급액을 비교하여 그 차액을 추가지급 또는 향후 장려금에서 차감

<적용시기> '22.1.1. 이후 정산하는 분부터 적용

③ 자녀장려금

자녀장려금이란 저소득자의 자녀양육비를 지원하기 위한 제도로서 해당 과세연도 12월 31일 현재 18세 미만인 자녀가 있는 가구로서 거주자와 그 배우자의 연간 총소득 합계액이 4천만원 미만이고, 가구원 재산의 합계액이 2억원 미만인 경우 자녀 1인당 최대 70만원을 지원받을 수 있으며, 근로장려금과는 별도로 지급받을 수 있습니다.

■ 가구원 요건

가구명칭	가구 구분	가구원 구성
단독가구		배우자.부양자녀.부양부모가 없는 경우
홑벌이가구	배우자의 총급여액 등이 3백만원 미만인 가구	배우자·18세 미만 부양자녀·생계를 같이하는 70세 이상 부,모가 있는 경우
맞벌이가구	배우자의 총급여액 등이 3백만원 이상인 가구	

■ 총소득 요건

가구원 구성에 따라 거주자(배우자 포함)의 연간 총소득 기준금액이 다음표의 금액 미만이어야 합니다.

가구원 구성		단독 가구	홑벌이 가구	맞벌이 가구
총 소 득 기준금액	근로장려금	2,000만원	3,000만원	3,600만원
	자녀장려금	-	4,000만원	

■ 재산 요건

1. 가구원 모두의 재산을 합산하여 2억원 미만이어야 합니다
2. 토지.건물.자동차.예금.전세보증금 등이 포함되며, 부채는 차감하지 않습니다.

[개정 세법] 자녀장려금 요건 완화 및 지급액 인상(조특법 § 100의28~30)

종 전	개 정
□ 자녀장려금 대상	□ 대상 확대
○ (가구요건) 근로·사업소득이 있고, 만18세 미만의 부양자녀가 있는 가구	○ (좌 동)
○ (소득요건) 연간총소득. 4,000만원 미만	○ (좌 동)
○ (재산요건) 가구원 재산합계 2억원 미만 - 1억원 이상시 지급액 50% 감액 지급	- 1.4억원 이상시 지급액 50% 감액 지급
○ 생계급여 수급자 제외	○ 생계급여 수급자 포함
□ 자녀장려금 지급액	□ 지급액 인상
○ 홑벌이 가구	○ 홑벌이 가구

총급여액등	자녀장려금	총급여액등	자녀장려금
2,100만원 미만	자녀 1인당 50만원	2,100만원 미만	자녀 1인당 70만원
2,100만원 이상 4,000만원 미만	50만원 - (총급여액등 -2,100만원) × 1,900분의 20	2,100만원 이상 4,000만원 미만	70만원 - (총급여액등 -2,100만원) × 1,900분의 20

○ 맞벌이 가구   ○ 맞벌이 가구

총급여액등	자녀장려금	총급여액등	자녀장려금
2,500만원 미만	자녀 1인당 50만원	2,500만원 미만	자녀 1인당 70만원
2,500만원 이상 4,000만원 미만	50만원 - (총급여액등 -2,500만원) × 1,500분의 20	2,500만원 이상 4,000만원 미만	70만원 - (총급여액등 -2,500만원) × 1,500분의 20

<적용시기> 2019.1.1. 이후 신청하는 분부터 적용

CHAPTER 4

원천세 신고 및 납부

일용근로자 세무실무

일용근로자 4대보험

SECTION 01

원천징수제도 및 원천세 신고 및 납부

사업주는 매 월 종업원에게 급여 지급시 근로소득세 및 지방소득세를 징수 및 신고·납부하여야 하며, 퇴직하는 직원에게 퇴직금을 지급하는 경우 퇴직소득세 및 지방소득세를 징수 및 신고·납부하여야 합니다. 또한 이자, 배당, 기타, 인적용역 사업소득을 지급하는 경우 이자소득세, 배당소득세, 기타소득세, 사업소득세를 징수 및 납부하여야 합니다.

1 원천징수제도

Q 원천징수제도

모든 국민은 납세의 의무가 있으며, 소득이 있는 자는 원칙적으로 소득에 대하여 세법이 정하는 바에 따라 세금을 직접 납부하여야 합니다.

한편, 소득이 있는 모든 거주자에게 해당 소득에 대한 신고납부의무를 규정하는 경우 세법에 대한 지식이 부족한 국민에게 세무신고에 따른 불편을 초래하고, 국가의 세금 징수비용이 과다하게 드는 등 문제점이 있습니다.

따라서 특정한 소득(근로소득, 퇴직소득, 이자소득, 배당소득, 기타소득, 인적용역 사업소득 등)에 대하여 그 소득을 지급하는 자로 하여금 세법이 정하는 바에 의하여 세금을 징수하여 납부하게 함으로서 소득이 있는 거주자의 납세편의를 제공하고 있으며, 이와 같은 방법으로 세금을 징수하는 것을 원천징수라 하며, 원천징수대상소득을 지급하는 자를 원천징수의무사라고 합니다.

원천징수대상소득을 지급하는 자는 그 지급금액에서 세법에 정한 세금을 차감하여 지급하고, 차감한 금액은 다음 달 10일까지 관할 세무서에 신고 및 납부를 하여야 합니다.

단, 사업자 등이 금융기관에 이자를 지급하는 경우에는 세법의 규정에 의하여 이자소득세 및 지방소득세를 징수 및 납부하지 않습니다.

◘ 원천징수대상소득

지급을 받는 자의 소득	지급을 하는 자의 비용 또는 이익 처분(배당)
• 근로소득	근로자에게 지급하는 급여
• 근로소득(일용근로)	일용근로자에게 지급하는 임금
• 퇴직소득	퇴직자에게 지급하는 퇴직금
• 이자소득	금전 등의 차입금에 대한 이자
• 배당소득	법인의 주주에 대한 배당금
• 사업소득(인적용역)	계속적으로 인적용역을 제공받고 지급하는 수수료
• 기타소득	기타의 지급액으로 소득세법에서 별도로 정한 것

□ 원천세 신고안내 □
[국세청 홈페이지] → 국세신고안내 → 원천세 → 참고자료실

Q 지급명세서 제출

① 근로소득, 퇴직소득, 인적용역 사업소득을 지급하는 사업자는 그 지급 및 세금 징수에 관한 개인별 내역서인 **지급명세서**를 작성하여 다음해 3월 10일까지 제출하여야 합니다. 단, 근로소득은 연말정산에 관한 지급명세서를 제출하여야 합니다.

② 이자소득 및 배당소득, 기타소득을 지급하는 사업자는 그 지급 및 세금 징수에 관한 개인별 내역서인 **지급명세서**를 작성하여 다음해 2월 말일까지 제출하여야 합니다.

③ 지급명세서는 3부를 발행하여 소득자보관용은 그 지급을 받는자에게 교부하고, 발행자보고용은 제출 기한내에 관할세무서에 제출하여야 하며, 발행자보관용은 회사내에 증빙으로 보관합니다.

■ 원천징수대상소득의 원천징수세율 및 지급명세서 제출기한

소득 종류	원천징수세율	지급명세서 제출기한
• 이자소득	지급금액의 25%	다음해 2월 말일
• 배당소득	지급금액의 14%	다음해 2월 말일
• 사업소득(인적)	지급금액의 3%	다음해 3월 10일
사업소득(봉사료)	지급금액의 5%	다음해 3월 10일
• 근로소득	간이세액표	다음해 3월 10일
근로소득(일용)	150,000원 초과금액 × 2.7%	지급일의 다음달 말일
• 기타소득	(지급액 - 필요경비)× 20%	다음해 2월 말일
• 퇴직소득	퇴직소득원천징수 참고	다음해 3월 10일

▶ 국세청 홈페이지 → 국세신고안내 → 원천세 → 지급명세서 제출

근로소득 간이지급명세서 제출

소득세 납세의무가 있는 개인에게 다음 각 호의 어느 하나에 해당하는 소득을 국내에서 지급하는 자는 근로소득간이지급명세서를 그 지급일이 속하는 **반기의 마지막 달의 다음 달 말일**(휴업, 폐업 경우에는 휴업일, 폐업일이 속하는 달의 다음 달 말일)까지 원천징수 관할 세무서장에게 제출하여야 한다. [소득세법 제164조의3]

1. 일용근로자가 아닌 근로자에게 지급하는 근로소득
2. 원천징수대상 사업소득

해당 근로소득간이지급명세서를 그 기한까지 제출하지 아니한 경우: 제출하지 아니한 분의 지급금액의 1천분의 5(제출기한이 지난 후 3개월 이내에 제출하는 경우에는 지급금액의 1만분의 25로 한다).

[세법 개정] 일용근로소득, (원천징수대상) 사업소득 간이지급명세서 제출
일용근로소득 지급명세서 : 매 분기 → 매월 지급일의 다음달 말일
(원천징수대상) 사업소득 간이지급명세서 : 매 반기 → 매월 지급일의 다음달 말일
<적용시기> 2021.7.1. 이후 지급하는 소득분부터 적용

[개정 세법] 근로소득 간이지급명세서 미제출 가산세 인하
(개정) 미제출 가산세 : 0.25%, 지연제출(3개월 내 제출) 0.125%
<적용시기> 2021.1.1. 이후 제출하는 분부터 적용

[세법 개정] 근로소득 간이지급명세서 제출대상 소득 범위 조정
(제출대상 소득 범위 조정) 반기 근무분 소득 → 반기 동안 지급한 소득
<적용시기> 2020.1.1. 이후 제출하는 분부터 적용

② 근로소득세 등 징수 및 신고·납부

Q 간이세액표에 의한 근로소득세 징수

직원에게 급여를 지급하는 경우 근로소득 간이세액표에 의하여 근로소득세 및 지방소득세(근로소득세의 10%)를 징수하여 둔 다음 급여지급일의 다음달 10일까지 「원천징수이행상황신고서」를 제출하고, 근로소득세 및 지방소득세를 납부하여야 합니다. 단, 반기 신고자의 경우 반기의 다음달 10일까지 신고 및 납부를 하시면 됩니다.

▶ 간이세액표의 월 급여액

국민연금, 건강보험료, 고용보험료 종업원부담금을 차감하지 아니한 급여총액에 대하여 해당란의 세액을 적용합니다. 간이세액표의 월급여액은 그 명칭에 관계없이 회사에서 지급하는 모든 급여를 말합니다. 다만, 다음의 비과세소득은 제외합니다.

▶ 근로소득세 징수에서 제외되는 주요 비과세소득

① 종업원이 보유한 차량을 시내출장 등 업무수행에 이용하고, 실제 소요 경비를 지급받는 대신에 지급받는 금액 중 월 20만원 이내의 금액

② 회사가 종업원에게 별도의 식사를 제공하지 않는 경우 종업원에게 지급하는 매 월 10만원 이하의 식대

③ 만6세 이하 자녀의 보육수당으로 지급받는 월 10만원 이하 금액

④ 직전연도 총급여가 **3천만원** 이하인 생산직근로자로서 월정액급여가 **210만원** 이하인 경우 연장, 야간, 휴일근로를 제공하고 지급받는 연장, 야간, 휴일근로수당 및 동 연장·야간·휴일근로 가산금 중 연간 240만원 이내의 금액 (소득세법 시행령 제17조)

■ 소득세법 시행규칙 [별표 2] <개정 2021. 3. 16.>
생산직 및 관련직의 범위(제9조제1항 관련)

직종	
대분류	중분류, 소분류 또는 세분류
서비스 종사자	돌봄 서비스직 미용 관련 서비스직 여가 및 관광 서비스직 숙박시설 서비스직 조리 및 음식 서비스직
판매 종사자	매장 판매 및 상품 대여직 통신 관련 판매직
기능원 및 관련 기능 종사자	식품가공 관련 기능직 섬유·의복 및 가죽 관련 기능직 목재·가구·악기 및 간판 관련 기능직 금속 성형 관련 기능직 운송 및 기계 관련 기능직 전기 및 전자 관련 기능직 정보 통신 및 방송장비 관련 기능직 건설 및 채굴 관련 기능직 기타 기능 관련직
장치·기계 조작 및 조립 종사자	식품가공 관련 기계 조작직 섬유 및 신발 관련 기계 조작직 화학 관련 기계 조작직 금속 및 비금속 관련 기계 조작직

	기계 제조 및 관련 기계 조작직
	전기 및 전자 관련 기계 조작직
	운전 및 운송 관련직
	상하수도 및 재활용 처리 관련 기계 조작직
	목재·인쇄 및 기타 기계 조작직
단순노무 종사자	건설 및 광업 관련 단순 노무직
	운송 관련 단순 노무직
	제조 관련 단순 노무직
	청소 및 경비 관련 단순 노무직
	가사·음식 및 판매 관련 단순 노무직
	농림·어업 및 기타 서비스 단순 노무직

▶ 간이세액표의 공제대상 가족의 수

공제대상 가족의 수는 본인 및 기본공제대상자인 배우자, 부양가족을 각각 1인으로 보아 공제대상 가족수를 계산합니다.

■ 근로자 본인

■ 배우자 (연간소득금액이 100만원 이하인 자)

■ 공제대상가족

근로자(배우자 포함)와 생계를 같이 하는 부양가족으로서 연간소득금액이 100만원 이하자 중 다음의 요건을 갖춘 부양가족만 공제대상가족수에 해당하며, 연령 조건은 직계비속의 경우 과세연도 초일을 기준으로 하며, 직계존속의 경우 과세연도 말일을 기준으로 계산합니다.

▶ 직계비속(자녀), 입양자 : 20세 이하

▶ **직계존속(부모, 조부모 등) : 60세 이상**

부모님을 실제 부양하시는 경우 부양가족공제는 부모님의 연령이 60세 이상이고, 연간소득금액이 100만원 이하인 경우에 부양가족공제를 적용받을 수 있습니다. 단, 근로자와 주민등록이 같이 되어 있는 경우 실제 부양 여부를 따지지 아니하고 부모님 각각의 소득금액이 100만원 이하인 경우 부양가족공제를 받을 수 있으나 주민등록이 달리 되어 있는 경우에는 부모님이 독립된 생계능력이 없어 주로 근로자의 소득에 의하여 생계를 유지하는 경우로서 연간소득금액이 100만원 이하이고, 만 60세 이상이어야 합니다.

◆ **직계존속의 소득금액에 포함하지 않는 소득**
1. 기초연금
2. 이자 및 배당소득의 연간 합계액이 2천만원 이하인 경우
3. 공적연금소득 수령액 중 2001년 이전 불입액에 대한 연금수령액(비과세소득) 공적연금 : 국민연금, 공무원연금, 군인연금
4. 사적연금의 연간합계액이 1200만원 이하(분리과세소득)인 경우
5. 일용근로소득

▶ **형제자매 : 20세 이하, 60세 이상**

형제자매의 경우 주민등록이 같이 되어 있어야 하며, 형제자매 본인만 공제대상입니다. 즉, 형제자매의 배우자등(제수, 형수 등)은 부양가족 공제대상가족에 해당하지 않습니다.

♣ 간이세액표에 의한 근로소득세 징수에 관한 자세한 내용은 국세청에서 발간한 근로소득간이세액표를 참고하시기 바랍니다.

□ 근로소득간이세액표 □
홈택스 → 세금종류별 서비스(우측 하단) → 원천세

인적공제대상자의 소득금액과 공제 대상 여부

기본공제대상자의 연간소득금액의 합계액이 100만원을 초과하는 경우 및 금융소득(이자소득 + 배당소득)의 연간 합계액이 2,000만원을 초과하는 경우에는 배우자공제 및 부양가족공제 뿐만 아니라 추가공제도 받을 수 없습니다.

◆ 근로소득 : 연간 과세대상 근로소득이 5,000,000원 초과하는 경우
◆ 연금소득 : 연간 과세대상 연금액이 5,166,666원을 초과하는 경우
 - 연금소득금액 100만원 (연금 5,166,666원 - 연금소득공제 4,166,666원)
◆ 퇴직소득 : 퇴직금이 100만원을 초과하는 경우
◆ 금융소득 : 이자소득 및 배당소득의 연간합계액이 2,000원을 초과하는 경우

단, 기본공제대상자가 일용근로자인 경우 소득금액에 관계없이 연령조건 등을 충족하는 경우 배우자공제 및 부양가족공제를 받을 수 있습니다.

■ 소득종류별 소득 및 소득금액

소득종류	공제금액	소득금액
근로소득	근로소득공제 • 급여액 500만원 이하 : 70%	근로소득 - 근로소득공제
	부양가족이 근로소득이 있는 경우 예외적으로 500만원 이하인 경우 공제대상에 해당	
사업소득	필요경비 • 총수입금액 × 단순경비율	사업소득 - 필요경비
기타소득	필요경비 • 기타소득(인적용역) × 60%	기타소득 - 필요경비
연금소득	연금소득공제 • 총연금액 350만원 이하 : 전액 • 총연금액 350만원 초과 700만원 이하 350만원 + 350만원 초과금액의 40%	연금소득 - 연금소득공제
양도소득	필요경비 및 장기보유특별공제액	양도소득 - 필요경비 등

🅠 원천징수이행상황신고서 신고 및 세금납부

근로소득은 **지급일의 다음달 10일**까지 「원천징수이행상황신고서」를 작성하여 신고하고, 근로소득세 및 지방소득세를 납부하여야 합니다. 단, 반기 신고자의 경우 반기의 다음달 10일까지 신고 및 납부를 하시면 됩니다.

근로소득이외에 퇴직소득 등 다른 원천징수대상소득이 있는 경우 이를 「원천징수이행상황신고서」의 해당란에 기재하여 제출하고, 소득종류별로 납부서를 작성하여 금융기관에 납부하여야 합니다.

단, 급여 및 퇴직금을 지급하지 못한 경우 지급의제일에 지급한 것으로 보아 지급의제일의 다음달 10일까지 신고·납부하여야 합니다.

■ 원천징수대상소득의 지급의제일

소득종류	귀속 월	지급의제일	귀속 월	지급의제일
• 근로소득	1월 ~ 11월	12월	12월	다음해 2월
• 퇴직소득	1월 ~ 11월	12월	12월	다음해 2월

반면, 4대보험의 경우에는 급여를 지급하지 못한 경우에도 다음달 10일까지 납부를 하여야 합니다.

| 예 제   원천징수이행상황신고서 작성 및 제출

○ [매월 신고자] 20×7년 5월분 급여를 6월 25일 지급
   신고 및 납부기한 : 20×7년 7월 10일
• 귀속연월 : 20×7년 5월
• 지급연월 : 20×7년 6월 (지급연월)
• 인원 40명 총급여액 100,000,000원 근로소득세 5,000,000원

①신고구분					☑ 원천징수이행상황신고서		②귀속연월	20×7년 5월
매월	반기	수정	연말	소득처분 환급신청	☐ 원천징수세액환급신청서		③지급연월	20×7년 6월

원천징수 의무자	법인명(상호)		대표자(성명)		일괄납부 여부	여, 부
					사업자단위과세여부	여, 부
	사업자등록번호		사업장 소재지		전화번호	
					전자우편주소	@

❶ 원천징수 명세 및 납부세액 (단위 : 원)

소득자 소득구분			코드	원천징수명세					⑨당월조정환급세액	납부세액	
				소득지급(과세미달, 일부비과세 포함)		징수세액				⑩소득세등(가산세포함)	⑪농어촌특별세
				④인원	⑤총지급액	⑥소득세등	⑦농특세	⑧가산세			
개인(거주자·비거주자)	근로소득	간이세액	A01	40	100,000,000	5,000,000					
		중도퇴사	A02								
		일용근로	A03								
		연말정산	A04								
		가감계	A10	40	100,000,000	5,000,000				5,000,000	
	퇴직소득	연금계좌	A21								
		그 외	A22								
		가감계	A20								
	사업소득		A25								
	이자소득		A50								
	배당소득		A60								
수정신고(세액)			A90								
총 합 계			A99	40	100,000,000	5,000,000				5,000,000	

❷ 환급세액 조정 (단위 : 원)

전월 미환급 세액의 계산			당월 발생 환급세액					⑱조정대상환급세액(⑭+⑮+⑯+⑰)	⑲당월조정환급세액계	⑳차월이월환급세액(⑱-⑲)	㉑환급신청액
⑫전월미환급세액	⑬기환급신청세액	⑭차감잔액(⑫-⑬)	⑮일반환급	⑯신탁재산	⑰그밖의환급세액						
					금융	합병					

원천징수의무자는 「소득세법 시행령」 제185조제1항에 따라 위의 내용을 제출하며, 위 내용을 충분히 검토하였고 원천징수의무자가 알고 있는 사실 그대로를 정확하게 적었음을 확인합니다.

20×7년 7월 10일

신고인   (서명 또는 인)

세무대리인은 조세전문자격자로서 위 신고서를 성실하고 공정하게 작성하였음을 확인합니다.

세 무 서 장   귀하

세무대리인	
성 명	
사업자등록번호	
전화번호	

국세환급금 계좌신고
※ 환급금액 2천만원 미만인 경우에만 적습니다.

계좌번호	

🅠 원천징수이행상황신고서 작성방법

➡ 기본사항 및 소득구분

① 신고구분 : 매월분 신고서는 [매월], 반기별 신고서는 [반기], 수정신고서는 [수정]란에 ○표시하며,

신고서에 계속근무자의 연말정산분이 포함된 경우에는 [매월], [연말]란 두 곳에 모두 ○표시하여야 합니다.

② 귀속연월 : 소득발생 연월을 기재합니다.

③ 지급연월 : 지급한 월

➡ 원천징수내역 및 납부세액

◎ 소득지급(④·⑤)란에는 과세미달분과 비과세를 포함한 총지급액과 총인원을 적습니다.

◎ 징수세액(⑥~⑧)란에는 각 소득별로 발생한 납부 또는 환급할 세액을 적되, 납부할 세액의 합계는 총합계 (A99의 ⑥~⑧)에 적고, 환급할 세액은 해당란에 "△"표시하여 적은 후 그 합계액은 ⑮일반환급란에 적습니다. ["△"표시된 세액은 어떠한 경우에도 총합계를 (A99의 ⑥~⑪)란에는 적지 않습니다]

◎ 납부세액에 대한 납부서는 소득종류별(근로소득세, 퇴직소득세 기타소득세, 사업소득세 등)로 작성하여 납부하여야 합니다.

■ 중도퇴사자 원천징수이행상황신고서 작성방법
① 원천징수이행상황신고서 기재시 중도퇴사자가 있는 경우 A01(간이세액)에는 중도퇴사자의 당월 분 급여를 포함하여 기재하고, A02 (중도퇴사자)에는 중도퇴사자의 당해연도 총지급액을 기재합니다.
② 계속근무자의 경우 연말정산을 하고 원천징수이행상황신고서 작성시에는 기신고한 중도퇴사자를 제외하고 신고하는 것이며, 이때 1년 동안 중도퇴사란에 기재된 금액과 연말정산란에 기재된 금액이 지급명세서 제출금액과 일치하여야 합니다.
③ 계속근로자가 납부세액이 있고, 중도퇴사자에 대하여는 환급세액이 발생한 경우 A01(간이세액)에는 납부할 금액을, A02 (중도퇴사자)에는 환급세액(△ 표기)을 기재한 다음 이를 차가감하여 총합계(A99)에는 납부할 세액을 기재합니다.

■ 중도퇴사자 연말정산 및 유의사항
① 중도퇴사자의 경우 퇴사월의 급여를 지급하는 날까지 연말정산을 하여 추가 납부할 근로소득세가 있는 경우 징수하여야 하며, 기납부한 세액이 연말정산에 의하여 확정된 근로소득세(결정세액)보다 많은 경우 환급을 하여야 합니다.
② 퇴사자에게 퇴사일까지 근로소득지급명세서를 교부하여야 하며, 다음해 3월 10일까지 세무서에 제출하여야 합니다.
③ 퇴사일까지의 건강보험료 및 고용보험료 종업원부담금을 정산하여 추가 징수할 금액이 있는 경우 징수하였다가 건강보험공단에 납부하여야 하며, 과다 징수한 경우 환급을 하여 주어야 합니다.
④ 퇴사자는 퇴사한 연도 중 다른 회사에 입사한 경우 전 근무지 근로소득지급명세서를 원천징수의무자(경리부서)에게 반드시 제출을 하여야 합니다.

주민세 종업원분 신고 및 납부

주민세 종업원분

[1] 납세의무자 및 면세점

당해 월을 포함한 12개월간의 급여총액의 월평균금액이 1억5천만원을 초과하는 사업소의 사업주로 하며, 12개월간의 급여총액의 월평균금액이 1억5천만 이하인 사업소의 사업주는 신고 및 납부의무가 없습니다.

해당 급여지급월을 포함하여 최근 12개월간의 급여총액의 월 평균금액을 산정하여야 하므로 매월 계산하여 신고 및 납부 여부를 판단하여야 한다.

[개정 세법] 주민세 종업원분 부과제외 기준이 되는 해당 사업소 종업원의 월평균 급여액을 현행 270만원에서 300만원으로 인상
(지방세법 시행령 제85조의2)

구 분		종 전	개 정
종업원분 주민세	과세제외	「소득세법」상 비과세* 대상 급여	「소득세법」상 비과세* 대상 급여 + (추가) 육아휴직(6개월 이상) 기간과 복귀 후 1년 동안 급여
	면세점	월평균 급여총액 1억 3,500만원 이하 (270만원×50명)	월평균 급여총액 1억 5천만원 이하 (300만원×50명)

<적용시기> 2020.1.1.부터 시행

[2] 납세지
종업원분은 매월 말일 현재의 사업소 소재를 관할하는 지방자치단체에 신고 및 납부를 하여야 합니다.

[3] 과세표준 및 세율
종업원에게 지급한 그 달 급여총액의 1천분의 5

[4] 신고 및 납부
종업원분의 납세의무자는 매월 납부할 세액을 다음 달 10일까지 납세지 관할 지방자치단체에 신고 및 납부를 하여야 합니다.

▶ 중소기업의 주민세 종업원분 과세특례

[1] 개요
「중소기업기본법」 제2조에 따른 중소기업의 사업주가 종업원을 추가로 고용한 경우(해당 월의 종업원 수가 50명을 초과하는 경우만 해당)에는 다음의 계산식에 따라 산출한 금액을 종업원분의 과세표준에서 공제하며, 이 경우 직전 연도의 월평균 종업원 수가 50명 이하인 경우 50명으로 간주하여 산출합니다. (지방세법 제84조의5)

공제액 = (신고한 달의 종업원 수 - 직전 연도의 월평균 종업원 수) × 월 적용급여액

◆ 법인, 법인세과-1050, 2009.09.25
내국법인이 「지방세법」에 의하여 납부하는 종업원할 사업소세의 손익 귀속시기는 지방세 과세표준과 세액의 자진신고일 또는 고지일이 속한 사업연도의 손금(가산세 제외)으로 하는 것임

🅠 4대보험료 징수 및 납부

급여 해당 월의 다음달 10일까지 4대보험료를 납부하여야 합니다. 매월 공단에서 고지하는 4대보험료는 전년도 과세대상 급여총액을 12로 나눈 금액에 4대보험료율을 적용하여 고지합니다.

건강보험 및 고용보험은 당해 연도에 실제 지급한 임금을 기준으로 내년도 2월 말일까지 확정 정산하여야 하므로 지급하는 급여를 기준으로 징수한 다음 납부한 금액과의 차액은 보관하여 두었다가 확정정산에 의한 추가 납부 금액을 납부하시는 것이 적절합니다.

▶ 종업원 4대보험료 고지 및 납부 사례

[예 제] 월별 부과금액[전년도 과세대상 급여총액(10억 8천만원) ÷ 12]

구 분	금 액	직원 급여	대표이사 급여
부과 기준 급여	90,000,000	80,000,000	10,000,000
실제 지급 급여	100,000,000	90,000,000	10,000,000

구 분	예수금	공단 부과 및 납부금액			
		직원 부담	직원 부담금	회사 부담	회사 부담금
근로소득세	5,000,000		5,000,000		
지방소득세	500,000		500,000		
국 민 연 금	4,500,000	4.500%	4,500,000	4.500%	4,050,000
건강보험료	3,924,000	3.924%	3,924,000	3.924%	3,924,000
고용보험료	831,600	0.900%	831,600	1.125%	1,0125000
산재보험료				1.460%	1,314,000
합 계	14,755,600		14,755,600		19,413,000

- 산재보험료(예제) : [회사부담(섬유업 : 14/1,000) + 임금채권부담금(6/10,000)]
- 대표이사 : 고용보험 및 산재보험 가입제외

1) 매 월 급여 지급시 근로소득세 및 지방소득세, 4대보험료 직원부담금을 차감하고 지급합니다.(예수금) 공단에서 부과하는 금액은 전년도 급여를 기준으로 부과한 것이므로 실제 지급할 급여를 기준으로 보험료율을 곱한 금액을 급여에서 차감하고 지급하시면 됩니다.
2) 4대보험료 납부시에는 공단에서 부과한 금액(직원부담금 + 회사부담금)을 납부합니다.
3) 급여 지급시 직원으로부터 징수하여 둔 금액과 공단에 납부한 직원부담금의 차액은 다음해 정산시 추가 납부하시면 됩니다.

Q&A 급여가 매월 달라지는 경우 4대보험료 공제는 어떻게 하나요?

건강보험 및 고용보험료 종업원부담금은 실제 지급한 급여를 기준으로 정산을 하여 추가 납부하여야 하므로 실제 지급한 급여를 기준으로 징수하시고, 국민연금은 별도의 정산절차가 없으므로 고지한 금액을 기준으로 징수를 하시면 됩니다.
회사 부담금은 고지한 금액만 복리후생비 등 경비로 처리를 하시면 됩니다.

Q&A 근로소득세 및 지방소득세, 4대보험료 중 종업원부담금을 회사가 모두 부담하기로 한 경우에는 어떻게 처리하나요?

근로소득세 및 지방소득세, 4대보험료 종업원부담금액에 상당하는 금액을 급여에 추가한 다음 정상적인 방법으로 처리하여야 합니다. 예를 들어 급여 실지급액을 100만원으로 하고 근로소득세 및 지방소득세, 4대보험료 종업원부담금의 합계액이 10만원 상당인 경우 급여를 110만원으로 책정한 다음 급여지급시 10만원을 공제하고 100만원을 지급하여야 하는 것입니다.

③ 상여금 지급과 원천징수

◎ 상여금을 지급하는 해당 월에 원천징수

▶ 지급대상기간이 있는 상여금

상여금을 일정 기간마다 정기적으로 지급하는 경우

■ 상여 등에 대한 산출세액 = (① × ②) - ③

① 상여금 및 상여금 지급대상기간의 급여를 합한 금액을 지급대상기간의 월수로 나누어 매 월 평균 총급여액(상여금 포함급여)에 대한 간이세액표 해당 세액

$$월\ 평균\ 총급여액 = \frac{상여금 + 지급대상기간의\ 상여금\ 이외의\ 급여}{지급대상기간의\ 월수}$$

② 지급대상기간의 월수

③ 지급대상기간의 상여외의 급여에 대한 기 원천징수세액

◆ 상여금액과 지급대상기간이 회사의 사규 등에 사전에 정해진 경우
매월분의 급여에 상여금액을 그 지급대상기간으로 나눈 금액을 합한 금액에 대하여 간이세액표를 적용하여 매 월분 세액을 징수할 수 있습니다.

사 례 지급대상기간이 정하여져 있는 상여금 원천징수 계산

◎ 월 급여 200만원, 차량유지비 20만원, 식대보조비 10만원
◎ 가족사항 : 배우자, 자녀 만20세 이하 2명(부양가족수 1명 추가)
① 지급대상기간이 있는 상여 100%씩 4회 (분기별)
② 지급대상기간이 사규에 정해져 있고, 매 분기말에 상여금 지급

[근로소득세 징수] 사전에 지급대상기간이 정해진 경우이므로 상여금을 지급대상기간의 중간에 지급하더라도 상여금을 3월로 나눈 금액을 매월 분 급여에 더하면 2,666,666원이 되고 이에 해당하는 매월 분 간이세액을 매월 원천징수하여 신고 및 납부하시면 됩니다.

❓ 지급대상기간이 없는 상여금

① 상여금을 받은 연도의 1월 1일부터 지급일이 속하는 월까지를 그 지급대상기간으로 하여 지급대상기간이 있는 상여금의 계산방법으로 계산

② 같은 해에 2회 이상 지급받을 때에는 직전에 상여를 지급받은 날이 속하는 달의 다음달부터 그 후에 지급받은 날이 속하는 달까지를 지급대상기간으로 하여 지급대상기간이 있는 상여금의 계산방법으로 계산

4 원천세 수정신고 및 관련 가산세

Q 원천세 수정신고 및 수정신고서 작성방법

원천세를 신고하였으나 그 신고한 내용에 누락 또는 오류가 있는 경우 수정신고를 할 수 있으며, 수정신고서는 다음과 같은 방법으로 작성하여 제출합니다.

① 수정신고서는 별지로 작성하여 제출하며, 귀속연월과 지급연월은 반드시 당초 신고서와 동일하게 기재합니다.

② 당초의 모든 숫자는 상단에 빨강색으로, 수정 후 모든 숫자는 하단에 검정색으로 기재합니다.

③ 수정신고로 인한 납부세액 또는 환급세액은 **당월분 원천징수이행상황신고서의 수정신고(A90)란에 옮겨 적어 조정 환급하여야 합니다.** 즉, 수정신고서의 수정신고(세액) A90란은 기재하지 않는 것이며 수정신고서의 총합계(A99)란의 차액은 수정신고 월의 정기신고서 '수정신고(A90)'란에 옮겨 기재합니다.

따라서 수정신고는 수정신고용 원천징수이행상황신고서와 함께 당월분(또는 반기분)신고서를 같이 제출하여야 합니다.

④ 별지 작성한 수정 신고서의 총합계(A99)의 납부세액 차액(수정신고 납부할 세액 - 당초신고.납부세액)은 당월 신고서 수정신고(A90)란의 징수세액란에 옮겨 적고, 신고 및 납부하여야 합니다.

🇶 원천세 가산세

➡ 원천세 미납부가산세 (1 + 2) 미납금액 10% 한도

1. 미납부금액의 3%
2. 미납부금액 × 미납일수 × 2.5/10,000

[개정 세법] 2019년 이후 납부불성실가산세 이자율 인하
[국세기본법 시행령 제27조의4]
〈적용시기〉 시행령 공포일(2019년 2월 12일) 이후 : 1일 0.025%
2019년 2월 11일 이전의 미납기간 : 1일 0.03%
2019년 2월 12일 이후의 미납기간 : 1일 0.025%

➡ 원천세 신고불성실가산세(없음)

신고불성실가산세는 없습니다.

➡ 원천세 지급명세서 미제출가산세

▶ **근로소득 및 퇴직소득 등 지급명세서 미제출가산세**

근로소득 연말정산에 대한 지급명세서, 퇴직소득 지급명세서 및 이자소득, 배당소득 등에 대한 지급명세서를 그 지급일이 속하는 연도의 다음해 2월 말일 또는 3월 10일(근로소득, 퇴직소득의 경우)까지 관할 세무서에 제출하지 아니한 경우 지급금액의 1%를 가산세로 부담하여야 합니다. 단, 제출기한일로부터 **3개월 이내**에 제출하는 경우 가산세의 50%를 감면받을 수 있습니다. (소득세법 제81조의11)

▶ **일용근로자 근로소득에 대한 지급명세서 미제출 가산세**

제출하지 아니한 분의 지급금액의 1만분의 25(제출기한이 지난 후 1개월 이내에 제출하는 경우 지급금액의 10만분의 125)로 합니다.

▶ **간이지급명세서 미제출 등에 대한 가산세**

제출하지 아니한 분의 지급금액의 1만분의 25[제출기한이 지난 후 3개월(원천징수대상 사업소득 소득에 대한 간이지급명세서의 경우에는 1개월) 이내에 제출하는 경우 지급금액의 10만분의 125]

Q 원천세(특별징수분) 지방소득세 미납부가산세

지방소득세를 기한내에 납부하지 아니한 세액 또는 미달하게 납부한 세액의 100분의 3에 상당하는 금액과 미납일수에 1만분의 2.5를 곱한 금액을 가산세로 부담하여야 합니다.(한도액 10%)

사 례 원천징수 무신고에 대한 근로소득세 및 지방소득세 가산세

[예제] 2022년 5월분 급여 6월 10일 지급 근로소득세 1,000,000원 및 지방소득세 100,000원 징수, 7월 10일까지 납부하지 못하고, 8월 10일 신고서 제출 및 납부하는 경우 추가로 납부할 가산세

[풀이]
▷ 근로소득세 미납부가산세(① + ②) : 37,750원
① 1,000,000원 × 3/100 = 30,000원
② 1,000,000원 × 미납일수(31일) × 2.5/10,000 = 7,750원
▷ 지방소득세 미납부가산세(① + ②) : 3,775원
① 100,000원 × 3/100 = 3,000원
② 100,000원 × 미납일수(31일) × 2.5/10,000 = 775원
▷ 무신고에 대한 가산세는 없습니다.

5 반기(6개월)별 근로소득세 신고 및 납부

Q 반기별 신고대상자

근로소득 등을 지급하는 사업자는 매 월 근로소득세를 신고하고 납부하여야 하나 소규모 사업자의 납세편의를 제공하기 위하여 직전년도 상시고용인원이 20인 이하인 사업장의 경우 6개월에 한 번씩 신고 및 납부를 할 수 있습니다.

▣ 반기별 신고·납부기한

구 분	급여지급기간	신고 및 납부기한	비 고
상반기	1월 ~ 6월	7월 10일	전년도 연말정산과 같이 신고
하반기	7월 ~ 12월	다음해 1월 10일	

Q 반기별 신고·납부 승인 신청

반기별로 신고 및 납부하고자 하는 사업자는 사업장 관할세무서장으로부터 원천징수세액을 매 반기별로 신고 및 납부할 수 있도록 승인을 받아야 하며, 반기별 신고·납부승인을 얻고자 하는 경우 해당 반기 직전 월의 1일부터 말일까지 사업장 관할세무서장에게 반기별 신고납부신청을 하여야 합니다.

▣ 반기별 승인신청기한

승인신청기한	승인통지기한	적용기간	신고기한
12월 1일 ~ 31일	1월 31일	상반기(1월 ~ 6월)	7월 10일
6월 1일 ~ 30일	7월 31일	하반기(7월 ~ 12월)	다음해 1월 10일

반기별 납부 승인을 얻은 자는 지급일을 기준으로 상반기분은 7월 10일까지, 하반기분은 다음연도 1월 10일까지, 6개월 동안의 근로소득세 등 원천징수내역을 기재한「원천징수이행상황신고서」를 관할세무서에 제출하고 징수한 세액은 은행에 납부하여야 합니다.

단, 신규사업장의 경우에도 신청일이 속하는 반기의 상시고용인원 20명 이하인 경우 반기별 신고·납부를 신청할 수 있습니다.

Q 지방소득세 납부

급여지급시 근로소득세를 징수할 경우 원천징수의무자(사업자)는 원천징수하는 근로소득세의 10%를 지방소득세로 징수하여 두었다가 그 징수일이 속하는 달의 다음 달 10일까지 관할 시·군·구에 납부하여야 하며, 별도의 신고는 하지 않습니다.

Q 반기별 신고대상자 지급명세서 제출

① 반기별 신고납부자는 다음해 7월 10일까지 「원천징수이행상황신고서」를 관할세무서에 제출합니다만, 연말정산에 대한 '근로소득지급명세서'는 다음연도 3월 10일까지 사업장 소재지 관할 세무서장에게 제출하여야 합니다.

② 퇴직금을 지급하는 경우 퇴직금 지급에 대한 내역서인 '퇴직소득지급명세서'를 다음연도 3월 10일까지 사업장 소재지 관할 세무서장에게 제출하여야 합니다.

반기별 신고·납부자 연말정산 (2021년 귀속분)

연말정산 절차 및 신고기한

① 2022년 2월 말일까지 ~ 내부적인 연말정산 완료
근로자의 근로소득세 결정에 관한 내역서인 지급명세서 작성

② 2022년 3월 10일까지 ~ 근로소득 지급명세서 제출
「홈택스」에 입력하여 제출하시면 됩니다.

③ 2022년 7월 10일까지
1. 연말정산분에 대한 원천징수이행상황신고 및 납부
2. 2022. 1. 1. ~ 2022. 6. 30. 기간 동안 지급한 근로소득, 퇴직소득, 기타소득 등 원천징수대상소득에 대한 반기별 신고

반기별 신고·납부자 연말정산 환급신청

① 연말정산에 의한 환급세액이 많은 경우로서 세무서로부터 환급을 받고자 하는 경우 환급신청을 하여 환급을 받을 수 있으며, 이 경우 3월 10일까지 원천징수이행상황신고서를 신고하여야 합니다.

예를 들어 2021년도 근로소득세로 결정된 금액이 100,000원이고 간이세액표에 의하여 납부한 근로소득세(기납부세액)가 500,000원인 경우로서 과다 납부한 근로소득세 400,000원을 환급받고자 하는 경우에는 2022년 3월 10일까지 「원천징수이행상황신고서」를 제출하여야 합니다. 이 경우 2022년 1월 및 2월분 원천세 지급 및 징수에 관한 내용과 연말정산분을 같이 신고하여야 합니다.

원천징수이행상황신고서의 「원천징수세액환급신청서」에 "☑" 표시하고 「㉑ 환급신청액」란에 환급신청액을 기재(원천징수세액환급신청서 부표 반드시 작성)하여 관할세무서장에게 제출합니다.

② 연말정산 환급에 따른 지방소득세 특별징수를 환급 받으시려면 아래의 서류를 구비하여 기 납입한 구청에 환급 신청하시면 됩니다.

1. 지방소득세 특별징수 환급청구서(별첨)
2. 지방소득세 특별징수 개인별 납부 내역서(별첨)
3. 소득세 환급결정통지서 사본 또는 소득세 환급 입금된 통장사본
4. 원천징수이행상황신고서(연말정산분)

③ 2022년 7월 10일 상반기 신고시에는 3월부터 6월 기간 동안 지급한 근로소득 등 원천징수소득만 신고하고 납부하여야 합니다.

6 연말정산

Q 연말정산이란?

매 월 간이세액표에 의하여 납부한 근로소득세는 급여총액이 확정되기 전 미리 납부한 금액으로 당해 연도가 종료된 후 실제 지급한 급여총액을 기준으로 소득세법의 규정에 의하여 납부할 근로소득세를 확정한 다음(결정세액) 미리 납부한 근로소득세(기납부세액)를 차가감하여 납부 또는 환급할 근로소득세를 확정하는 것을 말합니다.

연말정산에 관한 내용은 국세청 홈페이지 등에서 모든 내용을 쉽게 조회 및 확인할 수 있으므로 본 서에서는 기본 내용만 수록합니다.

연말정산 관련 국세청 자료 [국세청 홈페이지]
■ 국세청 홈페이지 : 안내 책자 및 책자 파일
■ 연말정산 자동 계산 : 조회·계산 → 연말정산 자동 계산
■ 연말정산간소화 서비스
■ 무료상담 : 국번없이 126

Q 연말정산의무자

근로소득을 지급하는 자(개인, 법인, 국가 등 모두 포함) 단, 근로소득 중 일용근로소득을 지급한 경우 일용근로소득은 분리과세되는 소득으로 그 지급시 원천징수함으로서 납세의무가 종결되는 것이므로 별도의 연말정산을 하지 않습니다.

❓ 연말정산 시기(2021년도 귀속분 기준)

▶ 일반적인 경우(계속 근로자)

구 분	연말정산시기	신고·납부기한	지급명세서 제출기한
월별 납부자	2022.2.28	2022.3.10	2022.3.10.
반기 납부자		2022.7.12	

▶ 중도퇴직자 연말정산

연도 중에 근로자가 퇴직한 경우에는 퇴직한 달의 급여를 지급하는 때에 연말정산하고 퇴직자에게 근로소득원천징수영수증을 교부하여야 하며, 퇴직한 달까지의 당해 연도의 근로소득금액 및 결정세액을 확정하여 추가 납부할 세액이 있는 경우에는 징수하고, 기납부세액이 결정세액보다 많은 경우 환급하여 주어야 합니다.

❓ 연말정산 및 차가감 징수·환급세액 처리

원천징수의무자는 근로자별로 연말정산에 의하여 확정된 결정세액이 매월 급여 지급시 간이세액표에 의하여 납부한 세액의 합계액보다 많은 경우 그 차액을 징수하여 납부하여야 하며, 환급세액이 발생하는 경우(매 월 납부한 세액이 결정세액보다 많은 경우) 그 금액을 해당 근로자에게 환급하여 주거나 다음연도의 징수 납부할 세액과 상계할 수 있습니다.

◘ 연말정산에 의한 환급금 발생시 회계처리

▶ 연말정산 환급세액 발생

연말정산에 의하여 확정된 근로소득세 및 지방소득세가 매 월 간이세액표에 의하여 원천징수하여 납부한 금액보다 적은 경우 과다 납부한 것이므로 세무서로부터 돌려받아야 할 금액은 미수금으로 처리하고, 세무서로부터 돌려받은 금액으로 직원에게 지급하여야 할 금액은 미지급금으로 처리하여야 합니다.

◎ 《연말정산 환급세액 발생》 연말정산 결과 간이세액표에 의하여 납부한 근로소득세(기납부세액)가 결정세액을 초과하여 근로소득세 1,200,000원 및 지방소득세 120,000원이 환급발생되다.

미수금	1,320,000	/	미지급금	1,320,000

▶ 조정환급세액과 납부할 세액 상계처리

① 《연말정산 환급세액을 납부할 금액과 상계》 2월 10일 1월분(급여지급일 1월 31일) 근로소득세 40만원 및 지방소득세 4만원을 연말정산 환급금에서 상계처리한 후 원천징수이행상황을 신고하다.

미지급금	440,000	/	미수금	440,000

- 미지급금 : 관할 세무서로부터 근로소득세를 돌려받아 직원에게 지급하여야 할 금액이나 납부할 근로소득세를 급여지급시 징수하지 아니하고, 미지급금과 상계처리한 다음 개인별근로소득원천징수부에는 근로소득세를 납부한 것으로 처리하여 미지급금과 상계합니다.

● 미수금 : 1월분 급여 지급시 근로소득세 40만원 및 지방소득세 4만원을 납부하여야 하나 세무서 및 시·군·구로부터 돌려받아야 할 세액과 상계처리한 것입니다.

②《연말정산 환급세액을 납부할 금액과 상계》3. 10 2월 분 근로소득세로 납부하여야 하는 60만원 및 지방소득세 6만원을 전년도 연말정산 환급금에서 차감 후 원천징수이행상황을 신고하다.

미지급금	660,000	/	미수금	660,000

③《급여지급 및 근로소득세 환급세액 조정》3. 31. 급여 1천만원 지급시 3월 근로소득세 500,000원 및 지방소득세 50,000원을 계상하다. 소득세 및 지방소득세 중 연말정산 환급금 미정산금액 **220,000원**을 차감한 잔액 330,000원 [환급세액(1,320,000) - 1월분조정금액(440,000) - 2월분조정금액(660,000)] 및 국민연금보험료, 건강보험료, 고용보험료 직원부담금 700,000원을 직원으로부터 원천징수하고 차감 잔액 8,970,000원을 보통예금에서 인출하여 지급하다.

급여	10,000,000	/	예수금(근로소득세)	300,000
			예수금(지방소득세)	30,000
			예수금(국민,건강)	700,000
			보통예금	8,970,000

④《근로소득세 및 지방소득세 납부》4. 10 근로소득세 및 지방소득세 330,000원을 보통예금에서 인출하여 납부하다.

미지급금	220,000	/	미수금	220,000
예수금(근로소득세)	300,000	/	보통예금	330,000
예수금(지방소득세)	30,000			

▶ 환급할 근로소득세를 회사가 대신 지급한 경우

연말정산 환급금을 회사가 대신 먼저 지급한 경우 그 금액은 가지급금 처리한 후 정산하면 됩니다.

① 《연말정산 환급세액 발생》 연말정산 결과 소득세 조정환급세액 1,200,000원 및 지방소득세 120,000원이 발생하다.

미수금	1,320,000	/	미지급금	1,320,000

② 《연말정산 환급금 발생금액 지급》 연말정산 결과 발생한 근로소득세 조정환급세액 1,200,000원 및 지방소득세 120,000원이 발생하여 환급금액을 회사가 보통예금에서 인출하여 종업원에게 대신 지급하다.

가지급금	1,320,000	/	보통예금	1,320,000

③ 《급여지급 및 근로소득세 등 원천징수》 2월 10일 1월분 급여 10,000,000원 지급시 근로소득세 400,000원 및 동 지방소득세 40,000원을 직원으로부터 징수하다.

급여	10,000,000	/	예수금(근로소득세)	400,000
			예수금(지방소득세)	40,000
			보통예금	9,560,000

④ 《근로소득세 신고시 납부할 금액 상계》 1월분 근로소득세 및 지방소득세를 전년도 연말정산 환급금에서 차감 조정하여 원천징수이행상황을 신고하다.

예수금(근로소득세)	400,000	/	가지급금	440,000
예수금(지방소득세)	40,000			

- 가지급금 : 직원으로부터 징수한 1월분 근로소득세 및 지방소득세는 회사가 가지급금을 회수한 것으로 처리합니다. 근로소득세 및 지방소득세는 연말정산 환급금에서 차감하여 상계처리하므로 납부할 세액은 없는 것임

| 미지급금 | 440,000 | / | 미수금 | 440,000 |

- 미지급금 : 직원에게 지급할 금액을 회사가 대신 지급한 후 급여 지급시 징수한 금액과 상계처리합니다.
- 미수금 : 1월 분 급여 지급시 근로소득세 및 지방소득세를 직원으로부터 징수하여야 하나 세무서로부터 환급 받을 세액을 납부할 세액과 상계 처리한 것임

▶ 연말정산 환급세액 발생 및 환급금 입금

① 《연말정산 환급세액 발생》 연말정산 결과 1,200,000원의 환급금액이 발생하여 2. 10 환급신청을 하다.

| 미수금 | 1,200,000 | / | 미지급금 | 1,200,000 |

② 《근로소득세 환급》 세무서에서 근로소득세 환급금액이 결정되어 법인의 보통예금에 환급금 1,200,000원이 입금되다.

| 보통예금 | 1,200,000 | / | 미수금 | 1,200,000 |

7 이자소득세 원천징수

Q 이자소득 원천징수 개요

① 금전 등을 차입하고 그에 대한 대가로 이자를 지급하는 자는 소득세법의 규정에 이자소득세 및 이자소득세의 10%를 지방소득세로 징수하여 신고 및 납부를 하여야 합니다.

법인으로부터 자금을 차입하고, 그 이자를 지급하는 자는 이자소득세에 상당하는 세액을 법인세(이자소득세)로 징수하여 납부하되, 지방소득세는 징수하지 않았습니다만, 2015년 1월 이후 법인에게 이자를 지급하는 경우에도 지방소득세(법인세의 10%)를 징수 및 납부하여야 합니다.

② 금융기관으로부터 금전을 차입한 자가 금융기관에 이자를 지급하는 경우에는 이자소득세를 징수납부하지 않습니다.

Q 이자소득으로 보지 아니하는 소득

① 물품을 매입할 때 대금의 결제방법에 따라 에누리되는 금액
② 외상매입금을 약정기일 전에 지급함으로써 받는 할인액
③ 물품을 판매하고 대금 결제방법에 따라 추가로 지급받는 금액
④ 외상매출금의 지급기일을 연장하여 주고 추가로 지급받는 금액
⑤ 장기할부조건으로 판매함으로써 현금거래 또는 통상적인 대금의 결제방법에 의한 거래의 경우보다 추가로 지급받는 금액

🅠 이자소득세 및 지방소득세 원천징수

▶ 금융기관 등이 예금이자소득을 지급하는 경우

■ 이자소득세 원천징수세액 = 총지급액 × 14%

이자로 지급하는 금액의 14%를 이자소득세로 이자소득세의 10%를 지방소득세로 징수하여 납부합니다.

법인의 경우 예금이자 수입에 대하여 원천징수당한 이자소득세는 선납세금으로 처리한 다음 납부할 법인세에서 공제를 받을 수 있습니다.

▶ 개인사채에 대한 이자 지급 및 원천징수

기업이 개인 또는 법인으로부터 차입한 차입금에 대한 이자를 지급하여야 하는 경우 그 지급금액의 25%(금융업을 영위하지 아니하는 자가 개인 등에게 금전을 차입하고 이자를 지급하는 경우 이자소득 원천징수세율) 및 지방소득세(이자소득세의 10%)를 원천징수하여 징수일의 다음달 10일까지 관할세무서에 납부하여야 합니다.

🅠 지급명세서 제출

이자를 지급하는 자는 이자소득 지급에 관한 명세서인 지급명세서를 작성하여 그 지급일의 다음연도 2월 말일까지 사업장 관할 세무서에 제출하여야 합니다.

8 [법인] 배당소득세 원천징수

Q 개요

배당소득이란 법인에서 발생한 이익을 법인의 주주에게 출자지분에 따라 배분하는 경우 발생하는 소득으로 배당소득에는 일반적인 이익배당 외에 배당으로 간주하는 의제배당과 법인세법에 의하여 배당으로 처분된 소득 등이 있습니다.

Q 주식보유시 주주로서 받는 배당소득

법인에서 이익이 발생한 경우 법인에 출자한 주주는 주주총회 결의를 거쳐 배당을 받을 수 있으며, 이 때 주주로서 얻는 이익을 배당소득이라 합니다. 한편, 일부 주주가 배당권리를 포기하는 경우 그로 인하여 이익을 얻는 주주는 증여를 받은 것으로 간주하므로 배당시 특정주주에게만 배당하는 경우 유의하여야 합니다.

Q 법인에게 배당금을 지급하는 경우

주주가 법인인 경우에도 배당금을 지급하여야 합니다. 다만, 법인에게 배당금을 지급하는 경우 배당소득세 및 지방소득세 신고 및 납부의무는 없습니다. 왜냐하면, 배당소득세는 소득세법의 규정에 의하여 원천징수하는 것이기 때문입니다. 한편, 법인에게 배당금을 지급하는 경우에도 배당금 지급에 대한 명세서는 반드시 다음해 2월 말일까지 제출하여야 합니다.

의제배당

의제배당이란 배당소득으로 간주한다는 것으로 법인이 주주에게 실제 배당금을 지급한 것은 아니나 주주가 배당에 준하는 이익을 얻게 되는 다음의 금액을 말합니다.

① 주식 소각이나 자본 감소로 인하여 주주가 취득하는 금전 기타 재산의 가액이 주주가 당해 주식을 취득하기 위하여 소요된 금액을 초과하는 금액

② 법인의 잉여금의 전부 또는 일부를 자본에 전입함으로써 취득하는 주식의 가액. 다만, 자본준비금을 자본에 전입하는 경우에는 제외합니다.

배당소득세 원천징수

배당소득 원천징수세율

① 배당소득에 대하여 100분의 14
② 출자공동사업자의 배당소득에 대하여는 100분의 25
③ 법인에게 배당금을 지급하는 경우 원천징수하지 않습니다.

배당소득 원천징수시기

원천징수의무자가 배당소득을 지급하는 때

▶ 배당소득 지급시기 의제

배당소득을 실제 지급하지는 않았으나 소득세법의 규정에 의하여 일정한 시점에 배당소득을 지급한 것으로 간주하여 배당소득세를 원천징수하는 것을 배당소득 지급시기 의제라 하며, 다음의 시기에 배당소득을 지급한 것으로 의제합니다.

① 법인이 이익 또는 잉여금의 처분에 의한 배당소득을 그 처분을 결정한 날로 부터 3월이 되는 날까지 지급하지 아니 한 때
→ 3월이 되는 날

② 소득처분에 의한 배당소득의 지급시기
→ 소득금액변동통지서를 받은 날

③ 법인소득을 신고함에 있어서 처분되는 배당소득
→ 당해 법인의 법인세 과세표준 및 세액의 신고기일

Q 배당소득 분리과세 및 종합과세

▶ 배당소득 분리과세

소득이 있는 자는 원칙적으로 종합소득세 신고를 하여야 합니다. 다만, 이자 및 배당소득의 연간 합계액이 2천만원 이하인 경우 이자소득이나 배당소득을 지급하는 자가 이자소득세 또는 배당소득세를 징수함으로서 그 지급을 받는 자의 납세의무는 종결되므로 종합소득세 신고를 하지 않을 수 있습니다.

▶ 배당소득 종합과세

배당소득은 금융소득으로서 이자 및 배당소득금액이 연간 2천만원을 초과하는 경우에 종합과세됩니다. 이 경우 종합소득에 합산하여 신고를 하여야 합니다.

▶ 종합과세되는 배당소득의 배당세액공제

개인사업자는 사업소득에 대하여 종합소득세가 과세되어 납세가 종결되나 법인 사업자는 법인에서 발생한 소득에 대하여 법인세가 과세되고 법인이 잉여소득을 출자자인 주주등에게 배당하는 경우 다시 배당소득이 과세됨으로서 이중과세문제가 발생합니다.

따라서 이중과세를 경감하기 위하여 주주단계의 소득세에서 일정한 세액을 차감하여 공제하여 주는 것을 배당세액공제라 하며 각 소득자별로 배당세액을 공제하는 계산방식은 아래와 같습니다.

▶ 배당소득금액 가산

종합소득을 계산함에 있어 연간 이자소득 및 배당소득의 합계액이 2천만원을 초과하는 경우 종합소득에 합산을 하여야 합니다.

이 경우 이자 및 배당소득의 합계액에서 2천만원을 차감한 잔액 중 배당소득이 있는 경우 그 금액의 11%를 가산한 금액을 배당소득에 더하여야 합니다. 다만, 배당소득중 배당세액공제가 배제되는 의제배당은 제외합니다.

▶ 배당세액공제

거주자의 종합소득금액에 배당소득의 100분의 11에 상당하는 금액(Gross-Up)이 합산되어 있는 경우에는 당해연도의 총수입금액에 가산한 금액(Gross-Up)에 상당하는 금액을 종합소득산출세액에서 공제합니다. 단, 배당세액공제의 대상이 되는 배당소득금액은 종합소득 과세표준에 포함된 배당소득금액으로서 종합과세기준금액(2천만원)을 초과하는 것으로 합니다.

사 례 금융소득이 2천만원 이상인 경우 종합소득 합산금액

[예 제]

근로소득금액	50,000,000원
이자소득	10,000,000원
배당소득	300,000,000원
배당소득가산액	31,900,000원(3억1천만원 - 1천만원 - 1천만원) × 11%
종합소득금액	391,900,000원(360,000,000원 + 31,900,000원)
배당세액공제액	31,900,000원

사 례 그로스업하는 배당소득과 배당소득가산하지 않는 배당소득

☐ 배당소득가산 대상 배당소득
- 내국법인으로부터 받는 이익이나 잉여금의 배당
- 법인으로 보는 단체로부터 받는 배당금 또는 분배금
- 배당가산 하지 않는 의제배당을 제외한 의제배당
- 법인세법에 따라 배당으로 처분된 금액

☐ 배당소득가산하지 않는 배당소득
- 종합과세기준금액(2천만원)을 초과하지 않는 배당소득
- 외국법인으로부터 받는 배당소득

♣ [상세 내용] 국세청 홈페이지 → 국세정책/제도 → 통합자료실 → 국세청 발간책자 → 분야별 해설책자 (금융소득종합과세 해설)

9 기타소득세 원천징수

기타소득이란 이자소득·배당소득·사업소득·근로소득·연금소득·퇴직소득·양도소득 외의 소득으로 일시적이고, 우발적으로 발생하는 소득을 말합니다.

Q 근로소득, 기타소득, 사업소득 구분

소득구분은 대가를 지급하는 지급자의 입장이 아닌 용역을 제공하고 그 대가를 받는 자 기준으로 판단합니다. 따라서 동일회사에 여러 번 또는 여러 회사나 용역공급의뢰처에 개인인적용역을 제공하는 경우라면, 계속 반복적인 용역제공으로 보아 사업소득으로 구분하여야 합니다.

▶ 사업소득

사업소득이란 개인이 물적 시설없이 근로자를 고용하지 아니하고 독립적으로 일의 성과에 따라 수당 또는 이와 유사한 성질의 대가를 받는 용역으로 원천징수대상이 되는 사업소득은 용역을 제공하는 자가 독립된 자격으로 인적용역 또는 의료보건용역을 계속·반복적으로 제공하고 지급받는 대가를 말합니다.

■ 사업소득세 원천징수세액 = 총지급액 × 3%

▶ 기타소득

기타소득이란 이자소득·배당소득·사업소득·근로소득·연금소득·퇴직소득·양도소득외의 소득으로 일시적이고, 우발적으로 발생하는 소득을 말합니다.

■ 기타소득세 원천징수세액 = (총지급액 - 필요경비) × 20%

사업소득과 기타소득 여부는 그 일에 대해 상대방이 계속성이 있느냐, 없느냐에 따라 적용이 달라집니다. 즉 그 지급을 받는 자가 일시적으로 용역을 제공하는 것이라면, 기타소득으로 보아 그 지급금액의 60% 또는 80%를 필요경비로 공제한 금액에 대하여 20%(지방소득세 별도)의 세율을 적용하여 기타소득세를 원천징수하여야 합니다만,

소득을 지급받는 자가 계속적으로 용역을 제공한다면, 사업소득으로 보아 지급받는 금액에 대하여 3%(지방소득세 별도 : 사업소득세의 10%)의 세율을 적용하여 사업소득세를 원천징수하여야 합니다.

▶ 근로소득

근로소득이란 고용관계에 의하여 근로를 제공하고 그 대가로서 지급받는 급여로 근로자가 종속적인 지위에서 근로를 제공하고 받는 대가를 말하며, 고용관계가 있는지 여부의 판단은 근로제공자가 업무 내지 작업에 대한 거부를 할 수 있는지, 시간적·장소적인 제약을 받는지, 업무수행과정에 있어서 구체적인 지시를 받는지, 복무규정의 준수의무 등에 의하여 종합적으로 판단할 사항입니다.

◧ 기타소득세 원천징수 대상소득

① 다음의 1에 해당하는 인적용역을 일시적으로 제공하고 지급받는 대가
1. 고용관계 없이 다수인에게 강연을 하고 강연료 등의 대가를 받는 용역
2. 라디오·텔레비전방송 등을 통하여 해설·계몽 또는 연기의 심사 등을 하고 보수 또는 이와 유사한 성질의 대가를 받는 용역
3. 변호사·공인회계사·세무사·건축사·측량사·변리사 기타 전문적 지식 또는 특별한 기능을 가진 자가 당해 지식 또는 기능을 활용하여 보수 또는 기타 대가를 받고 제공하는 용역
4. 기타의 용역으로서 고용관계 없이 수당 또는 이와 유사한 성질의 대가를 받고 제공하는 용역

② 문예·학술·미술·음악 또는 사진에 속하는 창작품에 대한 원작자로서 받는 소득으로서 다음의 1에 해당하는 것
1. 원고료 및 저작권사용료인 인세
2. 미술·음악 또는 사진에 속하는 창작품에 대하여 받는 대가

③ 저작자 또는 실연자·음반제작자·방송사업자외의 자가 저작권 또는 저작인접권의 양도 또는 사용의 대가로 받는 금품

④ 광업권·어업권·산업재산권 및 산업정보, 산업상 비밀, 상표권·영업권(점포임차권 포함), 토사석의 채취허가에 따른 권리, 지하수의 개발·이용권 그 밖에 이와 유사한 자산이나 권리를 양도하거나 대여하고 그 대가로 받는 금품

⑤ 물품(유가증권 포함) 또는 장소를 일시적으로 대여하고 사용료로서 받는 금품

⑥ 계약의 위약 또는 해약으로 인하여 받는 위약금과 배상금

⑦ 재산권에 관한 알선수수료 및 사례금

🅠 기타소득세 원천징수

기타소득을 지급하는 때는 기타소득총지급액에서 필요경비를 공제한 기타소득금액에 원천징수세율 20%(지방소득세 별도)를 적용하여 소득세를 원천징수하여 다음달 10일까지 기타소득세를 납부하여야 합니다.

다만, 기타소득금액(기타소득 - 필요경비)이 5만원 이하인 경우에는 기타소득 과세 최저한 규정에 의하여 원천징수하지 않습니다.

원천징수세액이 1천원 미만인 경우에는 징수하지 아니합니다.

▶ 기타소득으로 원천징수할 금액

① 기타소득금액 = 기타소득 총수입금액 - 필요경비
② 원천징수세액 = 기타소득금액 × 원천징수 세율(20/100)
○ 지방소득세 10% 별도 징수

사 례 기타소득세 원천징수

[예제] 기타소득에 해당하는 강의료 지급금액이 300,000원인 경우
- 과세표준(120,000원) = 지급금액(300,000원) - 필요경비(180,000원)
- 기타소득세(24,000원) = 과세표준(120,000원) × 기타소득세율(20%)
- 지방소득세(2,400원) = 기타소득세(24,000원) × 10%
- ▶ 기타소득금액(기타소득 - 필요경비) 5만원 이하인 경우 기타소득세를 징수하지 않습니다.

🅠 기타소득 필요경비

기타소득금액은 당해 연도의 총수입금액에서 이에 소요된 필요경비를 공제한 금액으로 합니다.

▶ 지급액의 80%를 필요경비 공제할 수 있는 기타소득

① 공익법인이 주무관청의 승인을 얻어 시상하는 상금과 부상
② 다수가 순위 경쟁하는 대회에서 입상자가 받는 상금 및 부상
③ 지역권 또는 지상권을 대여하고 받는 금품
④ 계약의 위약 또는 해약으로 인하여 받는 위약금과 배상금 중 주택입주 지체상금

▶ 지급액의 60%를 필요경비 공제할 수 있는 기타소득

① 다음에 해당하는 인적용역을 일시적으로 제공하고 지급받는 대가
1. 고용관계없이 다수인에게 강연을 하고 강연료 등의 대가를 받는 용역
2. 라디오·텔레비전방송 등을 통하여 해설·계몽 또는 연기의 심사 등을 하고 보수 또는 이와 유사한 성질의 대가를 받는 용역
3. 변호사·공인회계사·세무사·건축사·측량사·변리사기타 전문적 지식 또는 특별한 기능을 가진 자가 당해 지식 또는 기능을 활용하여 보수 또는 기타 대가를 받고 제공하는 용역
4. 기타의 용역으로서 고용관계없이 수당 또는 이와 유사한 성질의 대가를 받고 제공하는 용역
5. 계약의 위약 또는 해약으로 인하여 받는 위약금과 배상금 중 주택입주 지체상금계약의 위약 또는 해약으로 인하여 받는 위약금과

배상금 중 주택입주자가 주택건설업자로부터 받은 주택입주 지체상금을 말한다.
② 문예·학술·미술·음악 또는 사진에 속하는 창작품에 대한 원작자로서 받는 소득으로서 다음의 하나에 해당하는 것
1. 원고료
2. 저작권사용료인 인세
3. 미술·음악 또는 사진에 속하는 창작품에 대하여 받는 대가
③ 광업권·어업권·산업재산권 및 산업정보, 산업상 비밀, 상표권·영업권(점포임차권 포함), 토사석의 채취허가에 따른 권리, 지하수의 개발·이용권 그 밖에 이와 유사한 자산이나 권리를 양도하거나 대여하고 그 대가로 받는 금품으로서 필요경비가 확인되지 아니하거나 수입금액의 100분의 80에 미달하는 것

[개정 세법] 원고료, 인세, 일시적 강연료 등 필요경비율 조정 등
1. 2018. 4. 1. ~ 2018.12.31. 지급분 : 필요경비율 70%
2. 2019. 1. 1. 이후 지급분 : 필요경비율 60%

▶ 증빙서류 확인되는 경우만 필요경비 인정되는 기타소득

지급금액의 80% 또는 60%를 필요경비로 공제받을 수 있는 기타소득외의 기타소득은 증빙서류에 의하여 확인되는 실제 필요경비만을 공제받을 수 있다.

❓ 기타소득자의 종합소득세 신고

기타소득금액(기타소득 - 필요경비)이 300만원을 초과하는 경우에는 종합소득세 확정신고를 하여야 하며, 기타소득금액이 300만원 이하인 경우에는 분리과세와 종합과세 중 선택할 수 있습니다.

⑩ 원천징수대상 사업소득

원천징수대상 사업소득이란 개인이 물적 시설 없이 근로자를 고용하지 아니하고 독립적으로 일의 성과에 따라 수당 또는 이와 유사한 성질의 대가를 받는 용역으로 용역을 제공하는 자가 독립된 자격으로 인적용역 또는 의료보건용역을 계속·반복적으로 제공하고 지급받는 대가를 말합니다.

Q 사업소득세 원천징수 대상소득

원천징수대상 사업소득은 아래에 열거하는 사업소득을 지급하는 경우에 한하는 것으로 소득세법에서 통칭하는 사업소득과 구분되며, 법인에게 아래에 열거하는 사업소득을 지급하는 경우에는 계산서 등 정규영수증을 수취하여야 합니다.

① 개인이 물적 시설 없이 근로자를 고용하지 아니하고 독립된 자격으로 용역을 공급하고 대가를 받는 다음에 규정하는 인적용역
1. 저술·서화·도안·조각·작곡·음악·무용·만화·배우·성우·가수 이와 유사한 용역
2. 연예에 관한 감독·출·촬영·녹음·장치·조명과 이와 유사한 용역
3. 건축감독·학술용역·기술용역과 이와 유사한 용역
4. 직업운동가·역사·기수·운동지도가(심판을 포함합니다)와 이와 유사한 용역
5. 저작자가 저작권에 의하여 사용료를 받는 용역
6. 보험가입자의 모집, 저축의 장려 또는 집금 등을 하고 실적에 따라 보험회사 등으로부터 받는 모집수당·장려수당·집금수당

7. 교정.번역.고증.속기.필경.타자.음반취입과 이와 유사한 용역
8. 고용관계 없는 자가 강연을 하고 강연료.강사료 등의 대가를 받는 용역
9. 개인이 일의 성과에 따라 수당 또는 이와 유사한 성질의 대가를 받는 용역

② 개인.법인 또는 법인격 없는 사단.재단 기타 단체가 독립된 자격으로 용역을 공급하고 대가를 받는 인적용역

▶ 원천징수대상 사업소득자의 사업자등록

인적용역소득에 대해서는 소득을 지급하는 자가 3% 원천징수(지방소득세 별도)를 하여야 하며, 부가가치세가 면세되는 인적용역을 제공하는 자유직업소득자의 경우 부가가치세법에 의한 사업자등록은 필요하지 않으나 소득세법에 의한 면세사업자등록은 할 수 있습니다.

다만, 면세사업자등록을 하지 않은 경우에도 사업소득을 지급하는 자가 사업소득세 및 지방소득세를 원천징수하여 신고 및 납부하므로 특별한 불이익은 없습니다. 이 경우 사업소득자는 자신의 수입에 대하여 종합소득세 신고를 하여야 합니다.

◆ 보험모집인, 방문판매원의 연말정산

보험모집인, 방문판매원이 지급받는 소득은 사업소득으로 원칙적으로 다음해 5월 중에 종합소득세 확정신고를 하여야 합니다만, 해당 과세기간에 신규로 사업을 개시 또는 직전 과세기간의 수입금액 7,500만원 미만인 경우 해당 사업자에게 사업소득을 지급하는 원천징수의무자가 해당 과세기간의 사업소득금액에 대하여 연말정산하여 소득세를 징수·납부함으로서 납세의무를 종결시킬 수 있습니다.

🅠 사업소득세 원천징수

원천징수하여야 하는 사업소득은 통상의 사업소득과 다른 개념(원천징수대상이 아닌 경우 세금계산서, 계산서 등을 수취하여야 함)으로 원천징수대상 사업소득을 지급하는 경우 사업소득세를 원천징수하여 그 징수일의 다음달 10일까지 납부하여야 합니다.

사업소득은 기타소득과는 달리 그 지급을 받는 자가 소득세법에 열거되어 있는 용역을 독립된 자격으로 계속적으로 제공하는 개인이며, 원천징수대상 사업소득을 지급하는 자는 사업소득세를 원천징수하여야 하는 것입니다.

▶ 사업소득에 대한 원천징수세율

1. 사업소득의 100분의 3 및 지방소득세(사업소득세의 10%)
2. 봉사료의 경우 100분의 5 및 지방소득세

🅠 사업소득을 지급받는 자의 종합소득세 신고

당해 연노에 사업소득이 있는 거주자는 사업소득금액에 관계없이 반드시 당해 연도의 다음연도 5월 1일부터 5월 31일까지 주소지 관할세무서에 종합소득세 확정신고를 하여야 합니다.

종합소득세 신고시 납부할 세액에서 사업소득을 지급하는 자로부터 원천징수당한 사업소득세는 기납부 세액으로 공제합니다.

11 세금 납부서 작성

① 각종 세금을 납부하고자 하는 경우 납부서를 작성하여 금융기관 등에 납부를 하여야 하며, 홈택스에서 신고하는 경우 자동으로 출력됩니다.

② 납부서를 작성하여 납부하는 경우 납부서 작성
1. 납부서 양식 : 국세청 홈페이지 → 국세정보 → 세무서식
    검색어 <영수증서> 영수증서(납세자용)납부서(수납기관용)영수필통지서(징수기관용)
2. 납부서 다운로드
3. 납부서에 아래 내용 기재
    결정구분, 세목, 수입징수관서(관할 세무서) 상호, 사업자등록번호, 성명, 주민등록번호, 사업장, 납부금액 기재

○ 수입징수관서 : 사업장(부가가치세, 근로소득세 등) 또는 주소지(종합소득세) 관할 세무서
○ 사업장 : 사업장 소재지 또는 주소지 소재지 동 명칭 및 번지
○ 납부기한 : 해당 세금의 납부기한

③ 납부서는 세목(세금의 종류)별로 각각 작성하여야 합니다.

■ 결정구분(4)

1	확정분 자납	소득·법인세 정기신고분, 부가세 확정신고
2	수시분 자납	수정신고, 정정신고 등 수시 자납
3	예정신고 및 중간예납	법인세 중간예납, 부가세 예정신고 등
4	원천분 자납	소득·법인세 원천분

■ 세목(14)

세 목	코드	세 목	코드	세 목	코드
종합소득세	10	퇴직소득세	21	개별소비세	42
이자소득세	11	양도소득세	22	주세	43
배당소득세	12	법인세	31	증권거래세	45
사업소득세	13	부가가치세	41	인지세	46
근로소득세	14	상속세	32	농어촌특별세(현년도)	55
기타소득세	16	증여세	33	농어촌특별세(과년도)	56

▶ **세금 납부는 하지 못하더라도 신고는 하여야 합니다.**

세금 납부는 하지 못하더라도 해당 세목의 신고는 반드시 하여야 합니다. 세금 신고는 하고 납부를 하지 않는 경우 미납부가산세만 부담을 하시면 됩니다만, 신고조차 하지 않은 경우 무신고에 대한 무거운 가산세를 부담하여야 하므로 자금사정으로 세금 납부를 하지 못할 경우에도 부가가치세 및 종합소득세 신고는 반드시 하여야 합니다. 한편, 수익 및 비용에 대한 증거자료가 없는 경우 관할 세무서에서 총수입금액에 국세청에서 업종별로 정한 소득금액의 3.2배(복식부기의무자) 또는 2.6배(간편장부대상자)를 소득으로 간주하여 세금을 부과하므로 어떠한 경우에도 신고는 하여야 합니다.

▶ **기한내 신고를 하지 못한 경우에도 기한 후 신고를 할 수 있습니다.**

종합소득세 및 부가가치세를 기한내 신고를 하지 못한 경우 관할 세무서에서 조사결정을 하지 전까지 기한 후 신고를 할 수 있습니다. 단, 이 경우 무신고가산세는 부담을 하여야 하나 1개월 이내에 기한 후 신고를 하는 경우 무신고가산세의 50%를 1개월 초과 6개월 이내에 기한 후 신고를 하는 경우 무신고가산세의 20%를 감면 받을 수 있습니다.

SECTION 02

일용근로자 원천징수 및 세무실무와 4대보험

일용근로자 근로소득세 원천징수방법 및 4대보험 신고에 대한 내용에 대하여 살펴보도록 하겠습니다.

1 일용직근로자 및 법정수당 등

Q 일용직근로자란?

일용근로자란 근로를 제공한 날 또는 시간에 따라 급여를 계산하거나 근로를 제공한 날 또는 시간의 근로성과에 따라 급여를 계산하여 지급받는 자로 다음에 해당되지 아니하는 자를 말합니다.
○ 건설공사 종사자, 하역(항만)작업 종사자가 아닌 자 : 근로자로서 근로계약에 따라 일정한 고용주에게 3월 이상 계속하여 고용되는 자
○ 하역(항만)작업 종사자 : 통상 근로를 제공한 날에 급여를 지급받지 아니하고 정기적으로 근로대가를 받는 자

○ 건설공사 종사자 : 동일한 고용주에게 계속하여 1년 이상 고용된 자

> **보충** 건설공사에 종사하는 자의 일용근로자 해당 요건
>
> ◎ 건설공사에 종사하는 자로서 다음에 해당하지 아니하는 자
> ① 동일한 고용주에게 계속하여 1년 이상 고용된 자
> ② 다음의 업무에 종사하기 위하여 통상 동일한 고용주에게 계속 고용되는 자
> 1. 작업준비를 하고 노무에 종사하는 자를 직접 지휘·감독하는 업무
> 2. 작업현장에서 필요한 기술적인 업무, 사무, 취사, 경비 등의 업무
> 3. 건설기계의 운전 또는 정비업무

일용직근로자의 법정수당 및 퇴직금

일용직근로자의 주휴일 및 주휴수당

근로기준법상 1주간의 소정근로일수를 개근한 근로자에게는 1일의 유급휴가를 주어야 하는데 1일단위로 근로계약을 체결하는 일용근로자의 경우 1주간의 소정근로일수를 산정할 수 없으므로 유급 주휴일을 부여하지 않습니다.

다만, 일용근로자가 계속적으로 근로를 제공하는 경우에는 실제 근로일수를 기준으로 1주일에 소정근로일수를 개근한 경우 주휴일을 부여하여야 합니다.

이 경우 주휴수당을 포함하여 임금을 지급하기로 사전에 약정한 경우에는 무급으로 주휴일을 부여하는 것이나 약정이 없는 경우 유급으로 주휴일을 부여하여야 합니다.

▶ 일용직근로자의 연장·야간·휴일근로 가산수당

① 일용근로자의 경우도 연장근로 및 야간근로에 대하여 가산수당을 지급하여야 합니다.
② 휴일근로의 경우 주휴수당을 포함하여 임금을 지급하기로 사전에 약정하지 아니한 계속근로자는 휴일근로에 대하여 가산수당을 지급하여야 합니다.
③ 일용근로자를 포함하여 상시 근로자 수가 5인 미만인 경우에는 가산수당 지급의무가 없습니다.

보 충 일용근로자의 주휴수당 및 통상임금

일급계약인 경우, 주휴수당은 1주간의 소정근로에 대해 개근하는 경우 지급되는 조건부 임금으로 통상임금에 포함되지 않습니다만, 월급 계약인 경우에는 급여액에 주휴수당이 포함되어 있는데, 이러한 경우 주휴수당은 '소정근로시간외에 유급으로 처리되는 시간'을 말하므로 통상임금에 포함합니다.

▶ 일용직근로자 퇴직금

① 일용근로자의 경우에도 근로기간이 1년 이상인 경우 퇴직금을 지급하여야 합니다.
② 퇴직금 산정의 기준이 되는 일용직근로자의 평균임금은 통상근로자와 동일하게 퇴사일로부터 역산하여 3개월 동안의 임금을 기준으로 계산합니다. 다만, 근로일수가 통상의 근로와 달리 현저히 적을 때에는 통상근로계수(0.73)를 적용하여 평균임금을 산정할 수 있습니다. (1일 임금 × 통상근로계수)

② 일용직근로자 4대보험 가입 및 신고

일용직 근로자의 경우 다음의 가입제외자가 아닌 경우 4대보험에 가입을 하여야 합니다.

◎ 일용직근로자 4대보험 가입대상 및 제외자

[1] 국민연금 가입대상자 및 제외되는 자
(1) 가입대상자
사업장에서 종사하는 18세 이상 60세 미만의 근로자로서, 사업장에 고용된 날부터 1개월간 8일 이상이고, 근로시간이 월60시간 이상인 근로자는 사업장에 고용된 날부터 사업장가입자로 적용하여야 합니다. 한편, 일용직 근로자로서 채용 당시에는 가입 요건에 해당하지 아니하여 제외되었으나 그 후 요건에 해당되는 때에는 취득신고를 하여야 하며, 이 경우 자격취득일은 최초고용일로 합니다.
(2015.5.6. 국민연금 일용근로자 사업장 가입기준 지침 개정)
1. 명시적인 근로(고용)계약서가 있는 경우, 실제 근로를 제공한 기간·일수 불문하고 계약내용이 1개월 이상(기간의 정함이 없는 경우 포함)이고, 1개월 간 8일 이상인 경우 사업장가입자로 적용
2. 명시적인 근로(고용)계약서가 없는 경우(계약내용이 1개월 미만 포함), 사업장에 고용된 날 또는 기산일부터 1개월간 8일 이상 근로한 경우, 사업장에 고용된 날 또는 기산일부터 사업장가입자로 적용

(2) 가입제외자
1월 미만의 기한부로 사용되는 근로자로서 1개월의 근로시간이 월 60시간 미만이거나 근로일수가 8일 미만인 자

[2] 건강보험 가입대상자 및 제외되는 자

1월 미만의 기한부로 사용되는 근로자 및 1개월 동안의 소정(所定) 근로시간이 60시간 미만인 단시간근로자는 건강보험가입대상에 해당하지 않습니다. 다만, 1월 이상 계속 사용되는 경우에는 자격 취득 신고 대상입니다.

[3] 고용보험 가입대상자 및 제외되는 자

1개월간 소정근로시간이 60시간 미만인 자(1주간의 소정근로시간이 15시간 미만인 자 포함)는 고용보험가입대상이 아닙니다. 다만, 생업을 목적으로 근로를 제공하는 자 중 3개월 이상 계속하여 근로를 제공하는 자와 일용근로자(1개월 미만 동안 고용되는 자)는 1개월간 소정근로시간이 60시간 미만이더라도 가입대상에 해당합니다.

[4] 산재보험 가입대상근로자에서 제외되는 자

근무일수와 시간에 관계없이 모든 근로자에 대하여 가입을 하여야 합니다.

■ 일용직 근로자 고용보험 및 산재보험 가입 요약표

구 분	가입대상자
국민연금	18세 이상 60세 미만인 근로자로서 일반 근로자는 1개월간 근로시간이 60시간 이상인 단시간근로자 * 건설업의 경우 1개월간 20일 이상 근로자
건강보험	1개월 이상 근로하는 일용 근로자 * 건설업의 경우 1개월간 20일 이상 근로자
고용보험	1개월간 근로시간이 60시간 이상인 단시간근로자 단, 실업급여의 경우 65세 이상 신규 채용자는 제외
산재보험	모든 일용근로자

■ 건설업 일용직 근로자 4대보험 가입

건설업체 건설일용직의 사회보험(연금/건강)은 [사후정산제도]를 적용하고 있으며, 4대사회보험 사업장 적용은 [건설현장별 사업장 적용]을 원칙으로 하며, 사업장 적용단위를 본사 및 일반근로자와 구분하여, 건설현장의 건설 일용직만을 대상으로 사업장 적용신고를 하여야 합니다.

사업장 최초 적용 신고는 각 기관(연금/건강) 지사로 서면(팩스전송) 등의 방법으로 공통신고하고, 가입자(일용직 근로자) 취득신고는 반드시 EDI로 신고하여야 합니다. 또한, 가입자 취득신고는 건설일용근로자가 1월간 20일 이상 근무하게 된 때 다음달 5일까지 사업주가 신고하여야 합니다.

[1] 국민연금 및 건강보험 가입

1) 국민연금 : 2018. 8. 1. 이후 건설업종 일용근로자 국민연금 가입대상 기준일수 (종전) 20일 → (개정) 8일
2018. 8. 1일 이후 최초 입찰공고 되는 건설공사부터 적용
2018. 7. 31일 이전 입찰공고 되어, 기 진행중인 건설공사는 2년간 유예 후 2020. 8. 1일 부터 시행
2) 건강보험료 가입 기준일수 20일 → 향후 개정 예정

[2] 고용/산재보험 공사현장 고용보험 및 산재보험 가입

① 일괄유기사업장 : '일괄적용 사업개시신고서' 를 근로복지공단에 제출, 일용근로자 신고는 '근로내용확인신고서'로 **고용센터**에 신고를 하시면 됩니다.
② 일괄유기사업장 외 사업장 : '건설공사 및 벌목업 성립신고서'와

'보험료신고서'를 작성하여 공사도급계약서, 공사비내역서 등을 첨부하여 근로복지공단에 제출, 일용근로자는 '근로내용확인신고서'로 **고용센터**에 신고를 하시면 됩니다.

Q 일용직 근로자의 '근로내용확인신고서' 제출

일용직근로자의 경우 고용보험 및 산재보험 신고시 근로내용확인서를 작성하여 채용일의 다음달 15일까지 고용노동부에 제출하여야 하며, 제출하지 않는 경우 고용노동부로부터 300만원 이하의 과태료가 부과될 수 있습니다.

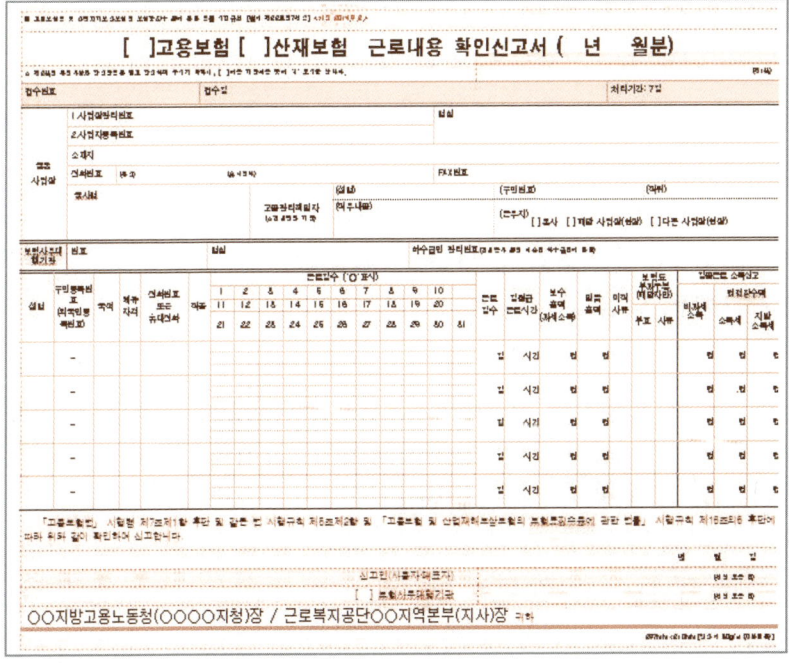

1. 이 서식은 1일 단위로 근로계약을 체결하거나 1개월 미만 동안 고용되는 일용근로자를 위한 서식입니다.

2. 건설업(건설장비운영업 제외) 사업장은 고용보험 근로자 근로내용 확인신고서만 작성하고, 산재보험 근로자 근로내용 확인신고서를 작성하지 않습니다.
3. 건설업(건설장비운영업 제외) 사업장 소속 일용근로자의 경우 임금총액만 적고, 그 밖의 업종의 사업장 소속 일용근로자는 보수총액(과세소득)과 임금총액(과세소득 및 비과세소득)을 모두 적습니다.
4. 사업주가 제1쪽의 일용근로 소득신고란을 포함하여 근로내용 확인신고서를 작성·제출한 경우 「소득세법 시행령」 제213조제4항에 따라 「소득세법 시행규칙」 별지 제24호서식(4)에 따른 일용근로소득 지급명세서를 별도로 국세청에 제출할 필요가 없습니다.
이 경우 건설업(건설장비운영업 제외) 사업장 소속 일용근로자도 반드시 "보수총액"을 적어야 하며, 일용근로소득 신고 대상자에 대하여 근로내용 확인신고서에 일용근로 소득신고란을 작성하지 않은 경우에는 해당 일용근로자에 대한 일용근로소득 지급명세서를 별도로 국세청에 제출하여야 합니다.

▶ **근로내용확인신고서 제출시 일용근로자 지급명세서 제출 의무 면제**

일용근로자의 임금 지급내역에 대한 지급명세서를 지급일이 속하는 달의 다음달 말일까지 제출하여야 합니다. 미제출시 '지급명세서보고 불성실가산세'(지급금액의 0.25%)가 부과됩니다. (제출기한일로부터 1개월 이내 제출시 가산세 0.125%)

단, '근로내용확인신고서'에 국세청 신고항목 일용근로 소득신고가 추가되어 고용노동부에 신고한 내용은 국세청에 일용근로소득 지급명세서를 별도 제출하지 않아도 되나 지급명세서를 제출하여도 무방합니다.

3 일용직근로자 세무실무

◎ 일용직근로자 근로소득세 원천징수

다음의 산식에 의하여 계상한 근로소득세를 원천징수하여 지급일의 다음달 10일까지 관할 세무서에 신고 및 납부하여야 합니다.

① 과세대상급여 = 일급여액 - 비과세급여
② 근로소득과세표준 = 과세대상급여 - 근로소득공제(150,000원)
③ 근로소득산출세액 = 근로소득과세표준 × 원천징수세율(6%)
④ 원천징수세액 = 산출세액 - 근로소득세액공제(산출세액의 55%)

■ 일용근로자와 일반근로자의 세무신고

구 분	일용근로자	일반근로자
대 상 자	근로일수나 시간에 따라 일당 계산	월급으로 지급
원천징수	일당에서 근로소득공제 후 세율적용	간이세액표 적용
연말정산	하지 않음	연말정산(종합과세)
지급명세서	매월 지급일의 다음달 말일	다음해 3월 10일

사 례 일용직근로자 근로소득세 계산

[예제] 일당 200,000원인 일용근로자가 10일을 근로한 경우 원천징수할 금액
① 과세표준(500,000원) = [일당 (200,000원) - 근로소득공제(15만원)]× 10일
② 산출세액(30,000원) = 과세대상급여 (500,000원) × 세율(0.06)
③ 납부할 세액(13,500) = 산출세액(30,000) - 세액공제 (16,500)

[개정 세법] 2019년 이후 일용근로소득 원천징수세액 [소득세법 제47조 ②]
(일용근로소득 - 150,000원) × 2.7%

보 충 일용직근로자 근로소득세 소액부징수

① 지급시점에서 소득자별로 원천징수할 세액의 합계액을 기준으로 근로소득세가 1,000원 미만인 경우 근로소득세를 징수하지 아니합니다.
② 지방세는 소득분(원천납부하는 세액 제외)의 세액이 2,000원미만인 때에는 소득분을 징수하지 아니합니다.

보 충 일용직근로자의 연장, 야간근로수당 과세 여부

생산직 일용근로자의 경우 월정액급여에 관계없이 연장근로, 야간근로로 인하여 통상임금에 가산하여 받는 급여(한도 없음)는 비과세됩니다.
단, 건설업을 영위하는 업체의 건설현장에서 근로를 제공하는 일용근로자는 "공장 또는 광산에서 근로를 제공하는 자"에 해당하지 아니하므로 연장, 야간 또는 휴일 근로로 인하여 받는 급여는 과세대상 근로소득에 해당합니다.

보 충 일용근로자로서 3개월 이상 근무시 원천징수방법 예시

1. 20×7년 1월 일용근로자로 고용 : 1월 ~ 3월 일용근로자로 원천징수
2. 20×7년 4월부터 : 상용근로자로 간이세액표에 의거 원천징수
3. 20×8년 2월 연말정산 : 20×7년 1월 ~ 12월 급여 합산하여 연말정산
 * 일용근로기간 동안의 원천징수세액은 기납부액에 포함하여 차감함

보 충 일용근로자의 연말정산 및 종합소득세 신고

일용직근로자는 임금 지급시 임금을 지급하는 자가 근로소득세를 징수하여 납부함으로서 납세의무가 종결되므로 별도의 연말정산을 하지 아니하며, 다른 소득이 있어 종합소득세 신고를 하는 경우에도 종합소득에 합산하지 아니합니다.

보 충 연말정산시 일용근로자에 대한 배우자공제

근로자의 배우자가 일용직근로자로서 다른 소득이 없는 경우 배우자공제를 받을 수 있습니다.

🅠 일용직근로자 세무신고 및 증빙

▶ 원천징수이행상황신고서 기재방법

근로소득 일용근로자란(A03)에 인원수, 총지급액 등 해당 내역을 기재한 후 원천세 신고를 합니다. 단, 일용근로자를 3개월 이상(건설업은 1년 이상) 계속하여 고용시는 일반급여소득자와 마찬가지로 매월 급여를 지급하는 때에 근로소득간이세액표에 의하여 계산한 세액을 근로소득세로 원천징수하여야 합니다.

▶ 일용직근로자에 대한 임금 지급과 증빙서류

일용근로자 임금지급대장에 급여를 지급받는 자의 서명 및 날인은 받아두고 일용근로자의 신원을 확인할 수 있는 주민등록등본이나 주민등록증 앞·뒤 사본을 첨부하여 두어야 하며, 지급사실을 확인할 수 있는 서류(무통장입금표 등 금융기관을 통한 지급증빙서류)를 보관하여야 합니다.

서 식 경영정보사 홈페이지(www.ruddud.co.kr)

상호		일용노무비 지급명세서		기간	년 월 일부터 년 월 일까지															일급		공사장명	
																						공정명	
직종 직책	성명	주민 등록 번호	주소지 거소지	출 역 상 황																출역 일수	단가	총액	세액합계		차감 지급액	영 수 인
				1 17	2 18	3 19	4 20	5 21	6 22	7 23	8 24	9 25	10 26	11 27	12 28	13 29	14 30	15 31	16				근로 소득세	지방 소득세		

▶ 일용근로자 지급명세서 제출

일용근로자의 임금 지급내역에 대한 지급명세서를 지급일이 속하는 달의 다음달 말일까지 제출하여야 합니다.

지급명세서를 제출하지 않은 경우 '지급명세서보고불성실가산세'(지급금액의 0.25%)가 부과됩니다. (단, 제출기한일로부터 1개월 이내 제출 시 가산세 0.125%)

◆ 일용근로자가 유급휴일에 대하여 지급받는 유급휴일수당
일용근로자가 유급휴일에 대하여 지급받는 유급휴일수당은 당해 법령에서 정한 기간의 근로일수에 배분하여 원천징수하여야 한다.

[개정 세법] 일용근로자 지급명세서 제출기한 단축(소득법 §164 ①)
분기 다음달 말일 → 지급일의 다음달 말일
<적용시기> 2021.7.1. 이후 제출분부터

[개정 세법] 2021년 7.1. 이후 일용근로소득 지급명세서 가산세 인하
해당 지급명세서를 그 기한까지 제출하지 아니한 경우 : 제출하지 아니한 분의 지급금액의 1% → 0.25%(제출기한이 지난 후 1개월 이내에 제출하는 경우 → 지급금액의 0.125%)

▶ 근로내용확인신고서 제출시 일용근로자 지급명세서 제출의무 면제
고용노동부의 '근로내용확인신고서'에 국세청 신고항목 일용근로소득 신고가 추가됨에 따라 고용노동부에 이미 신고한 내용은 국세청에 일용근로소득지급명세서를 별도 제출하지 않아도 됩니다.